新世纪高校保险学专业系列教材

风险管理

（第四版）

许谨良　编著

上海财经大学出版社

图书在版编目(CIP)数据

风险管理/许谨良编著. - 4 版. —上海:上海财经大学出版社,2016.7
(新世纪高校保险学专业系列教材)
ISBN 978-7-5642-2371-7/F•2371

Ⅰ.①风… Ⅱ.①许… Ⅲ.①风险管理-高等学校-教材 Ⅳ.①F272.3

中国版本图书馆 CIP 数据核字(2016)第 022710 号

FENGXIAN GUANLI
风 险 管 理
(第四版)

许谨良 编著

责任编辑 刘晓燕　　封面设计 钱宇辰

上海财经大学出版社出版发行
(上海市中山北一路 369 号　邮编 200083)
网　　址:http://www.sufep.com
电子邮件:webmaster @ sufep.com
全国新华书店经销
上海华业装潢印刷厂印刷装订
2016 年 7 月第 4 版　2020 年 7 月第 3 次印刷

700mm×960mm　1/16　17.75 印张　328 千字
印数:29 001—30 000　定价:36.00 元

前　言

自从《企业风险管理》2000年初版以来，先后印刷了多次，借第二版之机编者对本书做了一次全面修订，特别是对第九章专业自保公司和第十章保险经纪人做了较多修改和补充，另删除了原第十五章保险企业风险管理。为了使本书与时俱进，编者根据国内外最新参考文献编写了第十五章非传统风险转移和整体化风险管理，以反映最新国际风险管理的实践和学术成果。本书更名为《风险管理》，并作为上海财经大学"新世纪高校保险学专业系列教材"之一出版，在每章后增补了复习思考题。

鉴于本书第三版已有近五年时间，近期编者又对全书做了一次局部修订，为了保持本教材简明扼要的特色，如同第三版修订一样，只增补了部分内容和更新了数据。本书编写分工如下：

许谨良　第一章、第三章第二节、第四章第一节和第二节、第六章第二节和第三节、第七章第三节、第八章、第九章、第十章、第十三章、第十四章、第十五章、第十六章。

周晖　第二章、第三章第一节。

张勇　第四章第三节。

黄穗　第六章第一节。

陈颖　第五章、第七章第一节和第二节。

黄雅丽　第十一章。

余国峰　第十二章。

许谨良
2016年2月26日

第一版前言

《企业风险管理》一书是我近年来在向上海财经大学研究生讲授风险管理课程的基础上撰写而成的。在我十年前撰写的《保险学原理》一书中有一章专门介绍风险管理,此后就想写一本有关企业风险管理方面的书,以促进我国企业的风险管理。在此期间,国内有几所高校的教师曾撰写了一些有关风险管理的专著和教材,其主要参考书是台湾宋明哲先生在1984年出版的《风险管理》一书,而该书主要参考了美国小阿瑟·威廉姆斯和理查德·M.汉斯合著的《风险管理和保险》一书的英文本。

1998年中国金融出版社出版了我主编的《风险管理》教材,该书由几所高校的多位教师参编,作者仅撰写了部分章节。

在教学过程中,我主要依靠研究生编译了20世纪90年代美国和英国关于风险管理方面的资料,这才顺利完成了本书的编写任务。它与我主编的《风险管理》一书相比较,在体例和内容上都有了较大改动,特别是增加了企业风险管理计划的制定、财产风险控制、企业责任风险分析和控制、免赔额、专业自保公司、保险经纪人、保险企业风险管理等章节。

虽然我国引进风险管理课程已有十多年历史,但企业风险管理在我国进展仍比较缓慢。1984年经国务院批准的中国石油化工总公司试行的"安全生产保证基金"是我国大型企业的第一种风险管理模式,但迄今在大型企业内设立风险管理部门还是十分罕见的。就在本书脱稿时,河南中原油气田股份有限公司副总经理、中原石油勘探局风险管理事业部的主任叶传中乘来沪出差的机会与我会面。据他介绍,该公司是中国第一家设立风险管理部门的企业,专门处理企业的风险评估和保险事务,很想了解国外大型企业的风险管理是如何运作的,并盼望本书能早日出版。这使本书作者感到欣慰。

本书由许谨良负责总纂,第一章、第三章第二节、第四章第一节和第二节、第六章第二节和第三节、第七章第三节、第八章、第九章、第十章、第十三章、第十四章、第十六章由许谨良编写,第二章、第三章第一节由周晖编写,第四章第三节、

第六章第一节由黄穗、张勇编写,第五章、第七章第一节和第二节由陈颖编写,第十一章由黄雅丽编写,第十二章由余国峰编写,第十五章由魏巧琴编写。

最后,本书案例一章的编写使用了上海大洋公估行、天安保险公司提供的资料,在此致以谢意。

许谨良
2000年1月18日

目录

前言 …………………………………………………………………（1）

第一版前言 …………………………………………………………（1）

第一章　风险管理导论 ……………………………………………（1）
　　第一节　风险的定义和与风险有关的两个术语 ……………（1）
　　第二节　风险的分类 …………………………………………（3）
　　第三节　风险管理概述 ………………………………………（4）
　　复习思考题 ……………………………………………………（15）

第二章　风险管理计划的制定 ……………………………………（17）
　　第一节　制定风险管理计划的目标 …………………………（17）
　　第二节　规定风险经理的责任和报告关系 …………………（21）
　　第三节　组织风险管理计划 …………………………………（24）
　　第四节　编制风险管理方针书 ………………………………（29）
　　复习思考题 ……………………………………………………（31）

第三章　风险识别和分析 …………………………………………（32）
　　第一节　识别和分析损失风险的方法 ………………………（32）
　　第二节　企业损失风险分析 …………………………………（43）
　　复习思考题 ……………………………………………………（47）

第四章　企业财产损失风险分析和控制 (48)
  第一节　企业财产损失风险分析 (48)
  第二节　企业净收入损失风险分析 (54)
  第三节　企业财产风险控制 (57)
    复习思考题 (78)

第五章　责任风险分析和控制 (79)
  第一节　责任的种类 (79)
  第二节　企业主要责任风险类别 (85)
  第三节　企业责任风险控制 (89)
    复习思考题 (93)

第六章　风险衡量 (95)
  第一节　风险衡量的基本概念 (95)
  第二节　风险衡量和概率分布 (98)
  第三节　估计每年事故发生次数的另外两个理论概率分布 (102)
    复习思考题 (105)

第七章　风险管理的方法 (106)
  第一节　风险控制方法 (106)
  第二节　风险筹资方法 (109)
  第三节　免赔额 (113)
    复习思考题 (123)

第八章　保　险 (124)
  第一节　保险的职能和代价 (124)
  第二节　保险合同概述 (129)
  第三节　保险的险种 (133)
  第四节　保险的选择和购买 (141)
    复习思考题 (147)

第九章　专业自保公司 (148)
  第一节　专业自保公司的性质和种类 (148)
  第二节　设立专业自保公司的可行性研究 (153)

第三节　专业自保公司的经营和管理……………………………(155)
　　复习思考题……………………………………………………………(157)

第十章　保险经纪人……………………………………………………(158)
　　第一节　保险经纪人的现状和基本理论……………………………(158)
　　第二节　保险经纪人的运作…………………………………………(161)
　　第三节　对保险经纪人的监管………………………………………(164)
　　复习思考题……………………………………………………………(167)

第十一章　风险管理决策的数理基础——损失预测…………………(168)
　　第一节　损失预测概述………………………………………………(168)
　　第二节　收集数据……………………………………………………(168)
　　第三节　概率分析……………………………………………………(170)
　　第四节　趋势分析……………………………………………………(176)
　　第五节　预测在风险管理中的应用…………………………………(179)
　　复习思考题……………………………………………………………(186)

第十二章　现金流量分析………………………………………………(188)
　　第一节　以现金流量分析作为决策标准……………………………(188)
　　第二节　现金流量的评价方法………………………………………(190)
　　第三节　通过现金流量分析进行风险管理决策……………………(191)
　　复习思考题……………………………………………………………(198)

第十三章　风险管理决策的预期效用法………………………………(199)
　　第一节　预期效用法概述……………………………………………(199)
　　第二节　预期效用法的应用…………………………………………(200)
　　复习思考题……………………………………………………………(204)

第十四章　跨国公司的风险管理………………………………………(205)
　　第一节　跨国公司概述………………………………………………(205)
　　第二节　跨国公司的独特风险………………………………………(207)
　　第三节　跨国公司风险管理的策略…………………………………(208)
　　复习思考题……………………………………………………………(210)

第十五章 非传统风险转移和整体化风险管理……………………………………(211)
第一节 非传统风险转移市场和参与者……………………………………(211)
第二节 保险和再保险合同…………………………………………………(215)
第三节 资本市场证券和证券化……………………………………………(223)
第四节 应急资本工具………………………………………………………(232)
第五节 保险衍生品…………………………………………………………(237)
第六节 整体化风险管理……………………………………………………(244)
复习思考题…………………………………………………………………(250)

第十六章 案 例…………………………………………………………………(252)
案例一 建筑工程风险评估…………………………………………………(252)
案例二 安装工程风险评估…………………………………………………(254)
案例三 电厂风险和控制……………………………………………………(256)
案例四 某船厂风险评估和控制……………………………………………(263)
案例五 某项隧道工程保险方案的选择……………………………………(269)

参考文献…………………………………………………………………………(271)

第一章 风险管理导论

第一节 风险的定义和与风险有关的两个术语

一、关于风险的数种定义

风险(risk)的基本含义是损失的不确定性(uncertainty)。但是,对这一基本概念,在经济学家、统计学家、决策理论家和保险学者中间尚无一个适用于他们各个领域的一致公认的定义。关于风险,目前有数种不同的定义。

(一)损失机会和损失可能性

把风险定义为损失机会,这表明风险是一种面临损失的可能性状况,也可以表明风险是在一定状况下的概率度。当损失机会(概率)是 0 或 1 时,就没有风险。但是,对这一定义持反对意见的人认为,如果风险和损失机会是同一件事,风险度和概率度应该总是相等的。但是,当损失概率是 1 时,就没有风险;而风险常常是指有些结果不确定。

把风险定义为损失可能性,它仅仅是对上述损失机会定义的一个变种;但损失可能性的定义意味着损失事件的概率介于 0 和 1 之间,它更接近于风险是损失的不确定性的定义。

(二)损失的不确定性

决策理论家把风险定义为损失的不确定性,这种不确定性又可分为客观的不确定性(客观风险)和主观的不确定性(主观风险)。客观风险是实际结果与预期结果的离差,有时称为风险程度,它可以使用统计学工具加以度量,客观风险 $=\dfrac{\text{实际损失}-\text{预期损失}}{\text{预期损失}}$。主观的不确定性是个人对客观风险的评估,它同个人的知识、经验、精神和心理状态有关,不同的人面临相同的客观风险,会有不同的主观的不确定性。

(三) 实际与预期结果的离差

长期以来,统计学家把风险定义为实际结果与预期结果的离差度,这与上述客观风险的定义相同。例如,一家保险公司承保10万幢住宅,按照过去的经验数据,估计火灾发生概率是1‰,即1 000幢住宅在一年中有一幢会发生火灾,那么这10万幢住宅在一年中就会有100幢发生火灾。然而,实际结果不太可能正好是100幢住宅发生火灾,它会偏离预期结果,保险公司估计可能的偏差域为±10,即在90幢和110幢之间,可以使用统计学中的标准差来衡量这种风险。

(四) 风险是实际结果偏离预期结果的概率

有的保险学者把风险定义为一个事件的实际结果偏离预期结果的客观概率。在这个定义中,风险不是损失概率。例如,生命表中21岁的男性死亡率是1.91‰,而21岁男性的实际死亡率会与这个预期的死亡率不同,这一偏差的客观概率是可以计算出的。这个定义实际上是实际结果与预期结果的离差的变换形式。

此外,保险业内人士常把风险这个术语用来指所承保的损失原因,如火灾是大多数财产所面临的风险;或者指作为保险标的的人或财产,如把年轻的驾驶人员看作不好的风险;等等。

二、与风险有关的两个术语

与风险概念有关的两个术语是损失原因(peril)和危险因素(hazard)。这两个术语经常与风险概念交换使用;但严格地说,应该把风险与损失原因和危险因素加以区别。

(一) 损失原因

损失原因,诸如火灾、暴风、盗窃等,都是造成财产损失的原因。在指定险保单的保险责任中,保险人总是列明赔偿由哪些原因造成的损失。在一切险保单的除外责任中,保险人会列明不赔偿由哪些原因造成的损失。

(二) 危险因素

危险因素是指引起或增加因某种损失产生的损失机会的条件。有时,损失原因和危险因素是同一的。例如,疾病是造成经济损失的原因,它又是增加过早死亡损失机会的一个危险因素。危险因素一般分为以下三类:

1. 物质危险因素(physical hazards)。它是引起或增加损失机会的物质条件。例如,建筑结构的种类、财产所在的场所、建筑物的使用性质、消防设施等。

2. 道德危险因素(moral hazards)。它是指由于被保险人怀有犯罪意图或不诚实品质而引起或增加损失机会的条件。例如,被保险人纵火,或者夸大损失,以骗取保险赔款。

3. 心理危险因素(morale hazards)。这一般是指被保险人因有了保险而对防损和施救工作产生疏忽。有了保险后,保险公司会负责赔偿损失。较之没有保险由自己承担损失,这容易使被保险人对防损和施救工作产生疏忽。对于心理危险因素,保险人要在保险条款和费率方面加以防范。

第二节 风险的分类

一、风险的基本分类

风险可以用多种方式加以分类,但基本分类如下。

(一)经济风险和非经济风险

以风险是否会带来经济损失划分,可以把风险分为经济风险和非经济风险。这里阐述的主要是涉及经济损失后果的风险。

(二)静态风险和动态风险

静态风险(static risk)是一种在经济条件没有变化的情况下,一些自然行为和人们的失当行为形成的损失可能性。例如,自然灾害和个人不诚实的品质会造成经济损失。静态风险对社会无任何益处,但它们具有一定的规律性,是可以预测的。动态风险(dynamic risk)则是在经济条件变化的情况下造成经济损失的可能性。例如,价格水平和技术变化可能会使经济单位和个人遭受损失。从长期来看,动态风险使社会受益,它们是对资源配置不当所做的调整。与静态风险相比较,动态风险因缺乏规律性而难以预测。保险较适合于对付静态风险。

(三)重大风险和特定风险

重大风险(fundamental risk)和特定风险(particular risk)之间的区别在于损失的起因和后果不同。重大风险所涉及的损失在起因和后果方面都是非个人和单位的,它们属于团体风险,大部分是由经济、巨灾、社会和政治原因所引起的,影响相当多的人,乃至整个社会。失业、战争、通货膨胀、地震、洪水都属于重大风险。特定风险所涉及的损失在起因和后果方面都是个人和单位的。住宅发生火灾和银行被盗窃属于特定风险。

既然重大风险或多或少是由遭受损失的个人无力控制的原因所引起的,社会而非个人就对处理这类风险负有责任。例如,失业是使用社会保险来处理的重大风险。对付地震和洪水灾害也需要动用政府基金。对付特定风险主要是个人和单位自己的责任,一般使用商业保险、防损和其他方法来加以处理。

(四)纯粹风险和投机风险

纯粹风险(pure risk)是一种只有损失机会或不发生损失的风险。例如,一个人购买了一辆汽车后,就会面临着汽车遭受损失和给他人人身、财产带来损害的损失可能性,结果是发生损失或不发生损失。相反,投机风险是一种既有损失可能性也有盈利可能性的风险。例如,购买股票。除了赌博以外,大多数投机风险属于动态风险,大多数纯粹风险属于静态风险。一般而言,纯粹风险具有可保性,而投机风险是不可保的。

二、纯粹风险的分类

个人和企业面临的纯粹风险可以分为以下几类。

(一)人身风险

人身风险是指由于死亡或丧失工作能力而造成收入损失可能性的风险。其损失原因包括死亡、老年、疾病、失业。

(二)财产风险

与财产风险相关的损失有两种类型:财产直接损失和间接损失或后果损失。间接损失也可以分为两类:财产丧失使用损失或其收入损失和额外费用开支。例如,企业的设备遭受损失,这不仅使设备的价值丧失,而且也丧失了使用设备所带来的收入。再如,住宅发生火灾后需要修复,业主需要去他处居住,这就会发生额外的居住费用开支。

(三)责任风险

按照法律规定,当一个人因疏忽或过失造成他人人身或财产损失时,过失人负有损害赔偿责任。因此,责任风险是指因侵权行为而产生的法律责任使侵权行为人的现有或将来收入遭受损失的可能性。

(四)违约风险

违约风险是指一方不履行合同规定的义务而造成的另一方经济损失的可能性。例如,承包商未按计划完成一项工程,债务人未按规定支付款项。

第三节 风险管理概述

一、风险管理的起源和发展

风险管理(risk management)起源于美国。在20世纪50年代早期和中期,美国大公司发生的重大损失促使高层决策者认识到风险管理的重要性。其中的一次工业灾难是1953年8月12日通用汽车公司在密歇根州德佛尼的一个汽车变速箱工厂因火灾损失了5 000万美元,它曾是美国历史上损失最为严重的15次重大火灾之一。自第二次世界大战以来,技术至上的长期信仰受到挑战。当人们利用新的科学和技术知识来开发新的材料、工艺过程和产品时，也面临着技术是否会破坏生态平衡的问题。例如，美国三里岛核电站爆炸事故、1984年12月3日美国联合碳化物公司在印度博帕尔经营的一家农药厂发生毒气泄漏的重大事故都说明了这一点。由于社会、法律、经济和技术的压力，风险管理运动在美国迅速开展起来。

在以往50余年中，对企业的人员、财产和自然、财务资源进行适当保护已形成了一门新的管理学科，这门学科在美国被称为风险管理。风险管理已被公认为管理领域内的一项特殊职能。在20世纪六七十年代，许多美国主要大学的工商管理学院都开设了风险管理课程。传统的保险系把教学重点转移到风险管理方面，保险仅作为一种风险筹资的工具加以研究，有的工商管理学院把保险系改名为风险管理和保险系。美国大多数大企业设置一个专职部门进行风险管理。虽然企业的人事部门单独或部分地管理雇员的福利计划，但就它处理社会保险金、养老金、医疗保险金、死亡和残疾的抚恤金等而言，这些仍属于风险管理的职能。从事风险管理工作的人员被称为"风险经理"(risk manager)。大多数企业的风险经理是"风险和保险管理学会"(RIMS)的会员。这是一个全国性职业团体，其宗旨是传播风险管理知识，并出版一份月刊，定期举行全国性的会员学术会议。

在20世纪70年代，风险管理的概念、原理和实践已从它的起源地——美国，传播到加拿大和欧洲、亚洲、拉丁美洲的一些国家。在欧洲，日内瓦协会（又名保险经济学国际协会）协助建立了"欧洲风险和保险经济学家团体"，该学术团体的会员都是英国和其他欧洲国家大学的教授，讨论有关风险管理和保险的学术问题。英国大学开设风险管理课程已有30多年历史。日本的一些大学也开设了风险管理课程。之后，在亚洲，我国的台湾地区和香港地区学者也先后对风险管理进行了理论研究和应用。台湾地区的学者宋明哲先生在1984年出版了《风险管理》专著。香港地区保险总会于1993年出版了第一本《风险管理》手册。我国在恢复国内保险业务后也开始重视风险管理的研究，并翻译和编写出版了数本教材。国务院国资委制定了《中央企业全面风险管理指引》，明确指出企业应该结合自己的实际情况，编制风险评估、风险策略、风险监管及预警流程，明确风险管理目标、原则和方法。2006年1月6日，经国务院国有资产监督管理委员会商业技能鉴定中心批准，风险管理师职业资格认证管理委员会(CCRM)在北京成立。同年12月10日，举行了首届风险管理师认证考试，标志着我国风险管理事业进入正规化阶段。"风险管理师"进入了2015年《中华人民共和国职业大典》。

二、风险管理的定义

风险管理可以定义为有关纯粹风险的管理决策，其中包括一些不可保的风险。处理投机性风险一般不属于风险管理的范围,它由企业中的其他管理部门负责。从本质上讲,风险管理是应用一般的管理原理去管理一个组织的资源和活动,并以合理的成本尽可能减少意外事故损失和它对组织及其环境的不利影响[①]。企业的活动大致可分为六类:(1)技术活动,包括生产、制造、更新改造;(2)商业活动,包括买卖和交换;(3)财务活动,寻求资本最优化使用;(4)安全活动,对财产和人员的保护;(5)会计活动,包括财务报表、成本核算和统计资料;(6)管理活动,包括计划、组织、指挥、协调、控制。由此可见,风险管理,即安全活动,是企业管理的主要职能之一,而且也是企业所有管理部门的一个共同责任。因此,对大企业来说,设置专职的管理纯粹风险的部门是合理的。

三、风险管理的范围

风险管理既是一门艺术,也是一门科学,它提供系统的识别和衡量企业所面临的损失风险的知识,以及对付这些风险的方法。但风险管理人员还在很大程度上依靠直觉判断和演绎法做出决策,科学的、使用数量方法的风险管理仍处在初级阶段。在一些国家,专职的风险经理的职责范围包括以下内容:(1)识别和衡量风险,决定是否投保。如果决定投保,则拟定免赔额、保险限额、办理投保和安排索赔事务。如果决定自担风险,则设计自保管理方案。(2)损失管理工程。设计安全的机械系统的操作程序,以防止或减轻灾害事故造成的财产损失。(3)安全保卫和防止雇员工伤事故。(4)雇员福利计划,包括安排和管理雇员团体人身保险。(5)损失统计资料的记录和分析。

显然,从这些活动中可以看出,风险经理是企业经理队伍中的重要一员。根据《财富》杂志曾对美国500家最大公司的一次调查,84%的公司是由中层以上的经理人员负责风险管理的,通常是企业的高级财务主管人员,大多数风险经理是专职的。然而,并非所有的风险经理介入上述所有活动,如大多数企业由人事部门主管雇员福利计划;有些企业依靠外界提供管理工程的咨询服务;少数企业的风险经理只限于购买保险,故又被称为保险经理。

风险管理不该与保险相混淆,风险管理着重识别和衡量纯粹风险,而保险只是对付纯粹风险的一种方法。风险管理中的保险主要从企业或家庭的角度论述怎样购买保险。在现代风险管理计划中,也广泛使用避免风险、损失管理、转移风险和自担风险等方法。如今,美国大多数大公司、政府单位和教育机构都有了

---

① 在国际上,风险管理的范畴已扩展到金融风险,诸如利率风险、信用风险、外汇风险、资产组合风险,以及对作为金融期货和期权的衍生性金融品种的风险管理。所谓"整体化风险管理"(integrated risk management),是从整体上研究纯粹风险和金融风险,详见本书第十五章。

自己的风险管理计划。风险管理也不等同于安全管理,虽然安全管理或损失管理是风险管理的重要组成部分,但风险管理的过程包括在识别和衡量风险之后对风险管理方法进行选择和决策。总之,风险管理的范围大于保险和安全管理[①]。

以上所讲的是传统风险管理,即纯粹风险管理。整体化风险管理要管理所有种类的风险。在美国,有一些大企业设立风险管理委员会,有的大企业任命首席风险执行官(CRO),负责协调企业所有种类风险的风险管理活动,其职能范围包括制定雇员安全计划、审查计划中的企业并购、分析投资机会、购买保险、建立雇员养老金和健康计划等,以实现企业的战略目标。

四、风险管理的目标

风险管理的目标可以分为损失发生之前(损前)和损失发生之后(损后)两种(详见本书第二章第一节)。

五、风险管理的程序

风险管理的程序分为以下六个步骤。

(一)制定风险管理计划

制定合理的风险管理计划是风险管理的第一步。风险管理计划的主要内容除了风险管理目标以外,还有以下内容:

1. 确定风险管理人员的职责。虽然风险管理工作涉及其他各个部门,风险管理人员对风险管理仍负有主要责任。风险管理计划上要列明风险管理人员和所涉及各个部门人员的职责,并规定风险管理部门向上级和有关部门的报告制度。

2. 确定风险管理部门的内部组织结构。在小的企业里,从事风险管理的人员也许只有一个人,但规模大的企业则要设置专职的风险管理部门。

3. 与其他部门合作。风险管理部门一般需要与以下部门进行合作:

(1)会计部门。会计部门能提供估计潜在的财产和净收入损失程度的数据。此外,会计部门存在的贪污风险也不容忽视。会计部门的财务记录为制定保险或自保计划提供了有用的数据,如动产和不动产的价值、工伤保险的工资金额、营业中断保险的营业收入、产品责任保险的销售收入等数据。风险管理部门一般会同会计部门处理财产和责任保险以及员工福利计划的索赔事务。

---

① 在国外,风险管理著作中用相当篇幅从企业和家庭角度介绍保险。鉴于我国普通高校教材的特点,这部分内容从略,可参阅其他保险教材。

(2)数据处理部门。首先,数据处理部门的设备、数据和产品耗费大,甚至是难以复制的。风险管理部门和数据处理部门的人员应尽力合作以减少其财产、净收入和责任风险。其次,计算机已成为现代管理的重要工具,它有助于风险管理部门编译和分析经营及损失的数据,模拟不同损失情况的后果,预测损失趋势,比较各种风险控制和筹资方案的成本和效益,以及评价风险管理计划的成功和不足之处。

(3)法律事务部门。该部门的人员能提供关于责任风险的情况,有助于风险管理人员识别责任风险。此外,他们在工作中的疏漏也会给企业带来严重的责任损失,这要求风险管理部门和法律事务部门的人员进行配合来减少这方面的损失风险。

(4)人事部门。该部门对处理人员损失风险至关重要。人事部门一般在风险管理部门的配合之下负责管理员工福利计划。

(5)生产部门。在一个企业里,生产部门面临众多损失风险,例如,由于生产设备损毁或发生故障造成停工、生产中发生工伤、产品缺陷给用户造成伤害等。因此,风险管理人员应与生产部门的人员紧密合作,识别、消除或减少这些危险因素。

4. 风险管理计划的控制。它包括以下三个方面:

(1)制定业绩标准。风险管理的业绩有两种标准:①效果标准。风险管理的业绩可以用金额、百分比、损失或索赔次数来加以评价。例如,今年企业的风险成本是销售收入的 0.65%,为明年设定的标准为 0.64%。②作业标准。风险管理的业绩也可以用其作业来加以评价。例如,要求一些风险管理人员至少每年对各种设施检查一次。

(2)把实际执行情况与业绩标准加以比较,当实际执行情况与标准发生偏离时,根据其结果来调整标准。

(3)采取纠正措施。当某种损失增加后,调查其原因,然后采取纠正措施。

5. 编制风险管理方针书。该方针书主要有以下内容:

(1)风险管理及其对企业重要性的一般说明。

(2)风险管理部门在企业组织机构中的地位。

(3)报告制度。

(4)风险管理人员的职权和职责。

(5)风险控制和风险筹资方案以及决策的规则。

(二)识别风险

风险管理的第二步是识别企业所面临的所有纯粹损失风险。风险管理人员一般要设法识别下列五种类型的潜在损失:(1)财产的物质性损失以及额外费用支出；(2)因财产损失而引起的收入损失和其他营业中断损失以及额外费用支出；(3)因损害他人利益而引起的诉讼导致企业遭受的损失；(4)因欺诈、犯罪和雇员不忠诚行为对企业造成的损失；(5)因企业高级主管人员的死亡和丧失工作能力对企业造成的损失。风险管理人员可以使用保险公司及保险出版机构提供的潜在损失核查清单来识别本企业所面临的各种纯粹风险。此外，还可以使用下列方法识别风险：

1. 对企业财产和生产经营进行定期或经常性的实地检查，及时发现事故隐患。

2. 使用内容广泛的风险分析征求意见表，收集在生产和经营第一线的人员对损失风险的意见。

3. 编制生产和经营的流程图，分析每个环节中的潜在损失风险。它可以描述从原材料入库到将制成品售给顾客的全部经营过程，也可以描述单个制造过程——原材料从供货商的仓库运输到制造厂，经过储存、制造、包装等阶段，再把制成品搬运到自己的仓库。

4. 使用财务报表、以往的损失报告和统计资料来识别重大的损失风险。例如，按会计科目分析重要资产的潜在损失及其原因。

5. 请保险公司、保险代理人和经纪人提供风险评估咨询服务，包括分析企业外部环境的风险因素。

(三)衡量风险

在识别损失风险之后，下一步是衡量损失风险对企业的影响。这包括衡量潜在的损失频率和损失程度。损失频率是指一定时期内损失可能发生的次数。损失程度是指每次损失可能的规模，即损失金额的大小。对损失频率的测定可以估算某一风险单位因某种损失原因受损的概率，如一幢建筑物因火灾受损的概率；也可以估算几幢建筑物因火灾受损的概率；或者估算某一风险单位因多种损失原因受损的概率，其概率高于因单种损失原因受损的概率。单个风险单位同时遭受几种损失的概率相对遭受一种损失的概率要低。在得不到精确资料的情况下，可以对损失频率进行粗略估计，如分为几乎不会发生、不大可能发生、频度适中、肯定发生。

对损失程度的衡量可分为每次事故造成的最大可能损失和每次事故造成的最大可信损失。最大可能损失是估计在最不利的情况下可能遭受的最大损失额。最大可信损失则是估计在通常情况下可能遭受的最大损失额，如考虑到消防设施等其他因素的火灾损失。后者通常小于前者。最大可信损失对风险衡量很有价值，但也最难估计。

风险管理人员必须估计每种损失风险类型的损失频率和损失程度，并按其重要性分类排队。风险管理人员之所以要衡量潜在的风险,是为了今后能选择适当的对付损失风险的方法,损失频率和损失程度不同的风险需要采用不同的方法对付。损失频率与损失程度比较,对损失程度的估计更为重要。巨灾能够使一个企业毁灭,然而其损失频率很低。相反,某些损失风险,如汽车损坏,损失频率很高,但每次损失的金额相对要小。汽车碰撞损失的机会大于因碰撞而被起诉的机会,但汽车责任风险的潜在损失程度大于自己汽车受损的程度。当然,对损失频率的重要性也不可忽视。此外,对损失的时间性也要加以区别,持续20年的每年1 000元的损失就不如发生一次20 000元的损失那么严重,这是由于货币具有时间价值的原因。损失频率乘上平均的损失程度得出预计的平均损失总额,它可以用来与企业缴付的保险费进行比较,为购买保险提供依据。

关于整体风险衡量的一种方法是风险价值(VAR)分析。这种方法最初被银行用来衡量金融风险,后来也被其他企业用来衡量所有种类的风险。VAR分析分别建立单种风险的概率分布,并以各种组合估计在不同概率水平下的损失风险。这种分析可得出在特定时期以给定概率水平的最大预期损失的数值。VAR方法类似于前述的最大可能损失概念,但它能衡量风险对企业的全部影响。使用VAR分析的一个明显优点是,它考虑了不同种类风险之间的相关性。这种相关性可以增减风险对企业总的影响。

(四)选择对付风险的方法

在衡量风险以后,风险管理人员必须选择最适当的对付风险的方法或综合方案。对付风险的方法分为两大类:一类是风险控制的措施,如避免风险、损失管理、转移风险;另一类是风险补偿的筹资措施,对已发生的损失提供资金补偿,如保险和包括自保方式在内的自担风险。对付风险的主要方法有如下几种。

1. 避免风险。避免风险有两种方式:一种是完全拒绝承担风险,另一种是放弃原先承担的风险。换言之,避免风险是不取得某种损失风险或消除现存的损失风险。例如,一个企业不在洪水区域建造工厂就可以避免洪灾损失。然而,这种方法的适用性很有限。首先,避免风险会使企业丧失从风险中可以取得的收益。其次,避免风险的方法有时并不可行,例如,避免一切责任风险的唯一办法是取消责任。最后,避免某一种风险可能会产生另一种风险,某企业以铁路运输代替航空运输就是一例。

2. 损失管理。损失管理计划分为防损计划和减损计划。防损计划旨在减少损失发生频率,或消除损失发生的可能性。建造防火建筑物、质量管理、驾驶技术考核、颁布安全条例、提供劳动保护用品、检查通风设备、产品设计改进等均是减少损失频率的措施。减损计划可再分为尽可能减轻损失后果计划和损后救助计划。两者均设法控制和减轻损失程度,轮换使用机器设备、限制车速、安装自动喷水灭火系统和防盗警报系统、对工伤者及早治疗、建立内部会计监督、限制保险柜内的现金数量等均是减轻损失程度的措施。有一些损失管理措施既是防损措施，又是减损措施。

损失管理在技术传统上分为工程管理和人为因素管理两种，有些管理措施同时涉及这两方面的管理。工程管理方法强调事故的机械或物的因素，如有缺陷的电线、高速公路交叉口设计不当。但现代的损失管理越来越重视人为因素。过失是许多火灾的重要原因。人的不安全行为，如超速操作、注意力分散、滥用设备、安全装置失灵等，是工伤事故的主要原因。近年来，对人为因素的重视已扩大到对易出事故的个人进行心理研究。损失管理还包括损失管理方案的可行性研究，要比较损失管理的成本和效益。

损失管理是风险管理的一项重要职能；但企业的风险管理部门只是从事这方面活动的一个部门，也许它仅是一个商议和咨询部门。大公司的安全委员会成员包括劳动管理、设备管理、安全管理、医疗部门、防火部门和风险管理部门的经理，由他们一起共同制定损失管理方针。

3. 以非保险方式转移风险。在风险管理中，较为普遍使用的以非保险方式转移风险的方式有合同、租赁和转移责任条款。例如，一家公司在与某建筑承包商签订新建厂房的合同中可以规定，建筑承包商对完工前厂房的任何损失负赔偿责任。又如，计算机的租赁合同可以规定租赁公司对计算机的维修、保养、损坏负责。再如，一个出版商在出版合同中可加入转移责任条款，规定作者对剽窃行为自负法律责任。

4. 自担风险。自担风险是指企业使用自有资金或借入资金补偿灾害事故损失。自担风险分为被动的和主动的，即无意识、无计划和有意识、有计划的。当风险管理人员没有觉察到所面临的风险，或者觉察到风险的存在，但没有做出对付风险的决策时，这样的自担风险是被动的。当风险管理人员觉察到风险存在，并相应采取了对付风险的办法时，这种自担风险是主动的。自担风险的方法主要适用于下列情况：(1)在没有其他对付损失风险的方法的情况下，自担风险是最后一种办法。例如，企业因战争造成的财产损失可归入自担风险。(2)在最大可信损失并不严重的情况下，也能使用自担风险的方法。例如，一家大企业拥有一支庞大的车队，如果汽车停放在多个场所，不太可能同时受损，企业对车损险可以采取自保方式。(3)在损失能被较精确地预测的情况下，自担风险也是适当的方法。例如，工伤事故就属于这类可预测的损失风险。

企业的风险管理人员在决策时经常在保险和自担风险中进行选择。下列因素有利于企业自担风险：(1)自担风险的管理费用比保险公司的附加费用低；(2)预期的损失比保险人估计的数字低；(3)最大可能损失比最大可信损失低，企业的财力在短期内能够承受;(4)保险费的支付和损失赔偿在相当长时期内延续,导致机会成本大量增加,并且企业有着高收益的投资机会;(5)企业内部具有自保和损失管理的优势。至于企业自担风险的水准则要根据财务状况、近年的损失资料以及保险费用而定。风险管理人员应确定单次意外事故和每年总的损失风险的自担水平。作为一般规则,企业每年自担风险最高额应为公司纳税前年收入的5%。自担风险的财务补偿方式可采用当年净收入的直接补偿、设立专用基金、借入资金以及建立专业自保公司等。

专业自保公司(captive insurer)一般是由母公司为保险目的而设立和拥有的保险公司,它主要向母公司及其子公司提供保险服务。截至2013年底,全球有6 342家专业自保公司,年保费规模超过500亿美元。全球500强企业中已有80%的企业建立了专业自保公司,设在百慕大的居多。其主要原因是当地有着有利于外资的环境,资本要求和税收均低。专业自保公司的主要优点是:(1)减少企业的保险费用。专业自保公司以较商业性保险公司更经济的办法提供保险业务。(2)容易参加再保险。这是因为许多再保险公司只与保险公司做交易,而不与被保险人打交道。(3)企业盈利的一项来源。专业自保公司除了向母公司及其子公司提供保险外,也向其他单位提供保险业务。(4)税收考虑。向专业自保公司缴付的保险费可从公司应税收入中扣除。

自保是自担风险的特殊方式,它必须具有商业性保险的某些特点:一是必须有大量同质的风险单位存在,从而可根据大数法则较精确地预计损失;二是损失必须由专用基金或专业自保公司补偿。

自担风险既有优点也有不足之处。其主要优点:首先是节省保险费开支,因为保险公司除了赔付损失外还要支付理赔、代理人和经纪人的佣金、税收等费用,而且要保留一定的利润。其次,自担风险增加了企业对防损工作的内在动力。其主要不足之处首先是企业有可能遭受高于保险费支出的损失,尤其在短期内,企业受损的可能性难以捉摸。再次,企业有可能增加费用支出,如聘请安全工程师和防损专家,保险公司则以低廉的收费向企业提供防损服务。

5. 保险。保险是一种转移风险的办法,它把风险转移给保险人。保险也是一种分摊风险和意外损失的方法,一旦发生意外损失,保险人就补偿被保险人的损失,这实际上是把少数人遭受的损失分摊给同险种的所有投保人。由于少数投保人遭受的损失为同险种的所有投保人所分担,所有投保人的平均损失就代替了个别投保人的实际损失。保险人一般承保纯粹风险,然而并非所有的纯粹风险都具有可保性。可保风险要满足下列条件:

(1)大量同质的风险存在。据此,保险人能比较精确地预测损失的平均频率和程度。

(2)损失必须是意外的。如果故意制造的损失能得到赔偿,则道德的危险因素会明显增加,保险费就会相应提高。

(3)损失必须是确定的或可以测定的。具体地说,损失的原因、时间、地点和金额具有确定性。例如,死亡就具有这种确定性。

(4)保险对象的大多数不能在同时遭受损失。如果保险对象的大多数在同时遭受损失,保险分摊损失的职能就会丧失。但实际情况并不尽如人意,洪水、飓风、地震等自然灾害经常造成巨灾损失。保险公司可采用两种方法来对付这种损失,一是再保险,二是把保险业务分散在广大地域,从而避免风险的集中。

(5)保险费必须合理,被保险人在经济上能承担得起。唯有保险费经济、合理,保险公司才能拓展其业务。

根据上述条件,财产、人身和责任风险均能由保险公司承保,而市场、生产、财务和政治风险一般都不能由商业保险公司承保。

在风险管理中,风险管理人员经常使用保险这一重要工具。企业的保险计划主要分为以下四个方面:

(1)选择保险的范围。企业的保险需要可根据轻重缓急分为基本的保险、合意的保险和适用的保险三种。基本的保险包括那些由法律或合同规定的保险项目,如劳工保险,还包括那些威胁企业生存的巨灾损失保险,责任保险属于这一范畴。合意的保险是补偿那些能造成企业财务困难、但不会使企业濒临破产的损失。适用的保险则是补偿那些会使企业感到不便的损失。

风险管理人员还要决定是否使用免赔额及其大小。免赔额可以消除小额索赔及其理赔费用,从而降低保险费。免赔额在本质上是一种自担风险的形式。大多数风险管理计划是自担风险和商业保险相结合。另外一种自担风险的技术是购买超额损失保险。一个经济实力雄厚的大企业可以自担大部分损失风险。根据超额损失保险计划,保险公司只赔偿实际损失超过企业自担金额以上的那部分损失。自担限额可按最大可信损失确定。例如,对一家资产价值为2 500万元的工厂可以确定单次火灾损失的自担限额为100万元,这100万元被看作最大可信损失。

(2)选择保险人。风险管理人员必须选择一家或数家保险公司。有几项重要因素必须考虑,这包括保险公司的财务实力、所提供的风险管理服务,以及保险的费用。保险公司的财务实力由下列因素决定:投保人盈余的大小、承保和投资的结果、未偿债务的准备金、保险种类和管理质量。保险公司提供的风险管理服务包括协助识别风险、损失管理和理算。风险管理人员还必须考虑到某保险公司是否愿意提供合意的保险责任范围。如果其他因素相同,风险管理人员自然偏好从几家保险公司竞争性的保险费出价中以最低廉的价格取得保险。

(3)保险合同条件谈判。如果使用印制好的保险单、批单和附属保险单,风险管理人员与保险公司必须对这些文件达成一致意见,以此作为合同的基础。如果使用特约保险单,合同条款的语言和文义必须清楚。如果投保人是大企业,企业可与保险公司就保险费和条款进行谈判;即使保险费不可商谈,风险管理人员也应该设法使本企业纳入一个低费率的承保类别。

(4)定期检查保险计划。风险管理人员必须检查索赔是否及时得到赔偿,评估保险公司损失管理服务的质量,以便决定是否还要继续购买这家公司的保险。

下面用一个简单的例子说明风险管理人员是如何选择适当的对付风险的方法(见表1—1)。

表1—1　　　　　　　　各种不同的风险类型例子

风险的类型	损失频率	损失程度
1	低	小
2	高	小
3	低	大
4	高	大

对第一种风险而言,采用自担风险的方法最为适宜。对第二种风险应该加强损失管理,并辅之以自担风险和超额损失保险。保险方法最适用于对付第三种风险,损失程度严重意味着巨灾可能性存在,而低的损失概率表明购买保险在经济上是承担得起的。这种类型的风险包括火灾、爆炸、龙卷风、责任诉讼等。风险管理人员也可结合使用自担风险和商业保险来对付这类风险。对付第四种风险的最好方法是避免风险,因为自担风险的办法不可行,也难以取得商业保险,即使能取得也得缴付高额保险费。

(五)贯彻和执行风险管理的决策

把所选择的对付风险的方法付诸实施是风险管理的第五步。在贯彻和执行风险管理的决策这一阶段,风险管理人员一般对所选择的对付风险方法有直线职权(line authority),即作为主管可以直接命令,而对管理方面只有参谋职权(staff authority),即作为参谋提供咨询。例如,一旦对某一损失风险做出使用保险方法的决策,风险管理人员就可以去选择保险人,设定适当的保险责任限额和免赔额,以及就投保事项与保险人商谈。又如,一旦选择自留风险的方法,风险管理人员则需要确定是否使用专用基金方法。如果确定使用专用基金方法,则要制定专用基金积累的管理程序。再如,如果选择防损方法,风险管理人员则要制定防损计划,并贯彻和执行这一计划。以上这些事务的处理一般都属于风险管理部门的直线职权范围,但风险管理人员应该向其他部门的经理说明这些决策措施,以便取得他们的合作。至于管理方面,风险管理人员只有建议权。例如,对火车出轨风险选择了防损方法,在防损措施中有一项是在经过市区内铁轨下坡地段安装限速装置,风险管理人员本人不能直接命令工人在什么时候和怎样安装这些装置,这是其他部门经理的直线职权。

（六）检查和评价

在风险管理的决策贯彻和执行之后,就必须对其贯彻和执行情况进行检查和评价。理由有两点:其一,风险管理的过程是动态的,风险是在不断变化的,新的风险会产生,原有的风险会消失,上一年度对付风险的方法也许不适用于下一年度。其二,有时做出的风险管理的决策是错误的,这需要通过检查和评价来发现,然后加以纠正。

对风险管理工作的业绩的检查和评价有两种标准:一是效果标准。例如,意外事故损失的频率和程度的下降,责任事故损失降低,风险管理部门的经营管理费用减少,责任保险费率降低,因提高企业自担风险水平而减少财产保险费用,这些都是效果标准。二是作业标准。它注重对风险管理部门工作的质量和数量的考核。例如,规定设备保养人员每年检查的次数和维修的台数。单纯使用效果标准来检查和评价风险管理工作会有不足之处,因为意外事故损失的发生具有随机性。同样,单纯使用作业标准来检查和评价风险管理工作也有缺陷,因为它没有把风险管理工作对企业的经济贡献或影响联系起来。因此,对风险管理工作业绩的检查和评价应该综合使用这两种标准。

在确定了检查和评价的标准后,就要把风险管理工作的实际结果与效果标准和作业标准加以比较,如果低于标准,就要加以纠正,或者调整标准。例如,安全检查的次数低于作业标准,就应该增加检查次数;如果企业自留风险的损失增加很多,就应该对自担风险的水平重新加以核定,即调整不适当的效果标准。

复习思考题

1. 试解释下列名词:风险,客观风险,危险因素,动态风险,静态风险,风险管理,损失频率,损失程度,VAR 分析,自担风险,专业自保公司。
2. 比较风险的数种不同的定义。
3. 简述三类危险因素。
4. 概述风险和纯粹风险的分类。
5. 简述专业风险经理的职责范围。
6. 概述风险管理的程序。
7. 企业所面临的纯粹风险有哪些主要类型?

8. 概述识别风险的主要方法。

9. 简述对付风险的主要方法。

10. 自担风险主要适用哪些情况？哪些因素有利于企业自担风险？

11. 可保风险要满足哪些条件？

12. 企业的保险计划主要有哪些内容？

13. 风险管理人员如何选择适当的对付风险的方法？

第二章 风险管理计划的制定

第一节 制定风险管理计划的目标

对一个企业而言,一项结构完整、设计合理的风险管理计划是所有风险管理工作的基础。因此,制定一项合理的风险管理计划是任何风险管理人员必须完成的第一步。

为有效地实施风险管理计划,十分重要的一点就是要得到企业的高层领导、管理人员的支持。为了获得这种支持,风险管理人员必须使风险管理计划服从于企业的总目标。只有在透彻地理解企业总目标的基础上,风险管理人员才能制定风险管理计划的目标。该目标可分为损后目标和损前目标两大类。一般而言,损后目标是指企业高层领导在能预见到的、最严重的损失发生后相对企业的状况在最低限度内可以接受的目标。它可以包括生存的目标、持续经营的目标、盈利的目标、收益稳定的目标、成长的目标和承担社会责任的目标。而损前目标是指不论企业的实际损失情况如何,一项合理的风险管理计划都应该有的目标。它可以包括经济的目标、减轻烦恼和忧虑的目标、合法的目标和承担社会责任的目标。因此,损后目标可以被称为"一旦损失发生后的目标",而损前目标就是"即使损失没有发生也应达到的目标"。

一、损后目标

风险管理计划的损后目标可以在企业经历了一次严重的损失后从最基本的生存目标一直到成长的目标、承担社会责任的目标。

（一）生存的目标

经历了一次严重的意外损失后,如火灾、洪水、龙卷风、飞机坠毁或者挪用巨额公款,企业的首要目标就是生存。从风险管理的角度来看,一个企业是包括机器、原材料、人力、管理领导等资源在内的一个组织系统。这些资源通过制造产品或提供服务为企业的所有员工带来收入。因此,一个企业在意外损失后得以生存是指意外损失不会使企业的生产和收入永久地中断,也是指在严重的意外损失后企业的生产能力依然得以保存,即使企业由于意外损失而暂停营业、更新管理人员,甚至必须根据破产法进行企业重组或者与另一家企业合并。换句话说,风险管理中提到的生存不是一个法律概念,而是一个经营概念。

企业的生存有四个要素,前三个要素是与各个企业必不可少的直线职权密切相关的:生产、营销和财务,而第四个要素则是对前三个要素的管理能力。因此,任何使企业丧失这四个要素的意外损失都威胁到了企业的生存目标。财产、净收入、责任和人员这四类主要损失中的任何一种损失在某种情况下都可能使企业不能生存。

(二)持续经营的目标

对于许多企业和所有公共单位来讲,在遭受意外损失后继续经营而不中断是十分重要的目标。前述的生存目标要求无论多么严重的损失都不能使企业永久停业,而持续经营的目标就更进一步要求:不允许损失使企业暂停经营的时间超过合理的时间。这里的"合理的时间"是一个相对概念,根据生产的产品或提供的服务的不同,它有不同的含义。有的企业甚至不允许有一天的中断,而有的企业即使一些生产活动暂停数月,但它的总产出依然可以保持连续性。因此,一旦企业的高层领导把持续经营作为企业的一个目标,风险管理人员就必须深入了解企业的每一项必须持续经营的活动,并估计每一项活动允许的最长中断时间。

因此,以持续经营为基本目标的企业必须制定专门的计划并支出一定费用,以排除不能接受的中断的发生。这种专门计划可以通过以下步骤完成:

1. 识别那些不允许中断的活动。

2. 识别将导致这类活动中断的意外事故。

3. 确定当这类意外事故发生时可立即供使用的备用资源,以减少意外事故带来的不利影响。

4. 提供这些备用资源,以供在非常情况和最困难的时候使用。

上述的第四个步骤,也就是安排备用资源,会增加企业的费用,因此实现持续经营目标较生存目标要支付更多的费用。

对于公共单位,特别是对于城市、县城和其他政府机构,以及学校、社区服务部门等,风险管理最重要的目标就是不间断地提供公共服务。如果警察局、消防队、自来水厂、环卫部门或公共教育部门暂停服务,这无疑向外界表明了公共单位无法提供其应尽的服务。因此,公共单位的管理者必须保证公共单位连续经营不中断,不得存在任何差错。公共单位就是在影响居民和社区正常生活的大规模服务中断发生时,公共单位还能够提供一些服务和维持一定的秩序。因此,许多公共单位都花费大量精力和财力来设计和执行在公共服务设施或其资源遭受严重的意外损失后仍能继续经营的应急计划。

(三)盈利的目标

一个企业发生意外事故后,该企业不仅会遭受物质损失,而且还有可能影响该企业的盈利能力(对于非营利单位,则是盈余能力)。企业的管理人员可能事先设定一个最低的盈利指标(对于非营利单位,则是盈余指标)。为了实现这个最低指标,风险管理计划特别强调运用保险和其他可以转移物质损失和财务损失的方法,以便把企业遭受的实际经济损失限制在企业预先设定的盈利指标或其他财务指标的要求范围内。

(四)收益稳定的目标

与追求本年度的最大可能收益的企业不同,有一些企业更加看重每年收益的稳定性。追求收益稳定性的企业着重运用成本可以高度控制的风险管理方法,主要是保险或损失控制方法,而不使用长时期内成本可能有波动的其他风险筹资方式,尽管这些方式有时比保险更廉价。以收益稳定为目标的企业往往要自己承担大量的损失风险,因此,这些企业有必要建立损失准备金以便把自留损失在几年内进行分摊。

(五)成长的目标

注重企业的成长,例如,扩大企业的市场份额,拓宽企业经营或产品的范围,或者增加资产,可能会对企业的风险管理计划产生两种完全相反的作用;而这些作用的大小则完全取决于企业管理人员对不确定的意外损失的态度。如果一个企业以承担过大的不确定的意外损失为代价来换得较低的风险管理成本,并努力争取企业成长,那么企业的风险管理成本可能很低。如果这类企业遭受了一次严重的意外损失,而企业又没有做充分的准备,那么企业的实际风险管理成本,更准确地说,由于无法有效控制风险而产生的真实成本可能会非常高,有时甚至可能会耗费企业以前已经取得的经营成果。相反,如果一个企业追求收入的增长,而不仅仅是生存、最低收入或稳定的收入,那么该企业的风险管理成本一般来讲会很高,但同时也会减轻意外损失造成的负担。这类企业将十分重视风险控制和风险转移。

(六)承担社会责任的目标

一次意外损失不仅会影响企业的利益,而且也会使企业的员工、客户、供应商、纳税人和社会大众受到影响。企业的社会意识或道德责任会促使企业尽量减少意外损失对外界的影响,这同时也是企业维护良好社会形象的需要。企业制定风险管理计划,通过保护员工、客户、供应商和社会大众免于遭受因为企业生产或经营活动中断或者企业人员伤亡或财产损失而产生的意外损失,来达到该企业履行社会责任和维护良好公众形象的目标。

所有的损后目标都可以用两个标准进行排列。根据第一个标准——必要性程度,生存的目标排列在所有企业的第一位,因为如果不能生存,那么所有其他的目标都不可能实现。而排在该区间末尾的是成长的目标,这个目标虽十分诱人,但却可能不是最重要的。根据第二个标准——风险管理所消耗的资源,生存的目标消耗的资源最少,而成长的目标或收入稳定的目标消耗的资源最多。

如图2-1所示,这两个标准可以沿着左、右纵轴进行描绘。必要性程度的范围从"基本需要"到"理想需要",而风险管理所消耗资源的范围从"大"到"小"。在图2-1中,无论是根据哪一种标准,风险管理的损后目标在横轴上都是依次排列。图中连续直线和不连续直线相交这一事实说明,风险管理的目标越基本,所消耗的企业的资源越小;而风险管理的目标越理想,所消耗企业的资源越大。

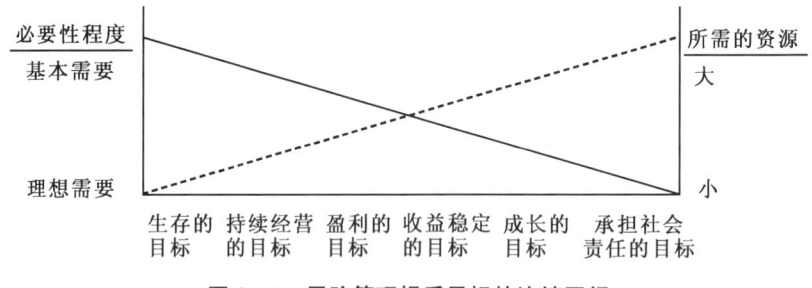

图2-1 风险管理损后目标的连续区间

二、损前目标

不论将来可能发生什么样的损失,企业制定的风险管理计划必须满足四个要求,也就是说,实施这个风险管理计划必须达到四个目标,它们是:经济的目标、消除烦恼和忧虑的目标、合法的目标、承担社会责任的目标。

(一)经济的目标

企业经营的一个通用原则就是厉行节约,风险管理也不例外。它要求实施风险管理时必须注重效率,不得耗费大量的成本去求得微薄的回报。衡量一个企业风险管理计划的效率有很多方式,一个比较常用的标准就是把相似企业的风险管理成本进行比较。

(二)消除烦恼和忧虑的目标

另一个损前目标就是使高级管理人员把意外损失的不确定性控制在一个可以承受的水平上,使他们毫无烦恼和忧虑地制定和执行决策。如果员工发现相应的风险管理措施全部到位,如有卫生的工作条件、良好的消防设施和安全的工作环境,员工的工作效率可能会更高。因此,一个出色的风险管理计划在使所有人员意识到存在潜在损失风险的同时,能够提供保障使这些潜在的风险得到有效的控制。

（三）合法的目标

绝大部分企业都希望在法律许可的范围内经营,因此,作为风险管理人员就必须了解适用于本企业的所有法律,并与别人合作,保证企业经营的合法性。例如,他们需要了解与职工安全有关的法律、关于消费品标记的规定、关于有害废物处理的规定,以及关于法定保险的法律或强制性规定等。不同类型的企业面临不同的法律规定,如有违反,就要承担不同的义务和责任。

（四）承担社会责任的目标

这项损前目标和上述损后目标中提到的一样,都是为了维护良好的公众形象和履行应尽的社会责任。正是因为企业的损失也将影响整个社会,所以预防损失的行为将有利于社会的安全。

三、目标之间的矛盾

损后目标和损前目标是相互联系的,一个企业难以同时完全达到所有的目标。有时,损后目标之间会不一致；而更常见的情况是,损后目标会与损前目标发生矛盾,或者与损前目标发生冲突。要想达到任何一个损后目标都必将支出一定的费用,这就与损前目标中强调经济的目标相冲突,而且损后目标定得越高,费用越大,这种冲突就越厉害。同样,经济的目标与消除烦恼和忧虑的目标也有冲突。合法的目标和承担社会责任的目标也可能与经济的目标有冲突。虽然一些外部规定的义务,诸如由建筑法规规定的安全标准,是必须执行的；但是还有一些其他的义务却是可以商谈的,如根据劳资谈判制定的员工福利的义务。一般来讲,法定义务必须遵守,而承担一定的社会责任虽然从长期来看会带来收益,但在短期内会增加成本。

第二节　规定风险经理的责任和报告关系

不同企业的风险经理需要承担不同的责任,而且会有不同的报告关系,本节仅论述一些最常见的责任及报告关系。

一、风险经理的责任

在本书中,"风险经理"是指对风险管理计划负首要责任的人。在大型企业中,这种责任可能由风险管理或损失控制的执行经理承担,也可以由副总裁、财务主管或其他高级职员承担。在小型企业中,一般由总经理或副总经理,或者由保险经纪人、代理人、风险管理咨询人员等企业外部人员执行风险管理职责。

除了一些很小的企业以外,风险经理很难独立完成所有风险管理任务。在这些任务中,有一些可以在风险管理部门内部完成,而更多的管理损失风险的工作必须依靠企业中各个部门经理和员工共同完成。以前,安全专家曾提出"安全是每个人的任务";现在,这个观点也适用于风险管理。当然,风险管理的概念大大超过了安全的范畴,因此风险经理在日常工作中必须花很多精力用于谋求与企业内其他部门经理、员工的合作。

虽然在不同企业中风险经理承担的责任各不相同,但从总体上讲,风险经理的责任包括以下三种。

(一)整体风险管理计划的处理

对于本企业的风险管理计划,风险经理应当比任何其他经理、员工或咨询人员有更为深刻的认识,因此风险经理应对该计划的总体结构、执行计划的效率负有主要责任。在任何一家企业中,风险经理必须做到以下几点:

1. 在制定企业的风险管理方针时应对高层管理人员进行指导。

2. 对风险管理部门的资源进行计划、组织和领导。

3. 协助高层管理人员建立沟通有关风险管理事务的渠道,并对其不断完善。

4. 与其他经理合作,对本企业所有人员执行风险管理计划的责任加以规定,并实施监督。

5. 在本企业各部门之间分摊风险管理计划的成本,其原则是要反映不同部门之间损失风险的差别,并要最大程度地使风险管理计划在各个部门之间发挥作用。

6. 注意风险管理计划对不断变化的外部环境的适应性,使企业结合使用各种风险控制和风险转移的方法,以便当风险和不同的风险控制与风险转移的成本发生变化时,可以随时加以调整,以提高风险管理计划的效率。

(二)企业风险的控制

一个企业可以使用部分或全部的风险控制方法,包括避免风险、风险防范、风险减少、分离风险单位,或为风险控制而使用合同转移风险。作为企业的风险经理,他就要针对不同的情况采取不同的风险控制方法。但是,对于这些活动的目标,也就是风险控制的结果,风险经理或风险管理部门负有以下责任:

1. 对于如何促使安全成为本企业风险管理计划的整体目标之一、如何鼓励和奖励员工安全操作、如何改进风险控制等方面向高层管理人员提出建议。

2. 协助每个员工识别风险和采取恰当的风险控制措施。

3. 告知部门经理怎样在每项操作中为防止意外事故发生而应履行的基本责任。

4. 最有效地实施风险控制措施,协调经理之间的冲突,必要时采取保护企业整体的风险管理对策。

5. 风险经理要行使对风险控制的直线职权,尤其在紧急时期。

6. 对不同风险控制方法的成本和收益进行测算和控制,以取得成本最节约的风险控制计划。

风险经理在进行风险控制活动时应有权对风险管理部门以外的人员下达命令,必要时有权对拒绝执行这些命令的人员进行控告。但在不同的企业中,这些权力有些不同。在一些企业中,风险管理活动集中在风险管理部门内进行,风险经理也就有权使用适当的风险管理措施。而在大多数企业中,风险控制的责任是分散在各个部门内。因为其他的经理可能在各自的领域对风险管理比风险经理更加有经验,同时也因为风险管理计划只有在得到企业所有管理和工作人员的支持时才最为有效,所以一名理智的风险经理就会与现存的风险控制机制合作,而不会试图硬性将风险控制权力集中到风险管理部门。

(三)风险筹资的方法

和风险控制一样,风险经理对风险筹资有很多可供选择的方法,大体上它们可以归纳为风险自留和风险转移两种方法。风险自留方法包括对损失用现有的资金补偿,动用基金制的或非基金制的准备金补偿,借入资金进行补偿,以及依靠专业自保公司进行补偿。风险转移方法包括通过合同转移风险和购买商业保险两种方式。如果采取风险自留的方法,风险经理通常会重点考虑企业内部的资源,保证在预测的范围内使企业内部用于补偿的资金足以支付企业可能遭受的损失。如果采取风险转移的方式,风险经理要依靠外部的资金得到同样的保障。

运用任何一种风险筹资方式,或者同时运用这两种方式时,风险经理负有以下的基本责任:

1. 为准备补偿个别风险带来的潜在损失,风险经理应当与财务经理和其他高级主管合作并决定企业自留和转移风险的程度。

2. 一旦建立了自留和转移风险的总体平衡,风险经理就要为补偿损失确定分别适用于自留和转移方式的具体风险。

3. 为了贯彻对特定的损失风险选择自留或转移的决定,与企业内部和外部有关的人员以及公司进行商洽。

4. 一旦损失发生,就激活恰当的风险自留或转移机制。

5. 对不同风险筹资方法的成本和收益进行测算和控制,以期获得成本最节约的风险筹资计划。

二、风险经理的报告关系

虽然近年来风险管理变得越来越重要,但是它在各家企业中的运用还与很多因素有关。风险经理的报告等级以及他们所拥有的权力,在很大程度上取决于企业高层管理人员对损失风险的观念及风险管理在过去发挥的作用。

报告关系还部分地取决于企业的基本目标。在医院里,风险经理可能向医院的高级主管报告;在城市中,由市长或会计主管接受报告;在银行,一般是由某一个副总裁负责接受报告;而在以生产和市场为导向的中型或大型企业中,风险管理往往被视为风险补偿的手段,因此风险经理也就向财务经理或其助手、会计主管或者是主管财务的副总经理报告;类似地,在城市或学校等的公共单位中,风险经理可能向财务部或直接向市长、财务总监进行报告。

另一个影响报告关系的因素是与企业面临的最重要的损失风险有关。例如,在一家企业中,如果大部分风险管理活动涉及产品责任,风险经理的报告对象可能是公司经理、副经理或者是主要的法律顾问。相反,如果该企业更多地涉及消防工作,那么风险经理可能就要向主管机器设备的副经理或总工程师报告。在一些企业中,风险经理可能要分别向负责生产、市场或财务活动的经理进行报告。

第三节 组织风险管理计划

一、风险管理部门的内部结构

在小型企业中,风险管理部门通常只由一个人组成。当企业不断发展并面临更多的损失风险需要控制时,风险管理人员就会有所增加。事实上,如何增加风险管理人员,应当根据企业的实际需要,而不只是为了构建一个"完美的"组织结构。

(一)小型部门

当由一个人组成的风险管理部门不足以应付企业的需要时,新增人员往往是安全、防损专家和索赔经理,如图2—2所示。任何一个新增的人员都应为风险管理部门带来新的、更加专业的技能,而不是仅仅重复以前的工作。

(二)中型部门

随着企业的不断成长,或者因为风险管理部门的工作被逐渐接受,进一步增

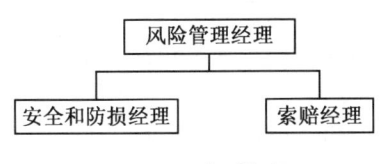

图 2-2　小型部门

加风险管理人员就会被纳入议事日程。一般而言，企业会需要更多的保险服务，需要更复杂的安全和防损工作，需要解决更多的索赔问题，如图 2-3 所示。

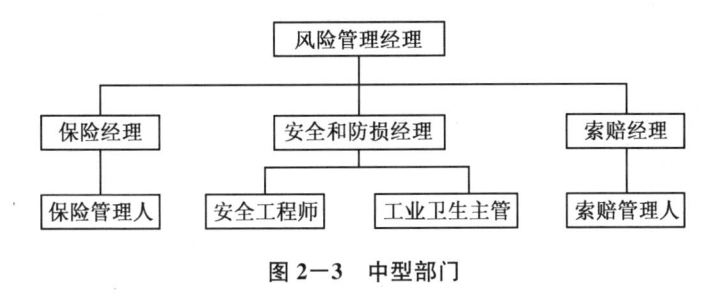

图 2-3　中型部门

(三)大型部门

在大型风险管理部门中，风险经理很少进行技术方面的风险管理，他更重要的任务是管理风险管理人员，规划风险管理活动，对收入和支出进行预算，以及与其他部门的管理人员进行交流。这些变化可以在图 2-4 中得到反映。另外，各种风险管理人员的任务是协助风险经理完成各项具体的工作，他们不需要具备丰富的管理技能。

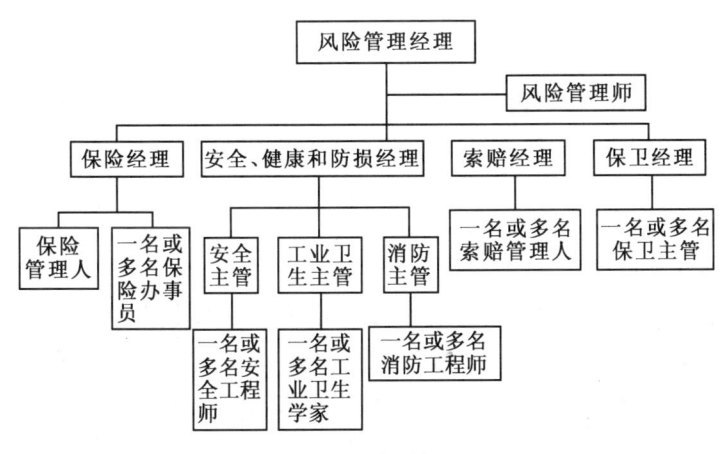

图 2-4　大型部门

在大型的风险管理部门中,安全和防损、健康、索赔等都需要很多的员工,这是因为在一家大型企业中,风险筹资通常包括大量的风险自留和风险控制工作,而且保险和费率的问题也变得十分复杂。一个大型风险管理部门的索赔人员分工一般很细,一些人员专门负责财产损失索赔,其余的则负责责任索赔,甚至还有一些人专门从事员工福利。另一些是损失频率很高的自留风险,如员工赔偿或者消费品生产企业的产品责任索赔,这都扩大了对经过专门训练的理赔人员的需求。

(四)另一种部门结构

如果风险管理部门对安全、健康或保卫工作不承担责任,那么它将根据损失风险或保险安排工作。一般来讲,此时的风险经理对员工的福利负有责任,风险管理部门通常根据企业中员工的人数和员工福利的种类进行责任划分。图2-5说明了这种内部结构。

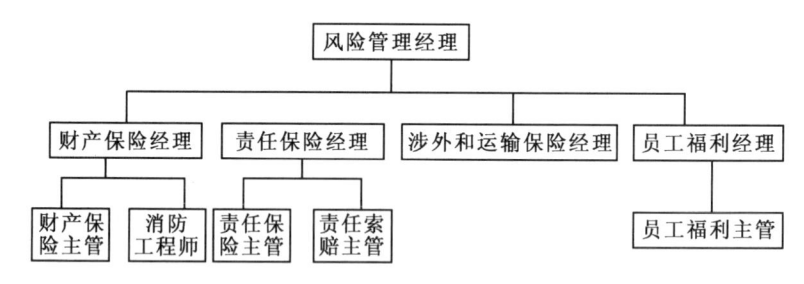

图2-5 不承担安全、健康和保卫工作的风险管理部门

二、风险管理部门与其他部门合作

需要其他部门合作和支持的例子不胜枚举。例如,企业若要投保财产险或责任险,风险管理人员只有在其他部门的帮助下才能获得所需的有关信息。再如,如果风险经理决定采取备件的形式进行风险控制,那么他必然要得到需要备件的有关财产或经营部门的合作。为了能够顺利合作,风险经理则必须与相关的部门经理进行直接沟通。

(一)会计部门

企业的会计风险来源于会计操作,以及记载着重要数据的会计记录。有时会计风险也可能来源于现金或其他有价证券被贪污、挪用。有效地对所有这些会计风险进行防范或补偿,需要风险管理人员和会计人员联合起来采用一些方法和措施。

因为许多会计记录来源于原始数据,所以,这些原始数据在确定适当的价值时就非常有用。例如,对动产和不动产的评估可以为购买保险或制定风险自留计划提供设定财产价值的根据,财务记录可以用来评估因营业中断而引起的继续开支的费用和收入减少。

会计记录可以为确定各种保费提供有用的数据,如员工赔偿的工资金额、营业中断和产品责任保险的营业收入,以及额外费用保险的费用记录。

大多数风险管理部门在处理保险或自留的财产、责任以及员工福利索赔时,一般直接与会计部门合作。有的企业用准备金来补偿损失,那么准备金的建立和管理工作一般也由会计部门完成。

(二)数据处理部门

价值昂贵的计算机、庞大的数据库和复杂的信息管理系统在很多企业中越来越起到重要的作用。这些企业的日常经营以及决策需要具备高速处理大量信息的能力。因此,就风险管理的角度而言,也十分需要一个数据处理部门,它可以解决很多问题。

计算机中心的损坏将毫无疑问地引起巨大的财产损失、净收入的减少。由于计算机的错误输出而制定不正确的决策也会造成损失。所有这些风险都在管理范围之内,并需要与数据处理人员合作共同防范。这种合作应当建立在数据处理人员对计算机设备的弱点和可能出现的错误的鉴定,以及风险管理部门关于这些错误对企业的不利影响的评估的基础之上。

计算机在处理损失风险时可以提供很重要的辅助作用。这种辅助作用来自计算机对企业经营和损失风险的数据编辑和分析功能,对不同损失可能的模仿功能,根据过去的损失经验数据研究将来的损失的预测功能,对备选的风险控制和风险筹资方法的成本和收益的比较功能,以及收集损失信息以演示风险管理计划的成果或指出缺陷。总之,计算机已成为现代管理的工具,要跟上现代管理的步伐,风险经理一定要利用计算机来提高风险管理能力。

(三)法律部门

企业的法律人员或企业外部的法律咨询机构是解决大多数责任风险的主要力量。这些法律部门的人员首先是识别和分析责任风险的专家,其次是在发生任何责任事故时作为维护企业权益的法律代表。

法律专家的任何疏忽都有可能给企业带来极大的损失。俗话说,法律是一把"双刃剑"。当法律人员忘了告诉企业根据政府规定必须承担某些责任,由于疏忽而未使企业履行合同的义务,或者没有在最后期限前纳税,法律不但不会保护企业,反而会给企业带来损失。为了减少责任风险可能带来的损失,法律人员、风险管理人员和企业的其他员工在处理法律事件时必须通力合作。

法律专家可以根据以往的、现在的和打算进行的经营活动,帮助风险管理人员分析法律风险。例如,在一家消费品制造厂家中,法律人员应当保证产品标记中内容的合法性;一旦因产品责任问题引起诉讼,他们就应帮助制定相应对策。此外,法律人员还须提供董事会的诉讼记录、向股东的报告和与有关监管部门进行交往等信息,以便更好地识别责任风险。

包括动产和不动产在内所有财产的转让是风险管理人员必须与法律人员合作的另一个方面。有关不动产的购买、出售和租赁的法律记录是相关风险的主要信息来源。因此,在所有本企业签订的合同中,特别在含有责任条款和产权转让条款的合同中,法律部门和风险管理部门对使用的语言应取得一致意见。

(四)人事部门

对于风险经理而言,人事记录十分重要,尤其是企业关键员工的人事记录。作为一种风险控制手段,人事部门应当事先寻找合适的人选,以便当关键的员工因死亡、残疾或其他原因不能工作时,可以经过培训暂时或永久地接替这个关键员工。

一旦员工因死亡、残疾或其他原因不能工作时,他们的家庭或企业就会遭受损失。为了对付这类风险所造成的损失,人事部门和风险管理部门可合作举办员工福利计划。

有时,人员风险会产生于人事部门自身的活动中。例如,有关记录受到损坏、保存的机密信息被篡改或失窃等。对人事数据不恰当地使用可能会侵犯员工的隐私权而导致企业承担赔偿责任。企业在招聘、提升、培训或其他人事活动中可能因为某些失误或违反政府法规而迫使企业承担某些责任。因此,风险管理部门和人事部门应当共同研究这些风险,并努力设法进行控制。

(五)生产部门

对制造产品或提供服务的企业而言,制造产品或提供服务的部门是该企业很多风险的来源。例如,在绝大多数工业企业中,生产部门的员工很容易遭受工伤,由于生产设备遭到破坏而引起生产中断,由于生产问题而使产品对用户造成伤害。因此,风险管理人员应紧密地与生产人员合作,有效地识别可能导致损失的风险,消除或减少这类风险,通过企业的成本会计、产品定价及风险管理成本分配系统准确地了解损失的成本和原因。也就是说,识别风险、减少损失和解释成本等基本工作应由生产人员和风险管理人员共同完成。

(六)销售部门

风险管理人员对企业销售活动最关心的问题是产品责任索赔问题,夸大产品或服务的功能可能会使客户有过高的期望。因此,销售过程及有关文字说明应由风险管理人员、销售人员和法律人员共同参与。

在销售活动的过程中,可以获得很多与产品有关的风险信息,以及处理这些信息的方法。例如,客户的投诉,即使不会引起诉讼,也应该是一个信号,说明风险的存在,对此有必要进行调查并加以修正。

第四节 编制风险管理方针书

就风险管理计划编制一份风险管理方针书是一项有效的沟通工具,它还有助于企业整体目标的实现。

一、风险管理方针书的优点

在把企业看作一个整体的前提下,这份文件可以完成以下工作:(1)在企业内部为风险管理职能设定一般目标。(2)规定风险管理部门的权力和责任关系。(3)在企业的各分支机构(如地区、分公司或部门)之间,在合理的基础上协调对损失风险的处理。(4)建立与完善沟通渠道和信息管理系统。(5)在风险管理部门的人员发生变动时,保持风险管理计划的连续性和顺利过渡。

对于风险经理和工作人员,该方针书可以完成以下工作:(1)为评估损失风险控制和筹资的方法提供框架。(2)强调风险管理职能的重要性。(3)指出风险管理部门在整个企业组织中的地位。

二、风险管理方针书的内容

由于各个企业并不相同,因此风险管理方针书也应按企业特点编制。

一份风险管理方针书的开始部分应该是风险管理的简要介绍及其在企业中的重要性的说明。这份简要介绍应包括风险管理部门在整个企业组织中的地位和风险管理报告关系。风险管理方针书中可以包括风险管理部门的内部结构。

在任何情况下,风险管理方针书要清楚地写明企业高层领导采取适当的风险控制和风险筹资方案的目标,以及说明对不同的风险管理方案所采取的决策原则。

以下用一个例子说明风险管理方针书的部分内容,见表2-1。

表 2-1　　　　　　　某化学公司风险管理方针书

1. 基于在出现巨灾损失时保护企业资产或提供财务补偿和支付保护费用的需要,风险管理应成为本公司各项管理中的一个重要组成部分。
2. 风险管理是在评价原有计划和制定新计划的过程中,通过意外事件出现的可能性,对损失风险进行识别、分析、评价和制定备选方案,并进行决策管理的一门专门学科。在这

续表

些管理领域中,本公司将从内部员工和外部咨询人员中物色合格的风险管理专家从事这项业务。

3. 本公司将运用以下风险管理方案:

(1)识别。识别功能是指对经营中所有损失风险进行鉴别、分析和评价。就本公司而言,当有25 000美元以上的损失可能存在时,就表示存在此所指的损失风险。

(2)避免。企业对设想的任何损失风险所希望获得的财务回报应大于潜在的损失,或大致相等。本公司在签订合同时应避免产生不匹配的损失风险。对所有新项目都要详细评估,对已经存在的项目也要定期重新评估以决定是否可以避免损失风险。

(3)防损。一旦决定保留或转移风险,而不是避免风险,公司的方针就是在考虑成本的基础上尽可能地使用防损措施。公司的原则是在考虑其他处理损失风险的方案之前,优先使用防损措施。

损失减少的多少首先取决于对所有操作、设备和设施的仔细检查,以识别潜在风险并把它们消除或减少到最低程度。这种检查必须是持续进行的,在设计、建造和经营过程中,所有高层管理人员必须参与。这些检查的关键部分是根据改进建议不断地消除隐患。

(4)自留。通常,本公司在下述情况下会自留损失风险:

①当每年潜在的损失金额很小,以至于可以用日常营业费用支出处理时。

②当损失的可能性(损失频率)非常高或者说损失几乎肯定要发生时,当保险或其他转移方法的费率过高时,当潜在的损失在企业财务承受能力范围之内时,或者当附带的保险服务不能提供时。

③当损失发生的可能性非常小,以至于一般谨慎的企业家都不会购买保险时。

④当保险不可取得,或者只能以很高的费用取得时。

(5)非保险方式的转移。在所有合同关系中,本公司将把相应的损失风险转移给他方。这就意味着在以合同方式向他方转移损失风险之前,本公司必须考虑受转让方承担损失风险的能力、控制风险的能力,以及受转让方的传统和习惯及所在产业。如果受转让方缺乏足够的财力应付潜在的损失,受转让方必须购买保险并出具相应的证明。

(6)保险方式的转移。在下述情况下,本公司将购买保险:

①根据法律或合同的规定。

②当潜在损失的金额很大,企业难以自留时(用资产、营业收入、利润和现金流量来衡量)。

③当每年风险成本的变化很大,而又有条件适合的保险可以取得时。

④当保险能够更好并经济地提供附带服务时,如检查、理赔和防损服务。

(7)综合运用保险方式的转移和自留。本公司可以综合运用保险和自留两种方式,如使用免赔额、相对免赔额、超额损失保险和使用追溯费率计划等,这样公司就可以安全地自留相对较低的损失金额的风险。

复习思考题

1. 风险管理计划有哪些损后目标和损前目标？并解释各种损后目标的必要性程度和所耗资源的关系。
2. 概述风险经理的主要责任。
3. 在不同规模的企业中，风险管理部门的组织结构有何区别？
4. 简述在企业内风险管理部门与其他部门之间的协作关系。
5. 风险管理计划方针书应包含哪些基本内容？

第三章 风险识别和分析

第一节 识别和分析损失风险的方法

识别和分析损失风险是风险管理过程中最重要的一步,其他的风险管理步骤都是根据这一步而完成。由于企业的经营、资源和环境一直在发生变化,所以企业的损失风险也相应地发生变化。因此,识别和分析损失风险的工作必须坚持不懈,某一时刻识别出来的风险,就像一卷胶卷中的一张,只是企业全部风险识别和分析中的一个画面。因为没有哪一个风险管理人员能够独自识别出企业在某一时刻所面临的所有风险,所以必须与他人合作,至少部分地依靠他人或其他部门识别和分析损失风险。大多数风险管理人员都采用五种广泛使用的识别和分析损失风险的方法中的一种或几种。这五种方法的区别在于有关信息的来源不同,它们分别是:(1)标准调查表/问卷调查表;(2)企业的财务报表;(3)其他的企业记录和文件;(4)说明企业经营的流程图;(5)对企业经营场所和经营过程的现场调查。

一、标准调查表/问卷调查表

标准调查表/问卷调查表,又称为风险分析调查表,可以是一页或两页,也可以是多达一百多页的文件,上面记载了与所有企业都相关的基本问题。说这种文件具有标准性,是指文件上的问题对几乎所有的企业都具有意义。这个特点使文件既有优点又有缺点。优点是调查表具有普遍适用性,缺点是没有一份调查表可以揭示某一行业所特有的风险。由于这种调查表是为保险人服务的,所以大多数有关损失风险的问题为投保商业保险提供了方便。

大多数标准调查表/问卷调查表是根据一定的科目进行分类的,一般是根据损失风险的价值。目前,美国使用最广泛的调查表是由美国管理协会首先制定,再由风险和保险管理学会修改的,涵盖了表 3—1 列出的类别,共有 514 个问题。

为了说明该调查表提出的问题的性质和深度,表3-1提供了这份标准调查表/问卷调查表的目录和室内财产明细表。表3-1是一份比较复杂、详细的标准调查表/问卷调查表的一部分。这种文件可以有多种形式,有些如表3-2列出的风险分析,就相对简单一些。在这份调查表中,仅涉及财产、净收入、责任和员工服务等风险的问题。

回答一份标准调查表/问卷调查表涉及某项财产问题的人不需要多少风险管理的知识。因此,大型企业的风险经理在了解离企业较远的厂房、办公室或代表处的损失风险信息时,会发现这份标准调查表/问卷调查表非常有帮助。事实上,如果完成一份标准调查表/问卷调查表需要调查许多地点,那么风险管理人员就希望能够设计一份专门的标准调查表/问卷调查表,并注重本企业特有的风险特点。使用标准调查表/问卷调查表的一个缺陷,在于这种方式不鼓励人们积极寻找风险,使用者在答完标准调查表/问卷调查表提出的问题以后往往就不再进行其他寻找风险的工作。

表3-1　　　　　　　　　　标准调查表/问卷调查表

目　录	
简介	1
通用Ⅰ	3
通用Ⅱ——财务和企业数据	6
通用Ⅲ——厂房管理	9
建筑物和场所明细表	11
室内财产明细表	15
火灾与承保明细表	18
产品责任风险	20
职业责任风险	23
汽车风险明细表	24
玻璃板	27
锅炉和机器明细表	28
犯罪	29
忠诚明细表	32
营业中断明细表	34
明确所需额外费用保险金额的指南	38
运输明细表	39
船舶和飞行器风险明细表	41
飞行器:常见风险、直升飞机、飞艇、导弹、卫星	42
环境污染风险	43

续表

索赔与损失明细表	46
寿险与员工福利	47
员工数据记录	49
图Ⅰ——商业银行的资产负债表法	50
图Ⅱ——按场所财产风险分析表样本	52

室内财产明细表

明细表编号：_____
场所编号：_____
建筑物编号：_____

1. 机器、设备、工具和模具：
   a.重置成本_____
   b.实际现金价值_____
   c.b项的基础——获得公估意见_____
   d.任何动产抵押_____
      姓名_____
      地址_____

2. 家具与装置，设备和供应品：_____
   a.重置成本_____
   b.实际现金价值_____
   c.b项的基础——获得公估意见_____
   d.任何动产抵押_____
      姓名_____
      地址_____

3. 改良与装修：_____
   a.安装日期_____
   b.原始成本_____
   c.重置成本_____
   d.实际现金价值_____
   e.说明_____
   f.获得公估意见_____

4. 存货（原材料、在制品和制成品）：_____
   a.最高成本_____ 销售价_____
   b.最低成本_____ 销售价_____
   c.平均成本_____ 销售价_____
   d.现有成本_____ 销售价_____

续表

  e.贮存的日期和方式＿＿＿＿＿＿＿＿＿＿＿＿＿＿＿＿＿＿＿＿＿＿＿＿＿＿
  f.是否在建筑物间转移？＿＿＿＿＿＿＿＿＿＿＿＿＿＿＿＿＿＿＿＿＿＿＿
5. 为修理、加工或为其他目的(包括委托财产)属于他人的财产：＿＿＿＿＿＿＿＿
6. 是否存在关于你对这些财产的责任的合同：＿＿＿＿＿＿＿＿＿＿＿＿＿＿＿＿
7. 受托的财产：＿＿＿＿＿＿＿＿＿＿＿＿＿委托人：＿＿＿＿＿＿＿＿＿＿＿＿
8. 员工所有物：＿＿＿＿＿＿＿＿＿＿＿＿＿＿＿＿＿＿＿＿＿＿＿＿＿＿＿＿＿
9. 重要文件或图纸：＿＿＿＿＿＿＿＿＿＿＿＿＿＿＿＿＿＿＿＿＿＿＿＿＿＿＿
  a.价值＿＿＿＿＿＿＿＿＿＿＿＿＿＿＿＿＿复制成本＿＿＿＿＿＿＿＿＿＿
  b.保存地点＿＿＿＿＿＿＿＿＿＿＿＿＿＿＿＿＿＿＿＿＿＿＿＿＿＿＿＿
  c.说明＿＿＿＿＿＿＿＿＿＿＿＿＿＿＿＿＿＿＿＿＿＿＿＿＿＿＿＿＿＿
10. 展览品的价值——销售处：＿＿＿＿＿＿＿＿＿＿＿＿＿＿＿＿＿＿＿＿＿＿
11. 说明书类型、产品规格和商标的价值：
  a.在经营场所内＿＿＿＿＿＿＿＿＿＿＿＿＿＿＿＿＿＿＿＿＿＿＿＿＿＿
  b.在其他地点＿＿＿＿＿＿＿＿＿＿＿＿＿＿＿＿＿＿＿＿＿＿＿＿＿＿＿
12. 照看、保管或控制问题：
  委托财产＿＿＿＿＿＿＿＿＿＿＿＿＿＿＿＿＿＿＿＿＿＿＿＿＿＿＿＿＿＿
  仓库保管人的法律责任＿＿＿＿＿＿＿＿＿＿＿＿＿＿＿＿＿＿＿＿＿＿＿
  旅店所有人的法律责任＿＿＿＿＿＿＿＿＿＿＿＿＿＿＿＿＿＿＿＿＿＿＿
13. 面临损失风险的水患和自动喷水灭火器渗漏风险,包括洪水风险,与最近水源的距离和高出水面的高度及室内财产的比例：
  ＿＿＿＿＿＿＿＿＿＿＿＿＿＿＿＿＿＿＿＿＿＿＿＿＿＿＿＿＿＿＿＿＿＿
14. 地震风险和面临损失风险的金额：＿＿＿＿＿＿＿＿＿＿＿＿＿＿＿＿＿＿＿
15. 是否存在任何高级摄像机、科技设备或高级仪器？＿＿＿＿＿＿＿＿＿＿＿＿
16. 办公室内是否有艺术品？＿＿＿＿＿＿＿＿＿＿＿＿＿＿＿＿＿＿＿＿＿＿＿
  如果有,取得公估意见＿＿＿＿＿＿＿＿＿＿＿＿＿＿＿＿＿＿＿＿＿＿＿
17. 是否有数据处理设备？＿＿＿＿＿＿＿＿＿＿＿＿＿＿＿＿＿＿＿＿＿＿＿＿
  a.如果拥有,说明价值＿＿＿＿＿＿＿＿＿＿＿＿＿＿＿＿＿＿＿＿＿＿＿
   如果是租赁的,取得租赁合同副本＿＿＿＿＿＿＿＿＿＿＿＿＿＿＿＿
  b.如果是租赁的,谁对损坏或毁坏负责？＿＿＿＿＿＿＿＿＿＿＿＿＿＿＿
  c.存放在受损单位重置成本的数据＿＿＿＿＿＿＿＿＿＿＿＿＿＿＿＿＿
  d.是否保存复制卡和磁带？＿＿＿＿＿＿＿＿＿＿＿＿＿＿＿＿＿＿＿＿
   存放地点？＿＿＿＿＿＿＿＿＿＿＿＿＿＿＿＿＿＿＿＿＿＿＿＿＿＿
  e.是否存在营业中断风险？＿＿＿＿＿＿＿＿＿＿＿＿＿＿＿＿＿＿＿＿＿
  f.是否被其他人使用？＿＿＿＿＿＿＿＿＿＿＿＿＿＿＿＿＿＿＿＿＿＿＿
   如果有,高级人员的资格＿＿＿＿＿＿＿＿＿＿＿＿＿＿＿＿＿＿＿＿

续表

  g.取得所使用的合同副本,用来评估责任风险＿＿＿＿＿＿＿＿＿＿＿＿＿＿
18. 存货是否面临以下损失:
  a.后果损失＿＿＿＿＿＿＿＿＿＿＿＿＿＿＿＿＿＿＿＿＿＿＿＿＿＿＿
  b.犯罪损失＿＿＿＿＿＿＿＿＿＿＿＿＿＿＿＿＿＿＿＿＿＿＿＿＿＿＿
  c.因受热或受冷而损坏＿＿＿＿＿＿＿＿＿＿＿＿＿＿＿＿＿＿＿＿＿＿
19. 动物:＿＿＿＿＿＿＿＿＿＿＿＿＿＿＿＿＿＿＿＿＿＿＿＿＿＿＿＿＿＿
20. 农作物:＿＿＿＿＿＿＿＿＿＿＿＿＿＿＿＿＿＿＿＿＿＿＿＿＿＿＿＿＿

表3—2　　　　　　　　　　　　风险分析

是	否	
□	□	1. 你有说明你的企业的经营或产品的手册或其他书面材料吗?
□	□	2. 你的营业范围是否限于一个行业?
□	□	3. 你的营业范围是否限于一种产品?
□	□	4. 你拥有建筑物吗?
□	□	5. 你从其他方租借了房屋吗?
□	□	6. 你向其他方出租了房屋吗?
□	□	7. 你是否计划建造新建筑?
□	□	8. 你的固定资产的价值是由注册资产评估师评估的吗?
□	□	9. 是否拥有未使用的土地?
□	□	10. 你在可能发生骚乱或内乱的地区是否有财产?
□	□	11. 你在可能发生地震或洪水的地区是否有财产?
□	□	12. 你的财产是否备有安全警报系统(如自动喷水灭火器、防盗、浓烟探测器等)?
□	□	13. 在你的经营过程中,是否存在特殊的火灾或爆炸的危险(如焊接、油漆、木材加工、锅炉或压力容器等)?
□	□	14. 你每年是否至少进行一次存货盘点?
□	□	15. 除了汽车外,你是否租借机器或设备?
□	□	16. 你是否贮备存货、原材料或者制成品?
□	□	17. 你能够方便地每月申报一次存货价值吗?
□	□	18. 你是否购买、销售或照管极其昂贵的货物或设备(如镭、金等)?
□	□	19. 你是否使用需大量时间才能再生产的原材料、存货或设备?
□	□	20. 你是否出口或进口商品?
□	□	21. 你是否委托购买或销售?
□	□	22. 你是否购买或销售必须经水路运输的货物?
□	□	23. 你是否使用具有易损坏性的材料(如因为温度发生变化、潮湿或长期闲置而发生损坏)?

续表

□	□	24. 你是否使用成对或成套货物或商品？
□	□	25. 你是否通过公共承运人运进大部分货物？
□	□	26. 你是否通过公共承运人运出大部分货物？
□	□	27. 你购买商品是否使用 F.O.B. 价格条件？
□	□	28. 你销售商品是否使用 F.O.B. 价格条件？
□	□	29. 你是否认为你的贸易范围仅限于当地？
□	□	30. 你在分包商、受托人或其他方的场所内是否有货物或设备？
□	□	31. 你经营的业务是季节性的吗？
□	□	32. 你经营的业务是否产生账款？
□	□	33. 你工作时是否用到一旦丢失或损坏将造成严重损失的图纸、手稿、计划书或其他记录？
□	□	34. 你是否拥有或使用电子数据处理设备或设施？
□	□	35. 你是否根据合同对你的客户承担长期义务？
□	□	36. 你是否从只有一个生产或仓储场所的单一货源供应商处购买产品？
□	□	37. 是否有占你总销售量1%以上的厂商？
□	□	38. 你是否遭受过严重的财产损失？你是否采取了所有应急措施在修理期间或恢复期间继续向客户提供服务，以避免失去市场？
□	□	39. 你经营的业务是否受政府部门监管？
□	□	40. 如果存在多于一个的工作场所，那么它们之间是否是相互独立的？
□	□	41. 你是否保管了他人的财产？
□	□	42. 你经营的业务是否要求定期执行合同？
□	□	43. 你是否还在国外经营？
□	□	44. 你是否经营一家公司的医院或医务室？
□	□	45. 你是否经营一家员工餐厅？
□	□	46. 除了商业班机外，你是否有时使用快艇或飞机？
□	□	47. 你的雇员是否拥有飞机驾驶执照？
□	□	48. 你是否在国外召开会议？
□	□	49. 你是否分包合同给他方？
□	□	50. 你是否要求分包商提供责任保险和劳工赔偿保险的证明？
□	□	51. 你是否为他人从事分包工程？
□	□	52. 你是由直接销售人员完成销售的吗？
□	□	53. 你是否在客户的场所内安装和检测你的产品？
□	□	54. 你是否对你销售的产品提供关于用途或适用性的书面保证？
□	□	55. 你是否制造或销售制成品？
□	□	56. 你的经营过程中是否涉及污染风险？

续表

□	□	57. 你是否直接向客户销售或提供服务？
□	□	58. 你是否租借机动设备？
□	□	59. 你是否提供汽车给职员或销售人员使用？
□	□	60. 你通常驾驶车辆是否超过距停车库半径50英里的范围？
□	□	61. 你驾驶的车辆是否受商业委员会管辖？
□	□	62. 你是否通常抵押新的机动设备？
□	□	63. 你是否通常让非员工搭乘你的车辆？
□	□	64. 你是否要求一些形式的驾驶训练或参加一些安全教育活动？
□	□	65. 你是否要求在聘用前进行体格检查？
□	□	66. 你是否定期会同前雇主检查新雇员的工作记录？
□	□	67. 是否设立安全委员会来预防工伤？
□	□	68. 员工是否定期在国内其他地区旅行或工作？
□	□	69. 员工是否有时在船上或海上工作？
□	□	70. 员工是否经常团体旅行？
□	□	71. 是否有员工长驻在国外？
□	□	72. 你的经营场所内是否经过检查？
□	□	73. 为了遵守《职工安全和健康法》，你是否建立适当的内部制度和程序？
□	□	74.《职工安全和健康法》中是否有特殊的条文？
□	□	75. 你公司是否遭受过因雇员不忠诚而造成的损失？
□	□	76. 你公司在某一地点是否有超过1 000美元的现金？
□	□	77. 发出的支票上是否需要签字？
□	□	78. 收到的支票上是否立即记录并盖章贮存？
□	□	79. 是否每天去银行存款？
□	□	80. 是否使用运钞车服务？
□	□	81. 是否聘用公司外的审计员？
□	□	82. 你的公司是否属于受证券交易委员会管辖的公营公司？
□	□	83. 你是否雇用包括守门人在内的安全保卫人员？
□	□	84. 你是否需要确实保证？
□	□	85. 你是否在全国范围内做广告？
□	□	86. 你是否为员工提供团体医疗保险计划？
□	□	87. 你是否为员工提供团体寿险计划？
□	□	88. 你是否为员工提供丧失工作能力的收入保险计划？
□	□	89. 你是否为员工提供合格的年金或利润分享计划？
□	□	90. 大多数员工是工会会员吗？
□	□	91. 你是否与同一位保险经纪人保持业务关系达5年以上？

续表

□	□	92. 你有正式的或公布的风险管理计划吗？
□	□	93. 你是以每一个经营场所或分部为一个利润中心吗？
□	□	94. 你的公司现在缴纳附加税吗？
□	□	95. 你的公司的资产表根据账面价值是否折旧过快？
□	□	96. 你的公司净速动比率是否至少是 2∶1？
□	□	97. 现金流量是否有问题？
□	□	98. 100 000美元未保险损失是否有毁灭性打击？
□	□	99. 你的公司在研究和开发方面是否有大量投资？
□	□	100. 环境适合时，是否希望自留风险或自保？
□	□	101. 需要时是否可以获得短期信贷？
□	□	102. 你的公司是否遭受到非常巨大的或特别的损失，不论投保与否？

二、企业的财务报表

与使用标准调查表/问卷调查表不同，企业的财务报表会以相当清晰且非常有条理的，但不一定是很完整的方式提供有关信息。因为每一次意外事故都会在财务报表上有所体现，所以这些财务报表以及更详细的财务记录可以为企业可能发生哪些意外事故提供线索，并且揭示企业需要防范的损失风险。因此，认真检查资产负债表中的有关科目，仔细研究企业经营方面的报表，如损益表，以及反映企业财务状况变动的报表，如现金流量表，可以使风险管理人员对企业面临的损失风险至少有大致的了解。下面将根据主要的财务报表对这一方法做一介绍。

（一）资产负债表

企业的资产负债表列出了企业的资产和负债，以及企业的净值或所有者权益，也就是资产超过负债的部分。一般来说，所有资产列在资产负债表的左面一栏或上面部分，而负债和净值列在右面一栏或下面部分。因为资产永远等于负债加上净值，所以资产负债表的左、右两栏或上、下两个部分各自相加会有相同的金额，就是平衡的，即使净值为负值，这一结论也成立。

资产负债表是企业在会计年度结束时的一个"快照"，反映了企业在该时点的财务状况，因此，资产负债表中提供的信息在资产负债表制作完毕时肯定已经被更新了。为了识别和分析损失风险，风险管理人员可以检查因为发生意外事故而减少的资产，也可以检查负债，即因为意外事故而产生或增加的负债，以及不论发生意外与否都将继续的负债，如抵押贷款和长期租赁。无论是资产的减少还是负债的增加都会减少企业的净值。表3—3就是一张简化的资产负债表。

表 3-3　　　　　　　　　　资产负债表(××年末)　　　　　　　　　单位:元

资产		
流动资产:		
现金		3 000
应收账款		50 000
存货		200 000
流动资产总计:		253 000
固定资产:		
设备		10 000
建筑物	100 000	
（折旧）	(35 000)	65 000
固定资产总计:		75 000
资产总计:		328 000
负债和所有者权益		
负债:		
应付账款		150 000
应付抵押贷款		60 000
负债总计:		210 000
所有者权益:		118 000
负债和所有者权益总计:		328 000

一般的资产负债表把建筑物列为自己的资产，并注明账面价值。以表 3-3 为例，建筑物的账面价值是 100 000 元，累计折旧 35 000 元，资产净值 65 000 元。

该资产负债表中显示存货是 200 000 元。在记录存货价值时都不用重置成本法，但大多数企业愿意对受损存货进行修复或重购，因此重置成本对风险管理来讲就十分重要。现在的资产负债表对风险管理的作用仅是可以用来调查资产种类，表明风险存在，而风险管理人员必须对资产风险进行量化。在资产评估时，专家的帮助必不可少，资产评估师和承包商可以帮助评估重置成本，会计师可以帮助财务预测，实际的操作人员可以帮助衡量某一损失风险的大小。

资产负债表的负债部分仅反映了企业已经存在的负债，而不是将来可能发生的负债。这些已经存在的负债一般包括企业正常经营过程中交易账户的未偿余额、应付票据、应付抵押贷款和其他债务。这些负债还包括企业由于过失，或者因其他方的过失而本企业应负责支付的债务。因为资产负债表中的所有科目反映的都是原始成本，而不是预测的价值，所以在评估企业将来由于过失而要承担责任时，负债部分提供的帮助就十分有限了。

(二)损益表

某个企业的损益表，或者说是利润表，是由某一会计期间的收入、费用和利润组成。损益表对识别损失风险,特别是影响净收入的损失风险十分有帮助。例如,某公司的损益表,说明该公司有两种收入来源:450 000元的销售收入和12 000元的租金收入。这些数据表明风险存在于该公司的销售场所和租借给别人的场所中。在这两个场所中的任何一个发生意外事故均会减少其收入并增加其费用。此外,对收入和费用中的每一具体项目还要具体分析,以便确定意外损失是否真能带来不利影响。

和资产负债表一样,损益表也是汇总了以前发生的交易。不同的是,资产负债表记录的是可能发生在许多年前的交易,如购买房屋;而损益表记录的是发生在该损益表的会计期间的交易。在进行会计记录时可以选择现金制,也可以选择应计制。对风险管理而言,不同的选择会产生重大的影响。现金制考虑的是在会计期间实际发生的交易,而应计制还考虑了发生在若干会计期间的交易的影响。但这两种方法使用的都是过去的数字,记录了发生在过去的交易,它们仅能对将来会发生什么提供某种启示。

(三)财务状况变动表

财务状况变动表可以帮助风险管理人员分析企业经营中的变化。通过指出净营运资本的变化,该表可以提醒风险管理人员在报告期的经营变动。企业资金来源和用途中的每一个变化都可以反映企业的损失风险可能发生了重要的变化。

三、其他的企业记录和文件

企业的每一个记录和文件,甚至是日常书信和内部备注,都可能包含了关于企业损失风险的重要信息。因此,风险管理人员不应把寻找损失风险的范围仅限于企业的财务报表。例如,一家企业内的风险管理部门应定期接收、浏览董事会、执行委员会或其他高层管理人员的会议记录。这些会议记录,甚至是备忘录可以帮助风险管理人员了解企业的计划,并使他们可以识别出在执行这些计划时可能出现的问题。风险管理人员还应了解所有大宗销售或购买合同,这些合同有助于风险管理人员迅速了解财产所有权的拥有和失去的情况,以及与供应商和客户的交易情况。此外,企业建筑物、机器、工作流程、办公室设计等建筑和工程变化的计划和图纸也应由风险管理人员过目。所有的这些文件都可能反映了损失风险的重大变化。

四、流程图

流程图以图表和顺序的方式描述了某一经营活动过程。这种流程图在识别关系到整个生产过程的关键活动中的风险时特别有用。这些关键活动通常能起"瓶颈"作用,因为一旦这些关键活动受损失影响,企业整个生产过程就可能因此而被迫中断。在某一流程图中描述的经营过程可能会涉及企业内其他甚至是全部活动。若企业是社会经济的某一环节,则流程图还可能涉及整个社会经济活动,如从供应商提供原材料开始,经过制作、加工,最终到达消费者手中。图3-1描述了在某建筑物内打字机的装配过程,图3-2描述了葡萄酒的全部制作过程,包括了在企业内的几个不同地点进行的活动。

以图3-1描述的打字机装配过程为例,该流程图可以用来帮助识别发生在原材料和零部件仓库的事件。类似的识别活动也可以在冲压车间、框架和底盘焊接过程,以及打包和发送过程中展开。因此,该流程图揭示了在特定地点生产中的重要环节。

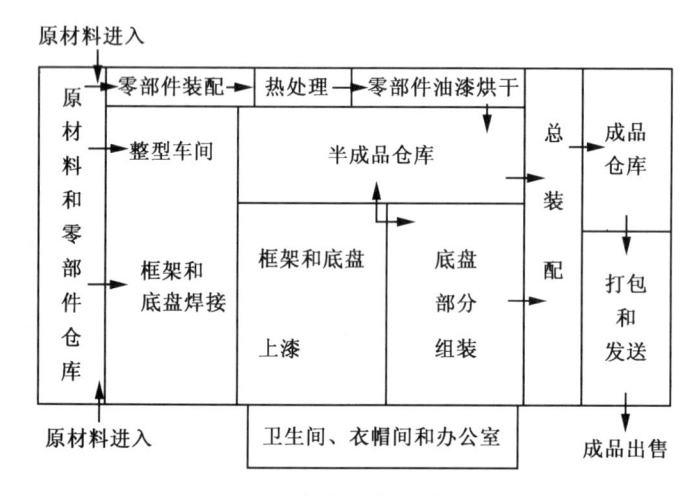

图3-1 打字机装配过程流程

另一个例子涉及了几个地点,如图3-2描述的葡萄酒厂。葡萄压榨机是一个非常重要的设备,如果它们发生损坏,整个企业的生产就无法进行。另一个重要的设备是葡萄酒的装瓶机,如果它们发生损坏,就难以马上找到替代品。流程图同时还说明了存在于葡萄酒厂以外的间接营业中断损失风险,如在硬纸箱制造商和玻璃制造商场所的风险,这时,流程图仿佛在问:有没有备选的硬纸箱和玻璃制品供应商?

流程图分析法的一个明显局限在于它只注重过程,因此,在识别损失风险时,应同时运用其他的风险识别方法。流程图的另一个局限是它难以指出某一生产过程中各个步骤之间的薄弱环节,甚至在生产过程中出现"瓶颈"时,流程图似乎显示生产活动安然无恙。因此,对待流程图就像对待财务报表一样,对每个问题都要仔细研究以确定潜在损失频率和损失程度。

第三章　风险识别和分析

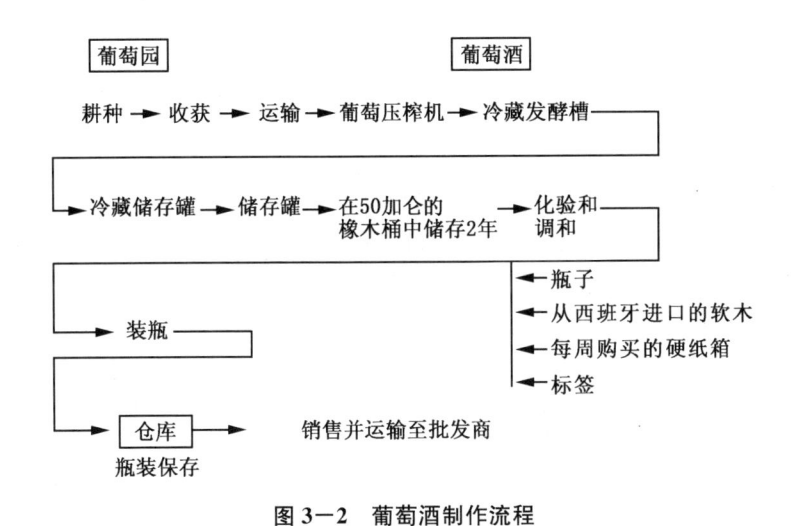

```
    葡萄园                葡萄酒
  耕种 → 收获 → 运输 → 葡萄压榨机 → 冷藏发酵槽 ┐
                                                │
  ┌─────────────────────────────────────────────┘
  └→ 冷藏储存罐 → 储存罐 → 在50加仑的    → 化验和
                          橡木桶中储存2年    调和
                                          ┌← 瓶子
                                          ├← 从西班牙进口的软木
                                          ├← 每周购买的硬纸箱
  ┌──────────────────────┐                └← 标签
  │       装瓶       ←───┘
  └→ 仓库        销售并运输至批发商
     瓶装保存
```

图 3—2　葡萄酒制作流程

五、现场调查

到目前为止，讨论的识别风险的方法都可以在办公室内完成，通过这些方法，风险管理人员可以发现大多数损失风险。为了对通过上述方法获得的信息进行补充，风险管理人员通常使用现场调查的方法，也就是到企业内的关键场所进行调查。这种现场调查可以亲自了解风险，准确地判断有哪些单位面临损失风险，又有哪些财产面临损失风险，以及影响它们的究竟是哪些风险。此外，现场调查有助于评估意外事故对相关财产、净收入、责任及人员损失的经济影响。

现场调查的一个显著优点是有亲身经历。通过现场调查，风险管理人员就有机会与第一线的操作工人交流，听取他们对损失风险的理解。要知道，从流程图中了解锅炉为企业提供蒸汽的重要性是一回事，而与锅炉工交谈又是另一回事。锅炉工可以根据经验说出锅炉爆炸或需要维修的频率，估算修理所需的时间，以及建议如何取得备用蒸汽资源。现场调查还可以为风险管理人员提供与第一线人员就风险管理计划交流的机会，如风险控制、索赔汇报程序和风险管理成本分摊等。风险管理计划的成功离不开企业全体员工的合作。

第二节　企业损失风险分析

任何企业损失风险的特点可以从三个方面进行分析：损失的价值、损失的原因、损失的经济后果。

一、损失的价值

损失的价值分为以下四大类。

(一)财产价值

财产可分为两大类:有形财产和无形财产。有形财产可再分为不动产和动产。不动产是指土地及其附属的建筑,除了不动产以外的所有有形财产都是动产。无形财产包括信息和法定权益,诸如应收账款记录、版权、专利权、营业执照、租赁权益等。有形财产易受损坏和被盗窃。无形财产不易遭受物质损坏,但也会被盗窃,如商业秘密被窃取等,而且,无形财产的价值会因有关的有形财产遭受损坏而减少。例如,铁路塌方会使铁路经营部门的运输权利受到损害。

当财产遭受损失后,财产所有人或用户除了财产本身价值丧失外,还会丧失使用该财产所得的收益。因此,在分析财产损失风险时还需要考虑以下损失:

1. 场地清理费。
2. 拆除建筑物未遭受损坏部分的费用。
3. 增加建筑费用。
4. 部件损失使整件价值明显减少。例如,汽车发动机损坏使车身价值大为减少。
5. 继续经营价值(going concern)损失。在企业资产遭受一次严重损失之后,剩余资产的价值较之原来能产生收益的资产的价值减少。

上述 2 和 3 两项费用损失是由于要遵守地方建筑法规所引起的。

(二)净收入价值

一家企业在一定时期内的净收入等于其在该时期内的收入减支出。净收入这一概念对营利单位和非营利单位同样适用。损失风险会造成企业收入减少或费用增加,致使企业净收入损失。

1. 收入减少。它可以分为以下几类:

(1)营业中断。造成企业营业中断的原因通常是其场所遭到损坏。营业中断损失等于营业中断造成的利润减少加上营业中断期间必须继续开支的费用。

营业中断期间是从企业部分或全部停业开始到企业恢复到正常营业额时为止。有时商场在重新开张时并不能恢复到其正常营业额,这是因为有些老顾客尚未再来购物。非营利单位同样面临营业中断和其他净收入损失风险,只是在财务名称上要做些调整,首先把利润和亏损改为盈余和赤字,其次非营利单位一般不缴纳所得税,还可以免缴其他一些税。

(2)间接营业中断。当其他企业发生损失或停业事故,造成本企业收入损失或费用增加以致净收入损失的,这称为间接营业中断损失。间接营业中断损失的金额也是用利润减少加上继续开支的费用的方式来计算。例如，原材料主要供应商的厂房或一个重要客户的设施遭到损毁，依赖他们供应或销售的企业的正常生产就会中断，造成企业收入减少。如果间接营业中断损失风险来自于供应商场所的损失，这被称为供应商间接营业中断风险；如果来自销售商场所的损失，则被称为销售商间接营业中断风险。

上述直接和间接营业中断损失也可能不是由于本企业或其他企业的场所遭受损坏所造成的，例如罢工、外界电力供应中断、市政修路等都能造成直接和间接营业中断损失。

(3)制成品利润损失。当商品或制成品遭受损失时，销售商或制造商不仅遭受财产损失，而且也遭受净收入损失。对销售商来说，净收入损失是其销售价与购买成本的差额。对制造商来说，净收入损失是其销售价与生产成本的差额。

(4)租金收入减少。当出租给他人的不动产或动产遭受损失时，如果租约规定承租人可以不继续支付租金，那么出租人就会遭受租金收入损失。

(5)应收账款减少。企业应收账款记录损毁一般会减少其应收账款，因为有些客户不收到发票不会支付货款，另一些则会拖欠货款。这种减少的托收款项超过其正常的坏账损失也是一种净收入损失。这一净收入损失还会导致因借入资金而发生的利息支出。但这一净收入损失有别于复制应收账款记录的费用，后者属于一种财产损失。

2. 费用增加。它一般分为以下两类：

(1)经营费用增加。有些企业在财产遭受损失后，为了维持正常经营，宁可发生额外费用也不停止营业。属于这类企业的有报社、银行、牛奶场等，因为它们提供的产品或服务的持续性对企业生存至关重要。

(2)租金增加和加急费用。在场所遭受损坏后，企业需要租用临时场所和设施，这就会发生额外的租金支出。为了尽快恢复营业，企业还会发生抢修、设备快运等费用。

(三)法律责任

法律责任可以使企业遭受沉重的经济负担，甚至破产。因此，企业对他人的法律责任也需要提供保障。企业的法律责任可能因损害他人被起诉而产生，也可能因违约而需赔偿他人遭受的损失而产生。企业的责任损失由损害赔偿金、调查费用、辩护费用、违约金等组成。

根据违反法律责任所涉及的损害方来分类，企业的责任损失分为刑事责任和民事责任。违反对社会所承担的责任引起的公诉属于刑事责任。违反对某个人所承担的责任，受损害方提起诉讼的属于民事责任。民事责任是由合同责任和侵权责任组成。合同责任是由于违约而引起的，有时合同责任是由于使用合同方式转移而产生的,由受让人来赔偿转让人的损失。其他民事责任属于侵权责任。

另外,违反不成文法和成文法也可以使企业承担刑事、合同和侵权责任。不成文法是未经国家立法机关制定,但经国家认可而赋予法律效力的行为规则;而成文法是由立法、行政和管理机关颁布的法律。

(四)员工服务

企业会因其员工的辞职、丧失工作能力、退休、死亡而丧失他们提供的服务。当其中的一些员工对企业所提供的服务价值大于企业所付给他们的报酬时,这些员工服务的丧失对企业是一种经济损失。除了服务丧失之外,员工丧失工作能力、死亡和退休等会使企业增加开支,即要向员工或其家属提供福利。福利金的支付是企业的一项重要开支。

二、损失的原因

损失的原因可以分为三大类:自然原因、人为原因和经济原因。

(一)自然原因

自然原因包括暴风、冰雹、地震、洪水、虫灾、疾病、腐烂等。这些原因的发生频率及其损失程度在很大程度上归因于自然,人类难以控制,但可以采取有效的减损措施来控制其损失程度。

(二)人为原因

人为原因,如盗窃、谋杀、恶意行为、疏忽、不诚实等,其发生频率和损失程度在一定程度上能人为地加以控制。

(三)经济原因

经济原因一般是由众多的人或政府的行为所产生,如联合抵制、罢工、技术变化、失业、经济衰退、战争。经济原因所造成的损失一般不由风险管理人员处理。

这三种损失原因有时会出现一些重叠。例如,火灾既可能是雷击这一自然原因所造成的,也可能是人们的疏忽这一人为原因造成的。

三、损失的经济后果

损失发生的后果取决于损失频率和损失程度。损失频率是指在一定时期内因某种原因发生损失的次数,而损失程度则是因同一原因造成每次损失的金额,两者均难以精确地预测,因此在一定时期内因某种损失原因造成的损失总额在一个相当大的范围内变动。对损失频率和损失程度可以使用非数学方法粗略估计。如第一章所述,对损失频率的粗略估计可以分为四种:几乎不会发生、不大可能发生、频度适中、肯定发生。对损失程度的粗略估计可分为三种:轻微损失、明显损失、严重损失。损失频率和损失程度这两者往往相反,即严重的损失往往发生的频率低,而轻微的损失往往频繁发生。在一定时期内,损失总额是损失频率和损失程度的乘积。

复习思考题

1. 评析美国标准调查表/问卷调查表的优缺点。
2. 识别和分析损失风险有哪些主要方法?
3. 怎样使用企业的财务报表来识别风险?
4. 怎样使用流程图来识别风险?
5. 财产发生损失后,除了财产本身价值损失外,还会引起哪些损失?
6. 解释营业中断损失的组成部分。
7. 间接营业中断有哪几种类型?
8. 企业的损失风险包括哪些方面的损失?
9. 简要分析损失发生的原因和损失的经济后果。

第四章　企业财产损失风险分析和控制

第一节　企业财产损失风险分析

一、财产分类

(一)不动产

不动产包括以下两类：

1. 未改良的土地。这类土地未被使用，但因其将来会被使用而具有市场价值，可以通过地役权来获得其财产所有权。不动产价值难以确定，因为这种土地包含了以下方面：(1)湖泊、河流、泉水、地下水等水资源；(2)煤、铁、铜、沙石等矿藏；(3)山洞、古迹、温泉等景观；(4)生长中的植物；(5)野生动物。此外，这类土地被使用后的市场价值还取决于其所在的地理位置。使未改良的土地遭受损失的原因有森林火灾、虫灾、旱灾、土壤侵蚀等。

2. 建筑物和其他建筑。其损失风险主要取决于它们的建筑结构、占用性质、防损措施和险位。正在施工的建筑物会有一些特殊的危险因素，例如，防损装置尚未安装、工地上堆放易燃物资、在同一工程项目中可能有数个分包商在施工。

(二)动产

动产可以分为有形财产和无形财产两类。

1. 有形财产。它可以分为以下几类：

(1)货币和证券。它包括现金、银行存款、存款单、证券、票据、汇票、债务凭证等所有货币资产，其损失风险程度因企业而异。例如，商店一般会持有大量现金和支票，而一家大型生产厂家却持有少量现金，但都会面临遭受巨额贪污损失的风险。造成货币和证券损失的主要原因是内部员工的贪污、挪用和外部的盗窃。

(2)应收账款记录。这些记录会遭受损坏或盗窃,一般难以复制,或者要花相当大的费用去复制。对付这一损失的合理风险控制措施是在其他地方保存这些记录的复印件。

(3)存货。它包括待售货物、原材料、在制品、制成品等。存货的价值经常在变动,难以估计,而且使之遭受损失的原因很多,特别是在运输过程中容易受损。

(4)办公用具、设备和用品。这类动产的主要特点是:种类繁多,单位价值相对低,而且其总的价值难以精确估计。

(5)机器。它们一般具有较高价值,但会迅速折旧。机器除了会遭受通常的损失之外,还会遭受一些特殊原因造成的损失。例如,由于不适当使用或保养引起的机器故障、电器故障、内在缺陷、锈损、过热,技术进步引起的设备落后。

(6)数据处理的硬件、软件和媒体。许多企业已配备了电子数据处理设备,因此也把它们作为一类财产。由于计算机的特性及其环境风险,使计算机可能遭受某种特别损失,诸如由于电子脉冲造成的损坏、由于解调器失灵造成的数据损失、计算机犯罪等。有些计算机为用户所有,有些则是用户租赁来的。租赁协议一般会规定出租人负责计算机及其设备的保养和承担其遭受意外损失的责任;但情况并非都是如此,这需要对租赁协议加以仔细审阅,以明确双方的责任。由于新型、快速、小型和廉价的计算机不断投入市场,计算机较之大多数其他设备会很快过时,所以重置旧型号的计算机几乎不可能,要使用"功能重置成本"来对其估价。

(7)重要文件。它包括会计、财务和统计资料、影片、照片、地图、契约等。这类财产容易损坏或遗失,而且难以确定其价值,通常也难以复制。

(8)运输工具。汽车、飞机、船舶等运输工具,其特点是价值一般较高,发生碰撞的风险最大。

2.无形财产。商誉、版权、专利权、商标、租赁权益、营业执照、商业秘密等都是无形财产。其主要特点是难以确定价值,一般只能根据比同类和拥有相同金额有形财产企业持续获得更多的利润额来加以评估,把它的一部分利润看作由无形财产产生的。

二、财产损失原因

如前所述,财产损失原因分为自然、人为和经济原因三大类,如表4-1所示。

表 4-1 损失原因的一般分类

自然原因		
塌方	山崩	沉降
倒塌	雷击	温度过高
腐蚀	流星	潮汐
干旱	霉	海啸
地震	梅雨	野生植物
蒸发	严寒	虫灾
侵蚀	狂风	火山爆发
膨胀性土壤	流冰	水灾
洪水泛滥	波浪	杂草
真菌	沙洲	风灾
雹灾	暗礁	温度过高
腐烂	冰冻	生锈
静电		
人为原因		
纵火	爆炸	皱缩
温度变化	火灾和烟熏	声震
化学品泄漏	错误	恐怖行为
玷污	溶化物质	盗窃、伪造、欺诈
变色	污染	空中物体坠落
歧视	电力中断	恶意行为
灰尘	放射性污染	震动
超负荷	骚乱	漏水
贪污	故意破坏	串味
经济原因		
消费者嗜好	征用、没收	股市下跌
币值波动	通货膨胀	罢工
萧条	过时	技术进步
衰退	战争	

表 4-1 中的许多损失原因属于保险责任范围,但也有不少属于除外责任。例如,由于人为原因的爆炸属于保险责任范围,而由于声震、水击作用、火山爆发引起的爆炸属于除外责任。

三、财产损失金额的评估

在评价财产损失风险的经济后果时,风险管理人员必须注意选择适当的估价标准。可以选择的估价标准有下列几种。

(一) 原始成本

原始成本或原值是购置某项财产时所付的价格。会计报表上使用原始成本显示大多数资产的价值。由于通货膨胀、技术变化和其他因素,使用原始成本记录会产生不适时的问题。例如,如果建筑物以原始成本来估价,就没有考虑到以后对建筑物进行装修的费用。又如,对存货估价有后进先出法(LIFO)和先进先出法(FIFO)。当由于通货膨胀使物价上涨时,后进先出法会低估存货价值,因为剩余的存货仍以较低的原始成本估价。相对来说,使用最近购置价估计剩余存货价值的先进先出法较为合适。但是,对存货估价的最合适的方法是重置成本。对制造商的存货重置成本是生产成本,批发商的存货重置成本是购买价,零售商的存货重置成本是批发价。

(二) 账面价值

账面价值或净值是用资产的原始成本减去累计的折旧金额得出的,累计的折旧金额是根据会计假设的资产使用年限已过去的比例来计算的。因此,一项长期资产的价值一般都比其原始成本低。财产的折旧方法因会计假设的折旧率和税法规定不同而不同。一般分为两种方法:直线折旧法和加速折旧法。政府支持的产业一般采用加速折旧法,以减轻其税赋。在通货膨胀时期,风险管理中使用账面价值的意义不如原始成本大。

(三) 重置成本

从风险管理角度来看,重置成本是衡量财产损失的经济影响最有用的估价标准之一。但从会计角度来看,由于重置成本与财务报表中报告的价值不直接有关而显得无特别意义。重置成本是以相同材料和质量标准置换受损财产项目所需要的金额。

1. 不动产。例如,建筑物的重置成本的计算过程在理论上是相当简单的,由一个估价人测量建筑物的平方面积,然后乘上当地承包商建造类似建筑物收取的每平方米的建筑成本。但在实际操作中,其计算过程是很富有技术性的,风险管理人员必须依靠合格的房地产估价人来估计重置成本。

2. 动产。根据重置成本来评估受损的动产是比较合适的,因为为了恢复经营必须置换受损的动产。虽然估计动产的重置成本不像不动产那么困难,但由于涉及的动产项目众多,所以也是费时和需要专门知识的。风险管理人员需要编制一份完整的动产清单,并加以分类,然而确定其重置成本,对一些特殊项目则需要由估价人或专家进行估价。

(四)复制成本

不动产和动产的复制成本是使用相同的材料和技艺复制原物的成本,较之其他估价标准,其成本更高,一般适用于对历史文物、艺术品和重要文件的估价。

(五)功能重置成本

不动产和动产的功能重置成本是与置换财产并不相同的重置成本,但在置换后能以同等效率执行相同的功能。这一估价标准注重功能的价值,而不是财产本身的价值,最适合于对处于技术迅速变化年代的财产的估价。例如,数年前购买的计算机,如今已经完全过时,而且厂家已不再生产该种型号的计算机,以功能重置成本来衡量其价值,即是参照与原有的计算机相同功能的计算机价格,这一功能重置成本很可能比原有的计算机的原始成本低。

(六)市价

资产的市价是某项资产在其专门市场上的购买价格或销售价格,诸如小麦、石油一类的商品最适宜用其市价来估价,它们都在交易所内交易,有一个可以确定的每天市价。其他财产如汽车也可以用市价来估价。

(七)实际现金价值

风险管理人员经常使用的一个估价标准是实际现金价值,它是重置成本减去折旧后得出的金额,它适用于对不动产和动产的估价。使用这种方法得出的估价金额比较接近市价。假如一幢建筑物的使用年限是100年,已使用了10年的折旧率为10%,只使用了5年的折旧率为5%,如果是新的建筑物,则折旧率为零。该幢建筑物的重置成本为200万元,实际现金价值的金额,如表4-2所示。

表4-2　　　　　　　　　实际现金价值计算　　　　　　　　　单位:元

已使用年数	重置成本	折旧金额	实际现金价值
10年	2 000 000	200 000	1 800 000
5年	2 000 000	100 000	1 900 000
0年	2 000 000	0	2 000 000

衡量实际折旧的另一种方法是根据一项资产预定的总产量。例如,一台复印机在设计时定为可复印50万张,如果已复印了20万张,那么它的实际现金价值是其现时重置成本的60%。

商品的实际现金价值通常是其市场价格,对零售商来说是批发价,对批发商来说是出厂价,当存货周转很快时几乎没有折旧。

(八)经济或使用价值

对用于生产过程中的财产项目估价的另一种标准是其经济或使用价值。例如,一台生产金属产品的钻床每年可以带来 5 万元净收益,如果它的预期剩余使用年限还有 10 年,那么它的经济或使用价值是以后每年 5 万元的现值,由于货币时间价值的缘故,该现值要明显小于 5 万元。从风险管理角度来看,经济或使用价值这一估价标准在衡量财产损失对企业将来净收入的影响时是恰当的。

四、财产权益

对财产拥有合法权益的任何个人或组织会因财产损毁而遭受经济损失,这些合法权益主要有以下几类。

(一)所有人权益

财产损失最常见的后果是所有人的所有权遭受损失。风险管理人员在调查财产风险时把所有的财产列为第一类财产。财产可以由单个实体拥有,也可以由数个实体共有。当共有财产遭受损失时,损失在数个实体中按照它们权益的比例分摊。

(二)放款人权益

财产有时是使用借入资金购置的,如果借款人没有偿还贷款,那么放款人对该项财产具有担保权益,即保留该项财产的产权。如果该项财产被盗窃或遭受损毁,放款人潜在的损失是未偿贷款余额。

(三)卖方和买方权益

当购买财产时,销售条件规定了在什么时候财产产权从卖方转移到买方。例如,货物从卖方运输到买方,销售条件是离岸价(F.O.B.),卖方安排货物安全运送到买方指定的船上。因此,在货物尚未装载于船上时,卖方仍承担损失风险。一般而言,在财产被运输以前买方已付清全部货款的,表明货款付清后产权已转移到买方,卖方很少再关心损失风险,除非另有约定。在运输过程中,其他方也可能面临损失风险。例如,卡车运输公司、铁路和航空的承运人对运输货物承担责任,但这些属于承运人的责任风险。

(四)受托人权益

受托人是按照委托合同从另一方(委托人)取得财产的人。委托合同一般规定把财产交给委托人,为一个特定目的由受托人托管财产。当这一目的实现后,再把财产交还给委托人。在修理、仓储和运输等交易中经常出现委托。根据法律规定,受托人对所保管的财产有合理注意的责任。例如,仓库保管人要负责安全归还财产。因此,受托人对托管财产所面临的风险实际上是一种责任风险。然而,由于承担这一责任的代价等于财产的重置成本,所以风险管理人员在评估受托人这一责任风险时把它视作受托人拥有这些财产。法律对受托人所托管的财产规定了责任,风险管理人员应该仔细了解受托人法定的注意程度和经济赔偿责任。

(五)出租人和承租人权益

财产所有人可以把财产出租给他人一定时期,并从承租人处取得租金。这样,财产的一部分价值是其租赁价值(rental value),即出租期间净租金收入的现值。一定时期的净租金收入等于该时期内向承租人收取的租金减去出租人在该时期内为了使财产可以出租而发生的费用。例如,一台机器出租8年,每年的租金是10 000元,该台机器的租赁价值 = 10 000 + 10 000 × 4.564 = 55 640(元)。系数4.564是今后7年的每年末收到1元的现值,贴现率为12%。为简便起见,上述例子未考虑出租人所发生的费用。

承租人并不拥有其所使用的财产,但在规定时期内继续使用该财产有着受法律保护的权益,承租人也有义务在使用期满后归还该财产。承租人的权利和义务取决于租赁协议中的条件。承租人在租赁协议中承担的义务是一种法定责任风险。此外,承租人也有一种称为租赁权益(leasehold interest)的财产权益。当市场上的租金高于承租人按租约所支付的租金时,承租人就有了租赁权益。如果租赁财产变得不可使用或者出租人终止租约时,承租人则会丧失这种租赁权益。这种租赁权益的价值是市场上租金与租约中规定的租金两者差额的现值。

承租人对租赁财产所进行的改良具有财产权益。这些改良是为了使所租赁的财产更适用。例如,商场承租人一般会在所租场所加建玻璃橱窗,以陈列样品。又如,餐馆承租人通常会把所租场所分割为多个房间。大多数租约规定,出租人对承租人所进行的改良遭受损失不负责任。评估承租人这一损失风险时,需要区分这一改良是否是可以搬迁的。如果是可以搬迁的,改良的损失就如同承租人在租赁场所放置的其他动产一般。如果是不可以搬迁的,承租人的损失风险取决于在租约剩余期限内改良的价值。因此,承租人的损失是一定比例的改良价值,该比例等于租约期中未到期的比例。例如,租约期为5年,不可搬迁的改良价值为10万元,在第三年末遭受损毁,承租人的损失为40%的改良价值,即4万元。在上述例子中,假定租约不会展期,而且使用财产的原始成本评估损失。如果假定租约可以展期,使用重置成本是比较恰当的。

第二节 企业净收入损失风险分析

净收入损失风险是指由于灾害事故引起企业收入减少或费用增加的风险。

净收入损失的一个显著特征就是正常的企业活动被中断了一段时间。所有的净收入损失都在一定程度上降低了在既定成本基础上生产和获利的能力。

一、损失风险的价值

估计净收入损失风险需要预测将来在不发生灾害事故造成生产或营业中断情况下的正常收入和费用。净收入损失风险的价值是预期的收入减去预期的费用,即是将来一定时期内预期收入与预期费用之间的差额。由于风险管理注重意外损失风险而不是与经济周期相关的不确定性,所以风险管理人员在估计净收入损失风险时通常不考虑经济风险,除非另有充分理由的假设,否则他们一般都假定将来的收入和费用与以往的相同。但是,可以根据设定的通货膨胀率和企业营业额的增减趋势对将来的收入和费用做一些适当的调整。因此,如果一个企业现在全部停产,那么它今后12个月内的净收入损失风险的价值一般被假定为等于前12个月的净收入。对短期的生产或营业中断,如3个月或6个月,那么可以把以前12个月的净收入的1/4或1/2作为这3个月或6个月净收入损失风险的价值。

如果企业生产是季节性的,那么可以把一年前相同月份的净收入作为净收入损失风险的价值。

二、造成损失的事件

之所以称造成损失的"事件"而不是称"原因",是因为这里是指造成净收入损失而不是物质损失。造成净收入损失的事件有以下三类:

1. 财产损失。可能造成企业净收入损失的财产分为以下两种:

(1)本企业控制的财产。它包括本企业拥有、租赁或使用的财产。例如,工厂的机器损坏会使工厂的净收入受到影响。

(2)他人控制的财产。它包括主要供应商、客户、吸引公众的场所、公用事业和其他市政部门控制的财产。例如,许多小商店的经营依靠附近吸引公众的大商场;一旦大商场因发生火灾而停业,小商店的净收入也会受到影响。

2. 法律责任。企业面临的实际或潜在的法律责任需要支付律师、咨询、诉讼等费用,它导致企业净收入减少。例如,新颁布的法律禁止某企业排放污水,并且该企业被起诉。该企业除了支付法律费用以外,还得停产或支付大量防污工程的费用。为此,该企业的净收入明显受到影响。

3. 人员损失。企业因其员工死亡、丧失工作能力、退休、辞职而丧失他们的服务,从而遭受人员损失。特别是那些具有特殊技艺和才能的人员的丧失会减少企业收入和增加开支。

三、损失程度的因素

衡量净收入损失程度需要考虑以下六个因素：

1. 停产或停业时间。停产或停业时间的长短取决于恢复受损财产所需要的时间。修复时间是较难估计的，实际修复时间往往比预期的长。因为在估计时，主要是根据以往的经验，没有考虑其他偶然不测事件，诸如天气、设备未按时到达、自然灾害等因素。

2. 停产或停业程度。它分为全部停工和各种程度的部分停工。

3. 收入减少。可供风险管理人员选择计算收入减少的标准有下列三种：

(1) 销售收入。商业企业的净收入风险是预期的正常销售收入与停业期预期销售收入之间的差额。

(2) 生产销售价值。对制造企业收入减少的估计是较为复杂的。衡量收入减少的标准是生产销售价值，它是假设生产继续正常进行情况下的产值。生产销售价值是用来衡量生产能力，而不是前一时期实际生产的金额。为了计算这一价值，必须作以下几种会计调整：

① 出发点是一个代表期的销售账面价值。第一个调整是加上企业正常经营中所获得的其他收入，诸如购买原材料所获得的回扣或佣金、出租场所的租金、营运资金的利息收入。

② 对销售账面价值的第二个调整是从销售账户上扣除给客户的回扣、报酬、备抵、坏账、预付运费，目的是使销售账面价值变为净值而不是总值。如果这些项目是分开记账的，就不必进行调整。

③ 第三个调整是对一定时期内存货变动进行调整，即减去期初以销售价计算的制成品的存货，再加上期末也以销售价计算的制成品的存货。如果存货增加了，表明该企业在这一时期生产的比销售的多；如果存货减少了，则表明销售的比生产的多。存货损失被视为直接财产损失的一部分。存货增减表明生产活动的增减，也表明将来一段时期可供销售的产品数量。

对销售账面价值进行以上三项调整后，可以显示，假如在不发生停工的情况下在一定时期内将会产生的收入金额。

(3) 预期的投资收益。尽管投资项目在建设时并无收益而只有支出，但预期将来会有收益。投资项目在建成之前遭受损失会使投资者丧失预期的投资收益。

4. 停产或停业期间的费用。它包括以下三种：

(1) 继续开支的费用。尽管企业全部停产或停业，某些费用必须继续开支，它包括部分人员的工资、租金、法律和会计费、保险费、税收等。

(2)为了继续经营而发生的额外费用。有些企业即使发生生产或营业中断事故,也仍需继续经营,这就发生了超过其正常经营的费用。这些额外费用包括租借临时替代场所和设备的租金、交通费、广告费等。

(3)为了减少损失发生的加急费用。企业为了尽快恢复生产或营业,宁可发生一些加急费用,它包括加快处理受损财产和重建或修复受损财产的溢价、加班工资、快件运费等。

5. 净收入正常水平。一个净收入正常水平高的企业在停产或停业后会遭受大的净收入损失。对季节性生产和销售的企业来说,如果旺季发生停产或停业,则会比淡季遭受更大的净收入损失。

6. 恢复到正常经营状况所需要的时间。恢复期不仅包括停产或停业的时期,而且还包括重新生产或营业后至恢复到正常经营的一段时期。这里的正常经营是指收入金额已恢复到停产或停业前的状况。

第三节 企业财产风险控制

风险控制会影响损失的程度,即使当损失可以通过保险与自留风险来补偿,也应考虑采用风险控制措施。有效的防损措施可以降低损失的发生概率,而有效的减损措施可以减轻损失的程度。因此,有效的风险控制措施可以减少损失补偿的费用。

这一节讨论一些通常用于预防或减少损失的风险控制措施。这些财产损失是由五种最主要的因素引起,它们是:火灾、盗窃、爆炸、洪水和地震。

一、火灾风险控制

就像大多数其他损失一样,火灾损失也是由一系列原因造成的。我们以一个展览馆发生的火灾为例来说明这次严重的火灾是由一系列不相关的疏忽共同引起。在展览馆里,展览商没有充分考虑对电源插口的需要,因而临时加上许多外接线板,使得电路超过负荷;一个展览商使用了漏电电线,电线穿过了由硬纸板等易燃材料制成的展销品;在大厅设计时没有专门考虑到大厅内物品的易燃性,大厅屋顶很高,并且没有安装自动喷水灭火系统;火灾发生时,保安人员正在大楼的另一边,在他们发现火灾之前,火势已蔓延;等他们赶到报警点报警时,时间又过了三四分钟;消防队员赶到时,他们发现消防栓的阀门被关住了,这大大减少了消防龙头的水压。风险控制措施就是用来打断这一连串导致损失的事件之间的一些重要联系,具体措施将依特定风险的性质而定。

通常来说,火灾风险控制措施可采用下列两种方法中的一种或两种:(1)通过房屋设备的设计和规划,以减少物质危险因素的技术方法;(2)通过调整人的行为,以减少危险行为的人为方法。尽管损失通常是由人的危险行为造成,但技术方法仍经常被用来限制由危险行为造成的损失。例如,自动喷水灭火装置能有效地阻止由人的行为引起的火灾。

(一)引起火灾的要素

要打断一连串引起损失的事件间的联系,就有必要了解事件是怎样发生的。火灾是化学变化造成的,即温度升高引起燃料的迅速氧化。因此,火灾的发生有三个要素:(1)造成温度升高的来源(热源);(2)燃料——在一定温度和有氧气的条件下可以燃烧的物质;(3)氧气、气流和相关要素。而且,一旦燃烧开始,一连串的反应就不能被打断。当更多的燃料燃烧时,所提供的热量会增加,会引起越来越多的燃烧,这又助长了火势的蔓延。大部分的火灾预防和减少措施是围绕着消除这三种基本因素(热源、燃料和氧气等)中的一种或多种来进行的。

1. 热源。四种能源能产生足以引起火灾的热量,它们是电能、化学能、机械能(或称摩擦能)和核能。电能既可来自于像闪电一样的自然资源,也可来自于像发电厂一样的人造资源;可以是动态的,如在发动机和电路中流动的电流,也可以是静态的,如空气中或蓄电池中的电荷。化学能是由化学反应释放出来的。例如划燃火柴的燃烧、壁橱里沾油的破布的自燃。机械或摩擦能产生于物质间的摩擦。例如,传送带的转动能产生热。核能是核裂变或核聚变中释放出的。在核电厂中核反应产生的热在受控制下被转化成电,而失控的核反应或使用核武器释放的热能都可造成大范围的火灾。为了采取相应的风险控制措施,就要识别所有引起火灾的重要的热源。根据热源是经计划还是非经计划的,是固定的还是移动的,可采取相应的具体措施。

(1)计划热源和计划外热源。因为企业生产经营的需要,有些热源是特意安装的,这些被称作计划热源。其他不是出于企业生产经营的目的而产生的热源被称作计划外热源。计划热源包括大量可产生热的设备,例如锅炉、焊接和切割机等。计划热源常产生一些作为副产品的热。例如,机器摩擦生热——机器本身是有计划进行运转的,但它产生的热却不是原计划所需要的;所有的电能都可产生热,电灯和电动机都有其特定用途,其产生的热只是副产品而已;许多天然纤维制品在储存时都会产生热,许多化学反应也会产生多余的热。火灾控制措施就应把计划热源产生的需要的热和不需要的热都加以考虑。计划外热源主要包括管理上不想或不能控制的热源。例如,来访者的吸烟、在工作场所使用私人咖啡炉煮咖啡以及闪电等。

(2)固定热源和移动热源。有些计划热源是固定的,有些是移动的。用来给大楼供暖的锅炉是固定的热源,焊接和切割机则是常见的移动的热源。

2. 燃料。要引起一场火灾,或要使火灾继续蔓延,就必须要有燃料。各种燃料的可燃性不相同,因而其危险程度也不同。通常汽油比纸要危险,纸比木材要危险,木材比钢材要危险。燃料的可燃性有赖于引起燃料产生可燃烟雾所需要的热量。具体来说,有两个重要特点:一是其产生烟雾所需要的温度,这取决于其化学结构;二是其蓄热而不是散热的程度,这是由其化学性质、大小和形状等所决定的。

(1)物质产生烟雾的温度。固体物质的一个重要特征就是它的燃点。燃点可定义为:物质被加热到可以燃烧的最低温度。达到燃点的物质将会不断释放烟雾,燃烧至物质耗尽或火被扑灭为止。液体物质的重要特征是它的耀点,耀点是液体释放可燃烟雾所需的最低温度。例如,汽油的耀点是华氏45度,而煤油的耀点是华氏100度。在室内温度里,汽油就能释放出可燃烟雾,而煤油则必须加热才能释放出可燃烟雾。

(2)材料的形式。同样的木材制成牙签或加工成圆木,尽管燃点相同,但是当牙签的表面被加热时,由于热量没有扩散的地方,牙签很快就被点燃了。然而,圆木表面的热量可扩散到圆木内部,因而需要更高的温度或更长的时间给圆木加热,才能使其燃烧。一旦除去外部热源,圆木温度较低的内部将吸收其表面的热量,使整个圆木温度下降到燃点以下。持续的大火代表了一种连锁反应。例如,当某人在壁炉里点燃一堆木头时,最初的热量是由划火柴摩擦提供的,然后是火柴头上的化学物质燃烧,接着是火柴棍燃烧。这样产生的温度并不高,但火柴的形状和材料使其能产生一连串反应。在壁炉里先将纸和木屑点燃生火,当更多的燃料燃烧起来时,温度就变得越来越高;持续一定时间,木头就会因积累的热量比扩散到空气中和木头里的热量多而发生燃烧;如果能产生足够的热量,木头就不需外界的热源自己持续燃烧。

(3)作为可燃烧的建筑物内的物品。建筑物内可燃烧的物品有许多,如纸张、生铁、酒精、石棉、硫磺等;装置和设备可以是易燃的或几乎不燃烧的、油垢的或清洁的、轻的或重的。建筑物内的物品是由其所处的位置等因素决定了它在火灾中作为燃料的可能性。每幢房屋或房屋的每一部分都代表不同的风险,必须根据其自身价值或根据其特定种类来进行风险评估。单位面积内可作为敌意之火燃料的可燃物质的预计重量叫燃料负载,通常用每单位面积可燃物质的重量表示。根据建筑物的构件及建筑物内物品中的可燃物质燃烧时释放的卡路里热量可估算出一次火灾中的预期热量。由于物质的空间位置对一定时间内燃烧能产生的热量影响很大,对特定场合下的燃料负载应由专家来估计。

大多数有着高燃料负载的可燃物质并不是人们所认为的特别危险的材料,因为这样的风险往往被加倍地注意而减少了危险;相反,危险通常是来自散装或大量堆放在狭小空间内的相对来说不那么危险的材料。最高的燃料荷载发生在堆放以下有大量特别危险材料的地方:高度易燃的液体,如轻油产品、酒精等;燃烧时发生爆炸或近乎爆炸状态的物质,如硫磺、硝酸盐,以及各种金属粉末或有机粉末等。

(4)作为燃料的建筑物。燃料负载包括建筑物的可燃结构。木结构建筑物当然比砖石结构、非可燃物质或防火材料建成的建筑物更容易充当燃料。建筑物材料由可燃物质构成时,它更有可能遭受火灾并以更快的速度把火传给建筑物内外的燃料。下文讨论的建筑物结构类型是根据美国保险事务所在制定财产险费率时所下的结构定义来划分的。消防协会、各种建筑法规、估价手册及一些保险杂志使用不同的分类方法。

①木结构建筑。木结构建筑包括外墙由非可燃物质或燃烧很慢的物质构成,但墙的支撑物、地面和屋顶是可燃物质构成的建筑物。因而,凡是墙上有一层薄砖,又由可燃物质构成的地面,或屋顶是由木结构构成的建筑物都是木结构建筑。许多居民住房和小型商业用房都是木结构建筑。木头的可燃性使得木结构建筑容易遭受火灾,一旦木头着火燃烧起来,整个建筑物结构就可能受到损坏。

②托梁砖石建筑。在托梁砖石建筑中,墙是由自承重的砖石组成的,不需木材的支撑。但建筑物其他部分的支撑物由木材组成,支撑地面和屋顶的托梁和横梁的是木头,而通常屋顶和地面本身就由木头组成。一旦发生大火,这类建筑将烧得只剩下一面光墙。墙的某些重要部分会被落下的屋顶撞倒或被烧毁的木横梁拉倒和推倒,甚至在大火强度和持续时间达到一定程度时,砖石也会被损坏。在更多情况下,火势没有这么大,火灾后外墙通常还能使用或部分能使用,它们继续支撑着屋顶,同时外墙和屋顶又能给墙内的物品提供一定程度的保护。所以,一旦发生火灾,托梁砖石结构通常就比木结构建筑处于更有利的状况。

③不易燃烧的建筑。不易燃烧的建筑在防火和火灾保险中是一个特殊的专业术语。它并不指所有都用不易燃烧的材料建造的建筑,许多这样的建筑被归入防火建筑。当一幢建筑物的墙、地板和屋顶是由不易燃烧的材料构成时,它就属于不易燃烧的建筑。一种常见的不易燃烧的建筑是全金属建筑,它的墙、屋顶及支撑物都是由轻金属构成。许多轻金属建筑在火灾中并不燃烧,但容易受大火高温的影响,金属构件在大火中会发生膨胀、卷曲、破裂等,因而这样的建筑通常会在大火中倒塌,从而造成建筑物的损失,增加室内物品的损坏程度,给生命安全造成一定的威胁。所以,尽管不易燃烧的建筑在火灾中本身并不燃烧,但并不意味着它一定就比木结构或托梁砖石结构建筑更安全。

④不易燃烧的砖石建筑。不易燃烧的砖石建筑与不易燃烧的建筑相似,它

的地面和屋顶由金属或其他不易燃烧的材料构成,但它的墙通常是由砖石或防火材料构成。不易燃烧的砖石建筑通常比前面几种建筑类型防火性能更好。

⑤防火建筑。防火建筑比所有其他的建筑结构具有更好的防火性能。防火建筑的建筑材料比其他的建筑材料更耐高温,但它耐高温的能力也有时间限度,并且不能阻止火灾的发生。防火建筑也会因大火而遭受严重损坏,甚至完全损毁。

3. 氧气、气流和有关要素。除了热源和燃料以外,火灾的第三个要素是氧气。燃烧是物质的快速氧化过程,这一过程需要氧气。大多数燃烧中的氧气来源于日常的空气,空气中大约20%是氧气。当氧气不足时,火就会熄灭。温度很高后,燃烧能形成自身的空气供应,空气受热上升形成低压区域,新的空气又向这一低压区域流动。氧气供应越充分,燃烧就越容易发生。当大量氧气存在时,燃料在较低的温度时就能发生燃烧。因此,在氧气充足的地方,如储存氧气瓶的医院、某些工业流程,火灾发生的可能性就会增加。没有外界的氧气供应,一些物质也能燃烧,它们都是氧化剂,如亚硝酸氧化物、硝化纤维素。

(二)损前火灾控制措施

通过除去热源、燃料、氧气或者打断一连串的化学反应能够使火熄灭。各种各样的方法被用来灭火,这些在本节后将讨论。除了火灾开始后采取的灭火措施,还有许多措施能在火灾发生前用来防止火灾发生或减少实际发生的火灾造成的损失。通过控制热源和隔离燃料与热源能够防止火灾发生;通过各种建筑规划设计以控制或减缓火灾的蔓延,减少火灾中财产的损失,从而减少火灾的严重程度,并且还能控制纵火案造成的损失。

1.控制热源。通过降低热源中不必要的热能的积聚可以阻止许多火灾的发生。例如,制定适当的与吸烟、烹调以及加热设备有关的规章制度。

(1)计划热源。应该对计划热源的必要性提出疑问。所有计划用来供能的热源都是必需的吗?对于作为不需要的副产品的热源是否能通过可行的其他安排来避免受热材料的储存或者使用产热过程?此外,在必须要有能源供应的地方,是否使用了超过必要的能源?电器装置是不是过热?高炉、锻炉、窑或其他加热装置是否过量使用?火是否过大或过热?这些问题的答案有助于识别哪些计划热源能被减少。

(2)作为副产品的热能。当热量作为不需要的副产品产生时,有多种防护方案可供选择。在照明中,荧光灯灯管比白炽灯灯泡温度要低,各种机器在摩擦中产生的热量也不同。显然,对于自身产热的材料和供应品应该对其储存量加以控制。比较适合的方法是把这些材料分离,安放在不同地方。通过某些制冷措施缓慢地散热能控制热能的释放。放热过程中周围的空气应该保持低温。

(3)电产生的热能。电能释放的功率和途径能由适当的保险丝、自动断路器和接地装置加以控制。接地装置既可用来保护电路，也可用来控制运转的机器、液体粉尘产生的静电，它还能用来对付最强大的意想不到的电源——闪电，通过由避雷针、下接导线、接地棒等部分组成的避雷系统可将电引导到地下。

2. 隔离友善之火或热源。阻止友善之火或热源向敌意之火转变的措施取决于热源是计划内的还是计划外的，是固定的还是移动的。

(1)固定地点的计划内的热源。一旦识别出固定地点的计划内的热源，就得将易燃物质与热源相隔离。例如，高炉房就不能储存废料、纸张、建筑木材等。在厨房中的主要危险来自于食用油、油脂及食品中的脂肪。此外，积聚在烟道和烟囱上的油污也是造成餐馆火灾的一个要素，除去油污就是一种防火的措施。在电动设备中，首要也是最重要的隔离措施就是要将线路、电动区、电闸等进行隔离。由于大多数的电闸、发动机、电动机会产生电弧，就应该将其与皮棉、金属粉屑、润滑油等可燃物质相隔离。

(2)移动的计划内的热源。移动的计划内的热源在火灾控制中是一个重要问题。焊接或切割机是造成火灾的一个常见因素，各种轻便加热器也是重要的移动的热源。在固定的计划内的热源中，可以将建筑物、装置等与燃料相隔离，由于风险变化不大，做到有效地实施防火计划相对容易一些。在可移动的设备中，特定的风险不断地变化，哪里需要，设备就要移到哪里，而且不受该地方是否有燃料的限制。需要指出的是，心理因素也增加了其防火的难度：人们很难感到有必要特意为只持续几分钟或几小时的风险而采取预防措施。

(3)计划外的热源。对付计划外的热源最简单的方法是禁止和限制，例如，设置禁烟区和专门的吸烟室以防止火灾。

3. 隔离敌意之火。如果没有对友善之火或热源的充分隔离措施，结果可能会造成敌意之火。有效的建筑设计可以减轻敌意之火造成损失的程度。建筑物的设计包括各种用来限制火势水平或垂直蔓延的设施，或者在同一幢建筑物内设立几个防火区。

(1)限制火势的垂直蔓延。使热上升并穿过可燃物质的垂直出口会助长火势的蔓延，常见的垂直出口有楼梯井、电梯、管道和使管道、线路从一层楼连到另一层楼的接口等，窗子也能使火从一层楼蔓延到另一层楼。另一个重要风险涉及叠成高层的物品储放。许多仓库将装有物品的纸箱叠起来，一层堆上一层可达数十米高，从低层发生的火灾很容易向上蔓延。限制火势的垂直蔓延对于建筑物的火灾控制来说至关重要，因而保持建筑内防火间隔的完好就很重要了。尽管这一想法看来似乎简单，但在实际中经常得不到重视。例如，为了将物品从一楼传送到另一楼层安装了传送带，但这却破坏了原来的防火地板；原来安装好用来隔离不同楼层火情的防火门有可能被损坏或者因维护不当而失去其功能。空心墙的内部和楼层连接处的内部空间都是防火的薄弱处。在某一层楼的楼底和相邻下一层楼的楼顶之间有空心部分，这是木结构和普通结构建筑物的特点。以下几点可说明这个空间容易导火的原因：

①在这些空间的火要燃烧一段时间后才会被人发现；

②这些空间，通常包含一些可燃的碎片粉末；

③由于只需加热少量空气，在密封的小空间中的火产生的温度比空敞处燃烧之火产生的温度还要高。

由于上述原因，应该在这个空间当中插入阻火块。阻火块是由从墙或楼层的内部空间一端到另一端的硬材料构成。在木结构建筑物中，内墙的阻火块就是水平地搭在壁骨之间的硬木，尽管阻火块可燃，它们并不容易着火，可起到阻止热传导的作用。同样，顶楼也是危险之处，而且顶楼处在热量上升的途中。例如，有一排楼房，火可以通过顶楼越过砖墙，从一边蔓延到另一边。如果在顶楼设置防火区，可以阻止火势蔓延直到消防人员将火势控制住。有时可用通风孔减少热通过顶楼或天花板的传播，通风孔将热流冷却并导向室外，远离室内的可燃物质，从而起到防火作用。火势通过外窗一层层蔓延的现象不常见，但其造成的后果可能会很严重。通常采取的对策是安装带铁丝网的玻璃金属窗或其他不易燃烧、软化或在高温中倒塌的装置。交错安装窗户也有一定的防火作用，还有一种方法是在窗户之间安装防护墙。

（2）限制火势的水平蔓延。一场火灾发生时，向水平方向蔓延几乎和向垂直方向蔓延一样快。例如，由于保龄球球道表面有助于火势蔓延，在几分钟之内就会使整个保龄球球场着火。几乎所有的墙、隔板或门都能起到减缓火势水平蔓延的作用。由于人们不能马上发现到火灾的发生，有无防火屏障就成为限制火势水平蔓延的关键。就像垂直隔离一样，有效的水平隔离要求屏障没有漏孔，最理想的屏障就是从地板最低处一直延伸到屋顶的一面整墙，并且在外墙处不开窗户。有着一扇防火门的墙也是比较理想的屏障。如果门不具备像墙一样的防火性能，那么整个屏障的防火性能就受门的防火性能的限制。门应该在不被使用时就能自动关闭，或者一旦出现火灾就能自动关闭，门自动关闭时不能受到阻碍。

4.完全隔离。当一个地方和另一个地方完全隔开时，这两个地方都被称作防火隔离区——一般由防火墙把建筑物分成防火隔离区。在大多数情况下，大火不会通过或绕过防火墙。还有一种防火隔墙，它没有防火墙那么牢固，并且通常不从地基延伸到屋顶。尽管它能减缓火势的蔓延，但不能设置防火隔离区。设置防火隔离区的其他方法是在两幢建筑物之间设置室外空间。空间大小的设置有赖于火灾可能的程度、表面(屋顶和墙)的可燃性,以及两幢建筑物的窗户和其他通口的大小和性能。两幢建筑物的相对高度也是一个考虑因素。设置空间大小的通常标准是在火势蔓延之前消防人员能及时赶到。当实际情况不是如此时,空间就要求大得多。在危险的火源和相对不那么危险的经营之间的完全隔离是合理的。例如,在生产场所和办公场所之间采取完全隔离。

5.减少损坏程度。火灾控制的一个重要方法就是将易燃物置换成不易燃烧的材料。这一点在有关建筑物的结构中反映得比较明显,木结构、托梁砖石结构、不易燃烧结构、防火结构等建筑物的防火性能是各不相同的。在存放特别危险如易燃液体或气体的地方,这一点通常能被人们认识到;而对普通物品如桌、椅的可燃性人们就没有过多地加以考虑。此外,将钢材代替木材、重材料代替轻材料可减少损坏程度。当然,和由于使用更安全材料而引起的成本的增加相比较得到的火灾损失减少而带来的收益,危险程度小的场所比危险程度大的场所通常要少。建筑物及其内物品的可燃性在最近几年随着塑料制品和组合件的使用实际上是增加了。

6.控制纵火案造成的损失。从火灾控制角度来说,纵火案可分为他人对物主的犯罪和物主的犯罪两类。尽管保险人需考虑这两种纵火发生的可能性,但在这里仅讨论他人对物主的犯罪。当纵火者进入场所犯罪的难度增大,或者非法入侵者进入场所的行为能很快被察觉时,纵火的机会就会相应减少。报警器和其他设施以及门卫可被用来阻止纵火者进入场所。要保护喷水阀、火险警报控制装置和类似的防范装置,以使其对纵火者的破坏行为发出警报。尽管警报也许不能减少纵火者放火的机会,但它们能使纵火者放火的行为很快被发现。任何限制纵火者进入场所或减少其纵火行为被发现的时间的装置都能减少纵火带来的损失。

(三)灭火

防火工程师把用来扑灭敌意之火的装置分为两种:内部防火和外部防火。内部防火是由一个企业运用其自己的财产来灭火的措施组成,外部防火包括消防部门和其他社区用来保护公众遭受敌意之火的公共设施。

1.内部防火。内部防火最普遍的形式有以下几种:

(1)自动火警/灭火系统。该系统又称为自动喷水灭火系统,可使用水、干湿化学剂、二氧化碳、泡沫材料、卤化物等作为灭火剂。该自动喷水灭火系统依靠火灾探测装置发现到敌意之火的存在,并且依靠信号装置向场内或场外的人员发出危险警告;此外,还需配备门卫和消防队以辅助这些火警和灭火系统。每个自动喷水灭火系统包括:有喷嘴或喷头的管道、引导灭火剂进入系统的控制气门、检查系统内压力的测量计,以及一旦系统运转就发出信号的报警装置。该系统还有其他的监督信号装置,一旦系统运转不良或瘫痪,它就会发出警报,以使系统很快得到修复。这些自动系统是按照其使用的灭火剂种类来划分的。

(2)灭火器。灭火器是被用来控制火情早期阶段的急救装置,要使灭火器发挥作用,应该做到每个灭火器都放在拿得到、看得见的地方,还要使其与可能发生的火险相配,并要对其进行适当的检查。在很多时候,灭火器的使用者毫无经验,因而培训对于合理使用灭火器来讲也是其要素之一。培训内容应包括教给员工灭火器放置的地方、它的排放范围、灭火能力及限制、开动灭火器的方法,以及一些危险的操作等。灭火器按照与其相匹配的火灾可分为四类:

A类灭火器:灭火剂为密封的水和多功能干燥化学剂,用于像纸和木柴等普通的易燃物质。

B类灭火器:灭火剂为普通的干燥化学剂、多功能干燥化学剂,泡沫塑料和卤化物1211,用于石油、丙酮、丙烷等易燃液体和气体。

C类灭火器:灭火剂和B类灭火器的灭火剂一样为非电导体,用于电动设备。

D类灭火器:灭火剂为专门用于易燃金属的干燥粉末剂,用于镁、钠、锂等易燃金属。

(3)竖管灭火系统。把自动喷水灭火系统和可移动的灭火器结合起来就是竖管灭火系统。该灭火系统可由企业内专门训练过的消防人员或公共消防部门使用,它是由一系列遍布整幢建筑物的管子组成。在紧急情况下,水龙带被连接到这些竖管中的阀门上,而水正是通过这些管道流到水龙带里。竖管灭火系统提高了由人工操作洒水灭火的效率,并且在使水龙带对位置较高而街道水平面难以达到的楼层进行灭火方面有着很重要的作用。因而在高层建筑上安装和维护竖管式灭火系统对于消防来讲很重要。

(4)守卫服务。守卫服务是内部防火的另一措施。守卫服务或者是由合同聘用的人员组成,或者由企业内员工提供。守卫人员对场所进行巡逻,遵守指定的路线,在一段时间内检查每一个地方,使火险能得到识别并上报,连续的生产过程受到监督,防火设备受到检查,并且在万一发生火灾时能及时通知管理当局。

(5)消防队。每一个企业都应有一个包括一些消防队活动形式的火灾急救计划,消防队的规模可以少则三个人,负责通知消防部门、发动疏散工作、保护场所、搬运重要文件等,也可以是一个组织,有主管、副主管以及职员,负责发动和进行有效的防火工作。要决定和某一特定企业相适应的消防队的规模,就要对潜在的火险、现有场所内消防措施、关键的消防设施灭火的程度、是否有公共消防部门等问题进行评估。一旦评估后,企业风险管理人员在与其他管理部门的配合下就能制定出一个方案,以确定消防队人员的数目,指定并任命其主管,并制定消防队员的职责。该方案还应指出培训消防队员的方法,使消防队能成为整个消防规划中的有效部分。

2.外部防火。要使作为外部防火的"消防部门"为企业提供有成效的保护,便要有足够的、易取到的公共消防龙头,并且提供充足的水和压力,消防部门人员能够处理企业里发生的火灾。除了消防龙头的距离外,还要考虑地下水管和水的供应情况,在老的社区里,水管中的水锈和沉淀物的累积,会严重减少水管的内径,从而对流量产生重大影响,并且水管还可能一头堵塞,只允许水朝一个方向流。此外,附近任何耗水量大的物业都会减少水的供应。因此,在开始新的建筑或对现有的建筑进行改动之前,都应检查水的供应以确定实际供应量和压力。这些变化会使潜在的火险增大,相应地对水的供应和压力的要求也会提高。如果发现水供应不足,必须采取补充水供应不足的措施。在完成建筑计划之前发现水供应将不足比在计划完成之后才发现要好得多。有时候还会产生这样一个问题,即未能提前告知公共消防部门关于工厂的布局、危险、防火资源等,没做这种预先的安排,在火灾发生时将有碍于灭火工作,有时甚至会导致无效的或危险的行为。例如,消防队员可能用水来扑灭对水反应剧烈的物质引起的火,或者他们因对地形不熟悉而迷路或陷入困境。

(四)水渍险控制

大多数的火灾是用水来扑灭的,有时候灭火用水造成的损失比火还大。当然,若没有水的话,火灾会造成更大的损失,而且,在没有火灾时自动喷水灭火装置有时也会泄水,造成损失,例如,管道系统有时候会发生水管破裂或水溢的情况。

控制首先要从资源入手。对于自动喷水灭火系统来讲,就是要进行适当的设计、安装和维护。有各种方法来设计自动喷水灭火系统,例如,设计不同的喷洒头使其在不同的温度才打开,应该选择不会对正常运作产生的温度发生反应的喷洒头,并且对于易坏的喷洒头应该安排看守人员,以减少其发生意外损坏的可能性。减少水渍险损失程度还有一种方法是设法使水损失最小,抗渗透地板、把水排到房外的水沟等就是常用的方法,价格不贵的滑动垫木或堆物垫板也可以减少水渍险给库存品带来的损失。大多数的自动喷水灭火系统都安装有水流报警器,一旦水开始流过该系统时,水流报警器就会发出声响。它的主要目的是用作火险报警器,并且它对自动喷水灭火系统发生意外的排水能做出迅速的反应。

当火灾发生时,财产还会受到水龙带中喷出的水的威胁,受过训练的消防人员把防水遮盖物放在财产上可大大减少损失的严重性。当水渍险可能造成的损失很大时,可改用二氧化碳、干燥化学物品或卤化物等自动灭火器。

二、盗窃风险控制

盗窃有多种形式,它是造成财产损失的重要原因之一。"盗窃"一词通常被理解为包括任何形式的盗窃活动,有盗窃、抢劫、雇员不诚实、敲诈、欺骗、伪造、篡改、贪污、假扮顾客到商店行窃、扒窃等。尽管现金和证券是窃贼们最爱偷盗的物品,但实际上任何种类的可搬动的财产都会成为窃贼的目标。只不过窃贼最喜欢价值高、重量轻又易被变现的财产。盗窃的主要损失后果是被盗财产价值的灭失,其他后果还包括由于进入房屋撬窃而使财产遭到破坏。在盗窃过程中,除了造成财产破坏外,还会造成收益的减少和费用的增加。

下面讨论的盗窃风险控制主要集中在四种最常见的盗窃形式,即盗窃、抢劫、假扮顾客到商店行窃和雇员的不诚实。

(1)盗窃通常被定义为某人进入财产存放的地方的盗窃行为。

(2)抢劫涉及对财产被抢的人使用威胁或使用武力。

(3)假扮顾客到商店行窃是企图在不被发现时从商店偷窃商品的行为。

(4)雇员的不诚实是雇员对其雇主所作的盗窃行为。

在大多数场合,盗窃损失的后果与其他的财产风险造成的损失后果相比较可能没那么严重。火灾也许会损毁整幢建筑物及其物品,但是窃贼可能只会盗取全部财产中的一小部分。尽管盗窃风险的后果不那么严重,但它的总的损失频率可能要比火灾损失的频率要高得多,这也说明了对于盗窃风险采取防损的措施会很有效。

(一)控制盗窃和抢劫损失

防止盗窃和抢劫损失的措施可被大致分为以下四类:

1. 物质防护。物质防护的方法包括限制窃贼进入建筑物、保险箱、保管库等方法。

(1)限制进入。对通常的锁门方式,窃贼可以用手在几秒钟内打开,而对于加上防盗链的锁门方式,就不能只靠用手打开。许多盗窃是打破陈列橱窗后盗取财物的。一般的平板玻璃很容易被打碎,防碎玻璃或有机玻璃可以对橱窗提供保护。

(2)保险箱。保险箱是另一种物质保护设备。保险箱因防盗能力而有所不同,保险箱基本上都是防火的。

(3)保管库。保管库是用来防止贵重财物遭受盗窃、火灾或其他损失的房间或小隔间。保管库的墙是由钢板或加钢板的混凝土构成,门是带锁的钢板。保管库根据它的墙厚、门厚、锁的质量有不同的防护能力。由于保管库比保险箱大,因此可以用来保护皮袄、艺术珍品或其他体积大的物品。

2. 报警系统。与保护系统不一样,报警系统并不能防止窃贼的进入,但它能警示闯入者非法进入某一区域。一个简单的报警系统包括电子继电器或一些安装在门、窗、房屋的其他通口处的金属箔片。通常系统是连通的,电流在系统中不停流动。当打开门、窗等通口而中断电流时,报警系统就会发出报警信号。用于保护工厂内特殊区域的某些盗窃报警系统称为区域保护系统或空间保护系统。用于区域保护系统的控测装置有光电探测器、声音探测器及运动探测装置。盗窃报警系统也可以用来保护一些可能成为窃贼盗窃目标的特殊物品,如保险箱、保管库、文件柜、陈列箱、艺术品等。这类保护系统称为"目标保护系统",通常与环路保护系统和区域保护系统一起安装使用。除探测器外,盗窃报警系统还包括控制器和报警信号设备。当收到探测器的报警信号时,控制器就指挥报警系统打开信号装置。报警信号装置有本地信号装置、远程信号装置、专用信号装置、中央信号装置。报警信号装置并不局限于防止盗窃,它还可以用来减少被抢劫的风险。银行或商店的营业员可以利用按钮或脚踏板来向警察局发出"安静的警报"。"安静的警报"是指在被抢劫地方发出警报时没有声响。

3. 监视摄像机。在银行、全日营业商店或其他有抢劫危险的商店中常安装自动摄像机。它可以拍下罪犯作案过程,在案发后,便于鉴别罪犯和定罪。

4. 保护方法。财产所有人可以使用上述设备以外的其他保护方法。一种简单方法常被许多商店采用,即把保险箱或特别贵重的东西放在巡警可以在建筑物外看到的地方,并且通常在灯光照亮的地方。罪犯倾向于抢劫大额的现金或易盗财产,并且抢劫只有少数职员的、位置孤立的商店。通过减少手持现金数量或其他有吸引力的财物、增加员工工作人数等可以防止抢劫的发生。

(二)控制商店偷窃损失

大多数商店的偷窃损失由自己承担,零售商将商店偷窃损失降低到最小程度的唯一方法是采取适当的风险控制措施。以下是常用的控制发生商店偷窃损失的措施:

1. 监视。许多商店通过监视购物者来控制商店偷窃损失。摄像监视器可以显示商店有偷窃发生,穿制服的保安或便衣人员也可以起到同样的作用,并且可以阻止偷窃行为。但在捉拿嫌疑犯时,由于抓错人往往会引起法律纠纷。

2. 限制商品的拿取。一些贵重的物品如宝石、手表、丝绸领带等可以陈列在上了锁的陈列柜中。在规章制度中,应对如何向客户展示商品做出规定。例如,只允许一个宝石柜台的售货员在同一时间从一个陈列柜中拿不超过两块宝石给一个顾客,并且不允许顾客走开。但一些手法高明的偷窃者可以在售货员不注意下用赝品替换一件正品。另一个限制商品拿取的方法是把商品放在仓库、地下室等未经许可不准进入的地方;在商店的售货区可以展示样品,当顾客选好商品并支付钱后,才把商品从仓库拿出来交给顾客,这一方法适用于出售电脑、电视机或其他电器的商店。

3. 反偷窃标签。有一些反偷窃标签被专门用来消除或探测商店偷窃行为。主要有如下两种标签:(1)电子标签。在去除电子标签之前拿走商品,电子标签会发出警报声。(2)染料标签。当商品被不适当搬动时,标签会永久性地玷污衣服。

(三)控制雇员不诚实损失

对于企业来说,许多减少外来盗劫的风险控制方法对大多数内盗一点也不起作用。员工就在现场,公司财物必然由他们来看管,并且,员工对企业的防护措施及其弱点都很清楚。一些员工在企业里有很高的职位和权力,他就更清楚本单位的防护措施及其弱点,因此需要有各种风险控制方法。

图 4-1 列出了内部盗窃防范系统的分类方法,图的上半部分描述了增加发现犯罪的概率,因为这些措施假设即使雇主与雇员间关系良好,盗窃仍会发生,所以它们被称为"建立在低信赖度基础上的措施",包括会计控制和接近控制。

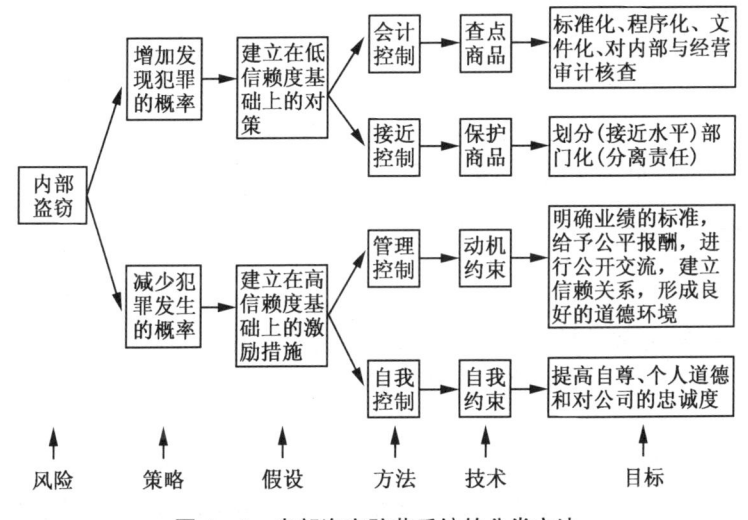

风险	策略	假设	方法	技术	目标
内部盗窃	增加发现犯罪的概率	建立在低信赖度基础上的对策	会计控制	查点商品	标准化、程序化、文件化、对内部与经营审计核查
			接近控制	保护商品	划分(接近水平)部门化(分离责任)
	减少犯罪发生的概率	建立在高信赖度基础上的激励措施	管理控制	动机约束	明确业绩的标准,给予公平报酬,进行公开交流,建立信赖关系,形成良好的道德环境
			自我控制	自我约束	提高自尊、个人道德和对公司的忠诚度

图 4-1 内部盗窃防范系统的分类方法

1. 会计控制。目的是为了了解现金的流量和发现不正常情况,限制伪造企业账目而造成的损失。会计控制的例子包括内部审计、巡查、监督、标准程序的运用等。

2. 接近控制。它通过限制只有几个重要雇员才能接触到目标财产来减少商品和其他财产(包括现金、硬币、机密文件和商业秘密等)的损失。对于价值极高的财产和信息来讲,可能会进行以下限制接近的安排:锁上入口,配备武装守卫人员,只给予有限人数的员工钥匙和保险箱,授予经过筛选的员工签发支票、购货单和签订合同的权力。

在控制雇员不诚实风险方面有一种管理策略是进行适当的人员筛选。人员筛选的目的之一就是通过不雇用不诚实的人来防止雇员的不诚实造成的损失。筛选不诚实的人需要收集求职者的信息,并在雇用前对参考资料进行核查。对于某个极有希望受到雇用的雇员的背景信息来源应多样化,不限于申请者本人。

责任的分离是另一种控制雇员不诚实风险的重要管理策略。一些经常用来分离责任的基本方法是:

(1)任何一个人都不能对涉及重要的交易或敏感的工作的每一阶段加以全部控制。例如,保持存货记录的人就不应再进行存货的盘点。

(2)工作流程应当从一个人传到另一个人去进行而没有重复,第二阶段的工作相当于是对第一阶段工作的检查。例如,第一个雇员从仓库提取待运商品,第二个雇员把商品装上卡车,第三个雇员则对卡车上的商品进行检查,他们所有的记录都应该是一致的。

(3)授权使用资产的人不应对其保管负责。例如,保管存货的职员只有在收到部门经理的指示时才发放材料。

(4)保存记录和簿记的工作应当与处置和保管资产的工作相分离。例如,记录应收账款的职员不应该打开装有新来的付款的邮件。

三、爆炸风险控制

(一)爆炸的定义和分类

所谓爆炸,通常是指物体在瞬息间分解或燃烧时放出大量的热和气体,并以强大的压力向四周扩散,或者气体压力超过容器承受的极限压力而发生的破坏现象。

一般来说,爆炸分为以下几种:

1. 物理性爆炸。物理性爆炸是指由于液体变为蒸汽或气体膨胀,压力急剧增加并大大超过容器所能承受的极限压力,因而发生的爆炸,如空气压缩机、锅炉、压缩气体钢瓶、液化气罐等,但锅炉爆管不属爆炸。

2. 化学性爆炸。化学性爆炸是指物体在瞬时分解或燃烧时放出大量的热和气体,并以很大的压力向四周扩散的现象,如火药爆炸、可燃性粉尘纤维爆炸、可燃性气体爆炸以及各种化学品的爆炸等。

3. 核爆炸。核爆炸是指一些放射性物质在一定的条件下发生裂变或聚变,在瞬间产生高温、高压、强光并向四周扩散的爆炸,如原子弹爆炸、氢弹爆炸等,这类爆炸威力最大,可以使方圆几十公里内寸草不生。

(二)爆炸的防范

造成爆炸状态的条件包括气体、蒸汽和粉尘。任何可燃气体或蒸汽都是危险的,但必须与一定比例的氧气(空气中总有氧气存在)混合才会发生爆炸,同样,空气与粉尘的混合达到一定浓度(其范围一般比燃气宽)也会造成爆炸,但粉尘必须在空气中适当扩散成尘雾。对一定量的粉尘来说,粒度越小,它与空气接触的总表面积就越大,与空气中的氧气结合而燃烧或爆炸的危险性也就越大。此外,粒度越小,在空气中悬浮的时间越长,也就增加了危险性,而较大的颗粒不仅单位体积的表面积较小,而且容易较快地沉降。另外,粉尘的浓度与成分也与爆炸有关。

现在,我们来研究一下减少爆炸风险或使其破坏力降低的方法。化学性爆炸中的可燃气体和蒸汽的爆炸特点相同,可以将两者放在一起研究,而对粉尘爆炸必须采取不同方法,对物理性爆炸也需要采取不同的方法。

1. 气体爆炸与蒸汽爆炸。任何化学性爆炸的引起都必须要有火源,要预防爆炸就必须集中力量消除一切可能的火源,凡是有或可能有可燃气体或蒸汽的地方,必须避免一切明火。可燃液体的供应应采用密闭容器,以防蒸汽逸出。某些极易燃烧的气体可贮存在水下的贮罐内,以防挥发和蒸汽逸出。贮罐应与主建筑物隔开,且不得挪作他用。防止可燃气体或蒸汽爆炸的另一方法是通风。借助通风的方法可以将可燃气体或蒸汽带出危险区,而代之以新鲜空气。如果通风控制得好,这是一种很好的防爆措施,但如果通风控制不好,没将可燃气体或蒸汽全部排入大气,而是令其滞留于死角,当其与空气的气流混合后,就会形成易爆炸的混合气体。因此开窗自然通风是靠不住的,特别是在寒冷天气,人们往往不愿开窗。在大风天吹进的新鲜空气会将易燃易爆的混合气吹得遍及整个房间,而不是将其排出室外。此时唯一可靠的方法是安装机械换气扇,将可燃气体或蒸汽从室内吸出并排入大气,让空气来充斥原来的空间,但换气扇应有足够的通风能力,并且驱动换气扇的马达应采用防爆马达,以免马达发热将通过有风扇和马达的孔洞的易燃混合气体点燃。同时,在设计通风系统时,必须注意搞清要排放的可燃气体或蒸汽是比空气重还是比空气轻。如果比空气重,则通风应靠近地面;如果比空气轻,则应从天花板或屋顶通风。

2. 粉尘爆炸。不同的粉尘危险程度也不同:可燃材料的粉尘,如糖、淀粉、面粉、木粉、硫磺、粮食以及煤炭的粉尘等,可以快速燃烧并生成气态燃烧物,其危险性最大;皮毛和兽角等的粉尘,因含氮量高,不易燃烧,因而危险性较小;关于金属粉尘的特性,将在后面讨论。同可燃气体或蒸汽与空气的混合物一样,只有在有火源存在且其温度高于粉尘和空气的混合物时才会发生爆炸,因此需加强火源管理。同时要注意,气体通常是从容器或装置中泄漏出来的,而粉尘通常是某些工业上的磨粉加工过程或处理散装货的结果,因而在任何时候,邻近区域都会有粉尘存在。由此可见,在这一点上粉尘危险要比可燃气体更为严重。一般地说,粉尘放在地上或聚积在壁架上,本身并没有什么危险。只有当粉尘悬浮在空气中并形成云雾,才有爆炸的可能。然而,一旦悬浮的粉尘发生爆炸,地板和壁架上的粉尘就很有可能被激起并点燃,进而引起一连串的爆炸。

产生粉尘的机械设备,诸如研磨机、粉碎机等,都应当罩起来,以免粉尘到处飞扬。防尘罩的作用只是保持局部区域的清洁,而不是整个粉尘车间。凡是会沉积粉尘的地方都应当清扫干净,所有壁架、搁板之类的表面都应打扫。此外,在出料时也要注意不要用力过猛,以防粉尘到处飞扬。产生粉尘的机器上应安装集尘器,这样粉尘就不会往外飞,而是被送入集尘箱中再安全地处理掉。有时,向研磨机产生粉尘的防尘罩内通入惰性气体是可取的,氦气之类的惰性气体可以起到稀释氧气的作用,使氧气达不到能使粉尘造成爆炸的浓度。通常要用分离装置将可能产生火花的异物清除掉。在送往工厂的各种原材料里会混进一些杂铁,如果在研磨的物料里含有杂铁,那是很危险的,一则杂铁会严重损坏机器设备;二则杂铁与机器设备碰撞会产生火花,引起爆炸。即使不产生火花,研磨加工机(特别是高速运转的)在克服杂铁的摩擦力时超载工作会产生很大的热量,如果磨碎的物料在很细的状态下有爆炸性,这种热量就会引起猛烈的爆炸。防止杂铁进入研磨机的最好方法之一是在机器的进料口处装一个电磁铁,当物料通过时,可将杂铁吸住。此外,也可以用风力的或机械的隔离器把异物从研磨机中挡住,或者安装可以发现金属并启动安全开关停车的电子装置。

许多金属虽然在固态或块状时并没有什么危险,但一旦研成细末就会变得极易燃烧,并且在合适的条件下与空气混合还会产生爆炸。不过,这种爆炸没有那些易燃物粉尘的爆炸猛烈。金属粉末的危险性在于它着火时能够产生很高的温度,因而难以扑灭。当用诸如水龙带、水桶或酸碱式灭火器向火上泼水(灭火剂)时会发生爆炸,这是因为高温的金属会使水分子分解而释放出易爆炸的氢气。这类细金属粉有铝粉、镁粉、铁粉、某些铁合金(如铁锰合金)的粉末等。

对于物理性爆炸,可通过防爆孔、活动风门或向外开的折页门使压力得到释放,从而减轻爆炸的作用,也可以在压力容器或设备上安装防爆盘,当发生爆炸或猛烈燃烧使压力升高时,可以提供足够的卸压面积,保护设备免遭破坏。

四、洪水风险控制

世界上水灾占自然灾害总损失的比重很大。我国属于洪涝灾害严重的国家,每年受洪水困扰,损失极为惨重,严重破坏了社会经济的发展和人民生活的安全。

(一)洪水形成的原因

洪水可以说就是一切天然的或人工的水道(贮水箱、罐、装置、管道除外)或湖泊、水库、运河闸坝越过正常的界限跑水。洪水形成的原因主要有:

1. 天灾是造成我国洪水灾害的直接原因。我国位于世界上著名的季风气候区域,每年季风盛行时期就是我国的暴雨季节,极易引发洪水灾害。而且,我国的国民经济命脉位于七大江河流域的中下游地区,其生产总值占全国的70%以上,一旦发生水灾,所造成的经济损失将难以估量。在全球异常气候(如厄尔尼诺、拉尼娜等自然现象)的影响下,洪水灾害已成为我国众灾之首。据有关统计资料表明,每年洪水损失约占自然灾害所造成的直接损失的1/3,且呈现逐年递增趋势。例如,1994年,珠江流域、湘江和运河大水损失达1 600亿元;1995年,珠江、长江、淮河、黄河等七大流域的水灾损失达2 200亿元;1998年,长江、嫩江和松花江流域发生的特大洪灾直接经济损失达2 484亿元。由此可见,洪水对我国的危害已到了触目惊心的地步。表4-3列出了新中国成立后数次重大水灾造成损失的情况。

表4-3　　　　　　　　历年重大水灾工农业损失比重变化

历年重大水灾 \ 水灾损失	总损失(亿元)	农、林、牧、副、渔业损失 损失值(亿元)	农、林、牧、副、渔业损失 占总损失(%)	工业、交通、电力、石油、水利 损失值(亿元)	工业、交通、电力、石油、水利 占总损失(%)
1954年长江中下游水灾	240.00	200.00	83.3	40.00	16.7
1960年浑河、太子河水灾	2.33	1.38	59.0	0.95	41.0
1963年海河流域水灾	59.30	47.90	80.8	11.40	19.2
1991年太湖流域水灾(江苏部分)	84.25	37.41	44.0	46.84	56.0

2. 人祸是洪灾的最主要原因。1998年长江大水的水量并不比1954年百年不遇的洪水大,但1998年长江水位却比1954年平均高出1米,所造成的经济损失也更大。究其原因,人为因素起了很大的作用。所谓人祸,主要是指江河中上游地区的过量砍伐森林,大江大河防洪标准不够高(我国主要江河的防洪标准为防10年一遇的洪水,日本的防洪标准为防50~100年一遇的洪水,而美国的密西西比河的防洪标准则为防150年一遇的洪水);堤防维修经费投入不足,堤防建造的"豆腐渣"工程造成防洪能力薄弱;掠夺性垦殖、侵占河道现象严重等。由

于上述人为原因,全国每年有近50亿吨泥沙流入江河;黄河河床每年抬高0.1米;长江每年将1.5亿立方米泥沙带入洞庭湖,近1.2亿立方米淤积于湖中,使得新中国成立以来洞庭湖湖底抬高1~2.2米,面积减少了1 659平方公里,蓄积能力减少了43%,所有这些都极大地削弱了我国防治洪水的能力,使得洪水年年肆虐,洪灾损失年年扩大。

(二)洪水的防范措施

目前的洪涝灾害类型主要有:暴雨洪水、山顶融雪洪水、冰凌洪水、溃坝洪水、热带气旋、风暴潮等,我们应该针对不同的洪涝灾害类型采取不同的防范措施,以求不发生损失或使发生的损失尽可能地减少。

当前主要的防洪措施是:通过自然灾害综合调研组、水利部减灾研究中心、防汛抗旱总指挥部、气象局等快速而准确地获取洪水信息,做出洪水预报,加强堤坝与河道整治和分滞洪区的建设与管理,组织好防汛抢险工作。为了进一步提高防洪能力和抗洪能力,应做好以下几项工作:

1. 适当提高防洪能力,国家应增加资金投入,搞好水利设施的建设,提高江河大堤的防洪能力和防洪标准,搞好分洪区、滞洪区的规划等。1980年,国家水利部根据国务院要求,制定了《关于长江中下游近十年防洪部署的报告》,提出十年长江中下游防洪目标是"遇1954年同样严重的洪水,确保重点堤坝安全,努力减少淹没损失"。但由于经费匮乏、少数部门不重视等原因,该项报告所提出的诸项任务迄今仍未完成;否则,1998年夏天的洪水也许就不会导致那么大的损失。

2. 从人口、资源、环境总体协调来统一规划社会发展是防洪减灾的重要法则。要加强环境建设,长期推广水土保护的基本方针。在各大河流的两岸,最重要的是从源头加强植树造林、水土保持工作,严禁乱砍滥伐。现在,我国对林业资源破坏严重,森林面积不断减少,一方面破坏了生态平衡和环境协调,导致灾害天气出现频率增高,同时也不利于水土保持;另一方面,冲刷下来的泥土随河水流往下游,不断沉积,不仅使河床增高,阻塞河道,而且使河堤相对于河床的高度降低,增加了防洪的压力。同时要合理开发利用资源,充分合理利用土地,应禁止把良田用作工业用途而又向森林要土地的现象。

3. 提高全民的防洪意识,政府管理部门制作并发放形式多样、内容丰富的水灾预防知识、办法,宣传防洪的重要性和保护树木的重要作用,有条件的易发生洪水的地区可以举行洪水预防知识的讲座,从而提高全民的防洪抗洪意识,避免洪水到来时手足无措。

4. 通过气象、水文、自然灾害综合调查组等的合作,监测异常灾害发生的可能,并建立灾害预警系统,通过社会信息网及时向客户提供灾害预报预警服务。

对有些可以预知的灾害,如融雪洪水、冰凌洪水等要预先做好安排。

5. 建立防洪检查的制度化。检查的主要内容有:大堤的防洪强度,是否出现白蚁蛀洞、中空下陷、冲击腐蚀等现象,不能"头痛医头,脚痛医脚",应把工作做在洪水到来之前,防患于未然;防洪资金是否到位,是否被挪作他用;是否建立了防洪的物资储备;大堤工程的质量是否得到保证,严防"豆腐渣"工程;建筑物离开水体的距离和它们之间的相对高度差;建筑物是否在值得怀疑的洪水泛滥区内;水灾历史,附近的地形、地势和地貌;是否有一些开发项目和工程将影响地势,排水系统和排水能力;是否有建筑物会危及大堤安全等。

6. 制定洪水应急计划。有关部门和领导要对各种意外情况尽可能地制定详细的计划,积极参与和监督灾前的预防工作,切实落实各项防洪措施以及在灾后积极指挥抢救。

五、地震风险控制

地震是在地壳运动过程中,局部地区由于地下岩石破裂,急剧错移所引起的震动现象。

(一)地震的成因和衡量

现在一般都认为,地震是断层错移引起的突然弹性反跳。世界上绝大多数的构造性地震都是这样产生的。断层是指地层在构造运动中被折断之处,可分为以下三种类型:一是平移(或平推、平错)断层,其特点是两盘的地层上下部位没有相对变化,但在水平方向沿断层两边发生了相对错移;二是正断层,其特点是断层的一盘顺重力的趋势往下滑动,使时代较新的地层居于较低的层位;三是逆断层,又称冲断层,其特点是与正断层相反,使时代较新的地层推到较高的层位。

人们对于地震的分析一般使用以下两个常用的衡量指标:

1. 地震震级。地震震级表示地震本身大小程度和地震释放能量的大小。震级越大,释放能量也越多,而且是正级数倍增长。一次七级地震释放的能量相当于1 000次五级地震释放的能量。一般来说,一次七级地震比1 000次五级地震的危害和造成的损失要大得多。当然,同样震级的地震,如果发生于城市或人口稠密的城镇地区,要比发生于人口稀少的地区或偏远山区造成的损失大得多。一次地震释放的能量是一定的,所以震级只有一个。在一般情况下,小于3级的地震人们是感觉不到的;3级以上的地震,人们有感觉,称为有感地震;5级以上的地震能造成破坏,称为破坏性地震或强烈地震。根据震级又可分为微震(1~3级),弱震或小震(3~5级),强地震或中震(5~7级)以及大地震(7级以上)。目前,世界上记录到的最大地震为8.9级(如1960年5月22日智利南部发生的地震),我国历史上最大的地震也是8.9级(如1920年宁夏、1950年西藏察隅地区、

1968年山东莒县发生的地震)。

2. 地震烈度。地震烈度反映地震时地面受到的影响和破坏的程度。烈度除了和震级有关外,还和震源深度、距震中远近以及地震波通过的地质条件等多种因素有关,因此一次地震在各地烈度并不相同。在正常情况下,震源浅则震中烈度大,影响面积小;反之,震源深,震中烈度较小,而影响面积较大。在松软的土地上烈度度数增高;在坚硬的石头上,烈度度数降低。在世界上的大多数国家,根据人的感觉,即从无感(用仪器记录)到使人惊逃的地震,以及人工设施的破坏、自然环境的破坏等,人们将地震烈度分为十二度,用罗马字母表示。大致是Ⅵ度始有轻微损伤,故可以说Ⅵ度以前为非破坏性地震,Ⅶ度以上为破坏性地震,详见表4-4。强烈地震的破坏力首先能造成房屋、桥梁、水坝等建筑物毁坏。其次,由于地裂和地面位置的错动造成沉降隆起、泉涌等也会破坏房屋、道路或淹没农田、泛滥成灾。再次,地震会造成山崩、滑坡、泥石流、海啸。最后,地震还会引起火灾、水灾、疾病等次生灾害。

表4-4　　　　　　　　中国地震烈度(1980年,摘录)

烈度	人的感觉	一般房屋 大多房屋震害程度	其他现象
Ⅰ	无感		
Ⅱ	室内个别处于静止状态中的人感觉		
Ⅲ	室内多数处于静止状态中的人感觉	门、窗轻微作响	悬挂物微动
Ⅳ	室内多数人感觉,室外少数人感觉,少数人梦中惊醒	门、窗作响	悬挂物明显摆动,器皿作响
Ⅴ	室内普遍感觉,室外多数人感觉,多数人梦中惊醒	门、窗、屋顶、屋架颤动作响,灰土掉落,抹灰出现微细裂缝	不稳定器物翻倒
Ⅵ	惊慌失措,仓皇出逃	损坏——个别砖瓦掉落、墙体微细裂缝	河岸和松软土上出现裂缝,饱和砂层出现喷砂冒水,地面上有的砖烟囱轻微裂缝、掉头
Ⅶ	大多数人仓皇出逃	轻度破坏——局部破坏、开裂,妨碍使用	河岸出现塌方,饱和砂层常见喷砂冒水,松软土地上裂缝较多,大多数烟囱中等破坏
Ⅷ	摇晃颠簸,行走困难	中等破坏——结构受损,需要修理	干硬土上亦有裂缝,大多数烟囱严重破坏

续表

烈度	人的感觉	一般房屋 大多房屋震害程度	其他现象
IX	坐立不稳,行动的人可能摔跤	严重破坏——墙体龟裂,局部倒塌,修复困难	干硬土上有许多地方出现裂缝,基岩上可能出现裂缝,滑坡、塌方常见,砖烟囱出现倒塌
X	骑自行车的人会摔倒,处于不稳状态的人会摔出几尺远,有抛起感	倒塌——大部分倒塌,不堪修复	山崩和地震断裂出现,基岩上的拱桥破坏,大多数砖烟囱从根部破坏或倒毁
XI		毁灭	地震断裂延续很长,山崩常见,基岩上拱桥毁坏
XII			地面剧烈变化,山河改观

(二)我国的地震地理分布

我国的地震地理分布可概括为以下三大系统:

1. 中枢系统。以中枢大地震带为主,包括以下区域地震带:北山—六盘地震带,银川凹陷地震带,天水—汶山地震带,祁连南、北地震带,昆仑东、西地震带,天山南、北地震带,阿尔泰地震带,秦岭地震带,滇东凹陷地震带,以及滇西之康滇、川滇、藏滇地震带等。中枢地震带就其地理分布来说,北自阿拉善地块南侧的北山,经山丹、民勤而至中卫,向北与银川凹陷的区域地震带相连,向南沿六盘山西麓而下,与秦岭地轴相遇,然后从天水再往南,经武都、文县进入川北,沿岷江上游而下至汶川,顺成都盆地的西缘至泸定,再沿康滇地轴的西边向南延伸,直至怒江、澜沧江流域与滇西地槽地震带会合,全长共2 000余公里。

2. 华北系统。以地台破裂大地震带为主,包括以下区域地震带:渭—汾地震带,五台—燕山地震带,黄河(河套)凹陷地震带,太行东缘地震带,沧县隆起地震带,以及辽东、鲁东地震带等。

3. 东南滨海系统。包括以下区域地震带:闽粤沿海地震带、台湾东西地震带等。

(三)地震的防范措施

地震是一种自然现象,要根除它是不可能的事情,但我们可以采取措施来减少地震所可能造成的损失。一般来说,要做到以下几点:

1. 做好地震预测和预报。利用地震仪可以测量地震地面振动的加速度、速度和位移,这些地面震动的特征可以用振幅、频谱和持续时间来描述。发动群众,开展群测群防工作,严密注视各种异常现象,如地下水位的升降、穴居动物的反常行为等。通过仪器监测地震波速变化、地壳变形、地磁和地电变化等,及时发现地震前兆、及早发布地震预报,使人们做好防震准备。

2. 加强立法,注意地震知识的宣传,使人民群众认识到地震是自然现象,具有识别地震现象的知识,学会出现地震的应急办法,增强社会公众的避震减灾意识。

3. 制定地震应急计划以提高社会整体抗御地震的能力。应急计划应包括在各地区发生地震时如何就近调动人员和物资进行救援、如何组织灾区人民进行自救等。

4. 建立地震资料库,分析烈度和地面震动参数之间的关系。从历史资料和地理位置可以分析某地区出现地震概率的大小,对大概率地区更要严密监控。在现在,可以充分利用计算机来模拟某地区的状态,提高对地震的动态预测能力。

5. 根据地质情况和历史地震活动情况确定建筑物的抗震要求。在土质条件不同的地面上,对地震烈度的反应可以有很大差别。例如,在同样的地震力作用下,软土层上比花岗岩层上烈度可高出2～3度。地基土质条件的好坏,对建筑物破坏的影响大有区别。同时,根据抗震要求选择建筑物结构和用料,使建筑物与预期地震产生的侧压力能达到平衡,不破坏其整体。在地震灾区常可看到,仅仅由于施工中所用灰浆的好坏,建筑物的破坏情况可以完全不同——一个不见损坏,另一个却损坏严重。据调查,1679年和1730年两次地震对北京地区建筑物的破坏情况,最突出的是故宫损害很轻,原因是灰浆特别好(掺有糯米浆),而北海白塔则两次都遭受严重破坏。一般来说,抗震的要求主要是保证建筑物不倒,有限的损坏是不可避免的。

复习思考题

1. 试解释下列名词:功能重置成本,后进先出法,先进先出法,净值,实际现金价值,重置成本,租赁权益,净收入损失。
2. 计算生产销售价值必须做哪几项会计调整?
3. 概述大灾的成因及其主要的控制措施。
4. 盗窃有哪几种常见形式?对它们分别采取哪些控制措施?
5. 对化学性爆炸、粉尘爆炸和物理性爆炸分别采用哪些防范措施?
6. 简析我国洪灾的成因及其主要的防范措施。
7. 概述我国地震的地理分布及其防范措施。

第五章　责任风险分析和控制

第一节　责任的种类

根据责任发生的原因,责任通常可分为侵权责任、合同责任、相关法律所规定的特殊责任。以下有关责任的讨论仅限于民法范围内,而不涉及刑法。责任保险一般只承担民事责任风险。需注意,责任保险可用于承保犯罪行为所引起的民事后果。例如,房东雇员的犯罪行为给房客造成损失,房客由此可向房东提起民事诉讼。

一、侵权责任

侵权是指侵害他人合法权利的违法行为。如果这种违法行为给他人造成损害,则受害人可依据法律提出诉讼以获得赔偿。

侵权的构成要素如下:(1)受害人享有合法权利;(2)行为人侵害了这种合法权利;(3)损害和侵害行为之间存在近因关系。

侵权的一方被称为侵权人或侵权行为人。如果侵权的一方涉及两个或两个以上的人,他们则被称为共同侵权行为人。

侵权可分为三类:过失、故意侵权、严格责任侵权。

(一)过失

过失是一种非故意侵权行为,它是指行为人没有像一个理智和谨慎的人在相似的情况下为避免他人受到损害而给予适当的注意。如果行为人做了正常人不应该做的事,则这种行为被称为作为;如果行为人没有做一个正常人应该做的事,则这种行为被称为不作为。

1. 过失的构成要素。在民事诉讼中,只有当原告证实了过失的四个构成要素都成立时,被告才承担过失责任。

(1)被告应给予原告适当注意的法律责任存在。普通法和成文法中都相应规定了这种法律责任。普通法是在判例的基础上由法院所规定的法律原则组成的。成文法是由立法机构以法定文件形式规定并实施的法律。成文法既可以修改由普通法所规定的法律责任，又可以规定在普通法中尚未提及的法律责任。

(2)被告未履行应尽的法律责任。当事人没有达到法律规定的注意标准则构成未履行责任。判断被告行为的关键就在于将被告的行为和一个理智谨慎的人在相同情况下所表现的行为加以比较。如果被告有所作为或不作为，则他就被判定未履行应尽的法律责任。

(3)损害事实存在。在侵权法中，损害赔偿金分为以下几种：

①补偿性的损害赔偿金。这种损害赔偿金通常又可分为特定的损害赔偿金和一般的损害赔偿金。

特定的损害赔偿金是补偿原告所遭受的可以确定的损失，它包括以下几个方面：

(a)合理的医疗费用。

(b)原告所拥有的财产的损失，以修理费用或重置费用的较低者来确定金额。

(c)由于被损坏的财产丧失使用价值所导致的利益损失。

(d)如果原告由于被告的过失死亡或致残，则需赔偿原告到审判日为止的个人收入损失以及从审判日到其退休时的未来收入的现值。

一般的损害赔偿金是补偿由于损害事实所引起的无形的损失。例如，忍受痛苦、丧失配偶等。

②惩罚性的损害赔偿金。它旨在惩罚过失方，并起到制止其他人违法的作用，这一部分赔偿金归原告所有。在一般情况下，法院都不会采用惩罚性的损害赔偿金，除非被告的行为是恶意的并且情节严重。但在美国最近一段时期，特别是在医疗责任和产品责任的诉讼案中，惩罚金的使用频率及金额都有所增加。因此，一些保险公司将惩罚金作为除外责任，并且一些州法律禁止惩罚金保险。

在少数过失诉讼案中，原告试图获得特别履行指令以取代损害赔偿金或附加在赔偿金之上。特别履行指令是一种衡平法性质的法律补救方式，据此法院命令被告从事某种行为或不得从事某种行为。

尽管一些成文法对于特定种类的诉讼案件中原告所能获得的损害赔偿金额规定了限额，但通常在侵权诉讼中对于法院所判决的赔偿金额是不规定上限的。侵权法的这一特征隐含了责任风险和财产风险的一个主要区别，财产风险的最大损失是财产自身价值和财产被重置之前的营业收入损失，而责任风险没有最高限额。

(4)被告未履行责任和原告的损害之间存在近因关系。近因是指连续发生并没有新的独立的因素介入的、导致事件发生的直接原因。法院不能仅仅因为证实了过失行为和损害而判定过失行为成立,还需证明过失行为是损害的近因。

2. 过失诉讼案中的抗辩方法。在过失诉讼案中,被告都会进行抗辩以保护自身利益。被告可以通过反驳过失的四个构成要素来进行抗辩;或者即使过失行为已经成立,但仍有其他的抗辩方法可免除或减轻被告的责任,然而此时被告负有举证之责。以下将介绍几种抗辩方法:

(1)共有过失。共有过失是指在发生事故时,遭受损失的一方自身也有过失。根据普通法,如果原告本身也有过失,则他无权获得损害赔偿金。由于共有过失的抗辩方法过于严格,因此都将原告的轻微过失视作无过失。现在,在美国大部分州都取消了该原则,采纳了比较过失原则。

(2)比较过失。在原告和被告双方都有过失的情况下,法院将按照当事人的过失比例做出裁决。共有过失和比较过失的共同之处就在于当原告本身也有过失时,前者完全消除了原告获得赔偿的可能性,后者只是减少了赔偿金额。

(3)自担风险。根据普通法,如果一个人认识到某项活动所包含的风险并自愿面临这种风险,这就视为自担风险。如果原告自担风险,则他就不能从被告方获得赔偿,这就是以自担风险为由的抗辩方法。然而,只有当这种抗辩方法没有被成文法所取消时,它才是有效的。例如,美国的《劳工赔偿法》规定雇主不能以雇员自担风险为由进行抗辩。

(4)诉讼时效。美国各州法律都规定了提出诉讼的有效期限,一旦超过该期限,原告就无权向被告进行索赔。美国各州的诉讼时效有所不同;即使在同一州内,不同种类的侵权案件的诉讼时效也有所不同。对于未成年人或精神病患者,诉讼时效自动延长。

(5)豁免权。在特定情况下,某些机构和人员对于侵权责任享有豁免权,这样的机构和人员包括政府部门、官员以及慈善团体。只要他们的行为属于豁免权的范围,则无需承担侵权责任。但在最近几年中,法律开始限制并取消豁免权的使用。

(二)故意侵权

故意侵权是指行为人有意作出对他人造成损害的违法行为。

1. 与人身有关的故意侵权。主要有以下两种:

(1)威胁和殴打。威胁是指行为人故意使他人面临即将发生的非法人身侵犯。殴打是使他人遭受非法人身侵犯的故意行为。通常两者几乎同时发生,但有时也会单独发生。在任何情况下,个人都享有人身安全的合法权利。因此,威胁和殴打就侵犯了这种合法权利,同时两者也构成犯罪行为。

(2)非法监禁和错捕。这是指故意非法地限制他人离开某一特定场所的自由。例如，一家商店怀疑顾客偷窃商品，并将其私自扣留在商店中，这就构成非法监禁或错捕。

2. 诽谤。个人享有维护自身名誉的权利。如果个人或机构的名誉由于他人所传播的虚假消息而受到损害，则他们有权向法院提出诉讼，而这种故意侵权行为称为诽谤。诽谤通常采取两种形式：书面诽谤和口头诽谤。破坏名誉的言论如果以书面的、电影的、图片的或其他可永久保留的形式出现时，就是书面诽谤；如果以口头的或其他无法保留的形式出现时，就是口头诽谤。

3. 侵犯隐私权。侵犯隐私权涉及普通法和成文法，以下所讨论的是普通法中的侵犯隐私权。

(1)侵扰他人生活。例如，窃听电话、使用望远镜偷看等。

(2)人身侵犯。例如，擅自检查顾客的购物袋、非法提取血样。

(3)公开揭露隐私。

(4)非法泄露机密情报。

4. 欺诈。欺诈是指诱使他人放弃某项财产或合法权利的欺骗行为。

5. 失信。失信作为单独的侵权行为是一个新趋势。失信主要是在违反保险合同的诉讼案中作为一条单独的起诉理由。例如，保险公司原本应承担赔偿责任，但它却拒绝赔付，这就是失信。它也被用于违反雇佣合同的案件中，如非法解雇等。

6. 侵犯他人的关系。主要有以下几种：

(1)中伤的言论。包括关于商品质量或财产权的虚假陈述。它与诽谤在某些方面十分相似，但这一侵权行为的实质在于恶意损害他人的经济关系以造成他人经济上的损失。

(2)不公平竞争。根据普通法，企业不能采用相似的商标、标签、包装等来冒充竞争者的商品。这种行为剥夺了竞争者的商誉价值，因此竞争者有权以不公平竞争为由提起诉讼。一旦公众购买了该仿冒品，并误认为是竞争者的产品，此时不公平竞争就开始了。

(3)侵犯雇用关系。主要有以下两种情况：

①雇员由于他人采用非法手段促使其被解雇，该雇员有权起诉。

②受害方由于他人采用不公平手段如威胁而使自己未被雇用，该受害方有权起诉。

(4)侵犯专利权、版权和商标权。专利权、版权和商标权属于财产权。虽然财产法是独立的法律体系，但侵犯这种财产权被视为侵权。

7. 滥用法律程序。主要采取以下两种形式：

(1)恶意起诉。指原告没有正当理由就向法院提出不恰当的恶意的刑事诉讼,但这种诉讼注定是要败诉的,因此被告可以恶意起诉为由提起侵权诉讼。尽管恶意起诉是建立在刑事诉讼的基础上,但它也可运用到特定的民事诉讼中,例如宣告破产的诉讼。

(2)滥用诉讼程序。例如,债权人进行刑事诉讼是为了强迫债务人还债。

8. 与财产有关的故意侵权。包括以下两种情况:非法侵入不动产和侵占动产。

(1)非法侵入不动产。土地的拥有者或占有者对土地具有独占权和使用权,未经许可进入他人土地就构成非法侵入。

(2)侵占动产。指故意非法地控制某项动产,损害了所有人的利益。也就是说,由于非法取用、处理、留置或严重损坏某项财产而使所有人被剥夺了财产的所有权。例如,车主将汽车委托某汽车商进行销售。如果该汽车商为了自己的事情驾驶这辆汽车行驶了 10 里,这并不构成侵占动产,因为如此短的距离并不会损坏汽车。但如果他开了 2 000 里,这就构成了侵占动产,因为车主被剥夺了使用权,并且该汽车商的使用降低了汽车的价值。

9. 妨害行为。可分为以下两类:

(1)私人妨害行为。指非法损害另一个人对不动产的使用权或享用权。例如,制造噪音。

(2)公共妨害行为。它影响全体公众或至少是影响相当一部分公众。例如,工厂排放有毒废物污染了河流,这就构成了公共妨害行为。

(三) 严格责任侵权

严格责任又称为绝对责任。严格责任有时也用来表明某些法律赋予的责任。根据侵权原则赋予的严格责任主要有以下几种:

1. 特别危险物品。拥有和保管特别危险物品的企业,无论是否尽到适当注意之责,都应对由该物品所引起的损害负责。这些物品包括炸药及易爆品、汽油、有毒的化学品、驯养的野生动物和家畜。

2. 高度危险作业。任何个人或机构对于从事高度危险作业所造成的损害应承担绝对责任。这些高度危险作业包括爆破、油井开发、采矿、生产危险化学品、储存汽油以及类似的活动。

3. 危险的并有缺陷的产品。严格责任也同样适用于危险的并有缺陷的产品。只要证明产品缺陷和损害事实就足以起诉厂商,即使厂商在产品生产过程中已尽到注意之责,该厂商仍应承担责任。

(四) 替代责任

以上所讨论的侵权仅涉及过失行为的直接责任,即过失方自身承担责任。而在某些情况下,本人自身并无过失行为,但对他人的侵权行为要承担责任,这种间接责任称为替代责任。

替代责任大多数发生在雇主和雇员之间。雇主对雇员在工作范围内的过失行为负有替代责任,这就是所谓的上级雇主负责制。任何由于雇员行为而遭受损害的第三方可以对雇主和雇员同时进行法律诉讼。

然而,雇主对于独立经营的承包商的侵权行为不承担责任。独立经营的承包商有自行处理承包事项的权力,不受雇主的管理。但在这种情况下有两种例外:

1. 不可转嫁的责任。雇主对于未履行不可转嫁的责任应负责。这一责任不能转移给任何人,包括独立经营的承包商。例如,房主对于出租的房屋公共部位的安全负有不可转嫁的责任。如果来客由于公共部位的缺陷而受到伤害,即使这一缺陷是由于独立经营的承包商施工所引起的,房主仍需对此负责。

2. 高度危险作业。若雇主雇用独立经营的承包商从事高度危险作业,则雇主对于由此而导致的损害负绝对责任。

雇主对于疏忽地选择或监督独立经营的承包商而引起的损害负责。然而,这一责任属于直接责任,而非替代责任。

二、合同责任

除了侵权以外,合同是另一个承担法律责任的依据。根据合同所产生的法律责任有以下两种。

(一)违约

合同是当事人达成的具有法律约束力的协议。每一方都具有履约的义务,如果一方不履约,那就构成违约,并由此可以对违约方提出损害赔偿要求,或者提出其他法律补救办法。责任保险通常不承保被保险人的违约责任。

(二)转移责任协议

许多合同都会订立转移责任协议。例如,房屋或汽车租赁合同、电梯维修合同、建筑合同、订单、租船合同。根据转移责任协议,合同一方当事人承诺对另一方当事人所遭受的特定损失予以赔偿。例如,租房人在租赁合同中向房屋所有人约定在租赁期间发生的火灾损失由租房人予以赔偿。在另一些情况下,甲方同意赔偿由于第三方向乙方的侵权诉讼而带来的抗辩费用和损害赔偿金。例如,建筑承包商在建筑合同中可以同意建筑所有人对于施工场所内造成第三方损害所引起的索赔可免责。根据转移责任协议,甲方有责任代替乙方来支付损害赔偿金。如果甲方没有能力支付该赔偿金,则乙方对于第三方索赔仍负有责任。

在转移责任协议中,甲方称为补偿方,乙方称为被补偿方,而补偿方所承担的责任为合同规定的责任。从风险管理的角度而言,转移责任协议属于非保险方式转移风险。

转移责任协议会产生责任风险,因此补偿方可采用保险方式来转移风险。一般而言,由于补偿另一方所承担的第三方索赔而产生的责任应采用责任保险,而由于补偿另一方财产损失而引起的责任应采用相应的财产保险。

三、相关法律所规定的特殊责任

以下所讨论的特殊责任都属于严格责任的范畴。

(一)劳工赔偿法

在美国,由法律规定责任的最典型例子是《劳工赔偿法》;在我国,则称为《工伤保险条例》。《劳工赔偿法》的基本目的在于使遭受工伤的雇员无需进行诉讼便可获得赔偿。该法规定雇主对于雇员因工作而遭受的伤害需支付法律所规定的赔偿金额。雇员的伤害必须是工作所引起的,并发生在工作期间。赔偿金用于补偿受工伤雇员的医疗费、部分或全部残疾而引起的收入损失以及康复费用。如果雇员死亡,雇主还需支付丧葬费和遗属抚恤金。

雇员只需证明他受到《劳工赔偿法》保护以及伤害是由于工作引起的并且发生在工作期间,这样雇主就有义务支付赔偿金。该风险可由雇主投保劳工赔偿保险来转嫁给保险人。

(二)其他相关法律

除了《劳工赔偿法》以外,各种法律也规定了特定情况下的严格责任,不论当事人是否侵权或有过失。以下通过两个例子予以说明:

1. 航空法一般都规定航空公司对于飞机起飞、降落、飞行或飞机中的物体坠落所引起的地面上人员伤亡或财产损失负绝对责任。

2. 美国一些州的法律规定,汽车所有人对于经允许的汽车使用者的过失驾驶需承担责任,无论该使用者是代表车主还是车主随便将车交于他人驾驶。然而,根据普通法,汽车所有人对于经允许的汽车使用者的过失行为无需承担责任;但有两种情况除外,使用者是车主的雇员或代理人,车主随便将车交于他人驾驶。

第二节 企业主要责任风险类别

从保险实际操作的角度来分类,企业责任风险可分为场所和经营责任风险、产品和完工责任风险、汽车责任风险、劳工赔偿和雇主责任风险、船舶责任风险、飞机责任风险、职业责任风险。在本节中将着重介绍前三种风险类别的相关法律原则。

一、场所和经营责任风险

场所和经营责任是指企业对以下原因造成的人身伤亡或财产损失需承担责任:事故发生在企业所拥有、租用的场所内,包括土地、建筑物和其他附属结构;事故并未发生在上述场所内,但它是由于企业正在进行的经营活动所引起的。这种责任通常是由于过失引起的,也就是说,企业未能履行适当的注意之责而直接造成他人的损害。

根据普通法,房产所有人对进入场所的人承担不同的注意之责,这主要取决于对方进入场所的原因。例如,房主对于被邀请的客人相对未经许可进入场所的成年人应给予更多的注意。但这一原则已被更改或废除。通常,房产所有人对进入场所的任何人都应承担适当的注意之责。

保险中所提到的场所和经营责任通常不包括故意侵权行为所导致的责任,如诽谤、侵犯著作权等。在特定情况下,场所和经营责任是建立在严格责任的基础上。例如,从事爆破的承包商对于爆破过程中对其他建筑物的损坏负严格责任。

与企业的场所和经营有关的合同附带规定的责任也属于场所和经营责任。这种责任风险是由于合同中订有负责约定而引起的,这类合同包括房屋租赁合同、维修合同、施工合同。

场所和经营责任还包括由于操作可移动设备,如推土机、起重机等而造成他人损害所引起的赔偿责任。但汽车、船舶、飞机责任则列为单独的责任风险。有关雇员的责任,无论是根据《劳工赔偿法》或普通法,都作为单独的责任风险。

二、产品和完工责任风险

(一)产品责任

产品责任是指制造商、批发商和零售商由于制造、经销、出售危险的有缺陷的产品而导致产品的消费者和使用者遭受损害,由此而承担的法律责任。

大部分产品责任诉讼案都采用过失责任制或严格责任制。

如采用过失责任制,原告必须证明制造商、批发商、零售商在设计、制造、经销、出售产品时未尽到适当的注意之责,由此而造成他人损害。过失责任制注重被告行为的合理性。

严格责任制注重产品本身是否有缺陷并且是否安全。即使制造商在生产过程中已尽到最大的注意之责,但产品仍是不安全的,那么任何参与销售该产品的人都应承担法律责任。这些人包括从制造商到零售商整个销售环节中的任何一个参与者,但不包括只是偶尔参与销售的人。

在采用严格责任制的诉讼案中,原告必须证明以下三个方面:

1. 当产品离开制造商的控制时就存在缺陷。

2. 这种缺陷使产品具有危险性。

3. 产品缺陷是原告受到损害的近因。

尽管产品责任诉讼案大多是指向产品的制造商索赔,但原告可以从任何销售方得到赔偿,包括批发商和零售商。

(二)完工责任

完工责任是指承包商或修理商等由于已完成的工作包括提供的有缺陷的部件或材料,从而造成他人的人身伤害或财产损失所引起的法律责任。

完工责任的法律原则经历了一系列的变化。最初,普通法规定的是已接受工程原则,即只要完工后被业主接受,则承包商对于因施工问题所导致他人受到损害不承担法律责任。随后,法院又规定了例外情况,例如承包商故意隐瞒工程中的缺陷。最终,许多法院都废除了这一原则,采用了过失责任制;而一些法院则采用了严格责任制。

三、汽车责任风险

汽车责任是指拥有、保养、使用汽车所引起他人的人身伤害或财产损失,由此需承担的法律责任。这里汽车的概念包括我们通常所说的轿车、卡车、拖车等。而可移动设备如起重机、推土机则不包括在此范围内,它们属于场所和经营责任风险。

(一)涉及汽车责任风险的活动

1. 所有权。根据普通法,仅汽车所有权一项并不足以构成由于疏忽驾驶而导致车主的法律责任。当车主将车借于他人并为他人目的服务时,车主对车的使用就不能加以控制,因此车主对于他人的疏忽驾驶不承担任何法律责任。但有些法律的规定改变了上述原则,即车主对明示或默示允许他人使用本车的行为要负责。因此,仅所有权这一项便可构成汽车责任。

2. 保养。汽车的疏忽保养有时可构成汽车责任。例如,刹车装置或轮胎的保养不善导致汽车事故,造成他人的人身伤害或财产损失,对于汽车保养不善应负责的人需承担法律责任。

3. 使用。由于汽车的过失驾驶而造成他人人身伤害或财产损失,受害方有权起诉疏忽驾驶者。判定驾驶者是否有过失即是否承担法律责任可依据有关的法律、法规、合同,甚至是特定的商业惯例。责任方包括疏忽驾驶者和所有其他对驾驶者行为负责的人。例如,雇主通常对雇员在工作期间的疏忽驾驶负责。虽然雇主并没有真正驾驶汽车,但在这种情况下他被视作使用汽车。使用汽车的概念远大于驾驶汽车的概念。例如,汽车作为可移动的办公室、仓库、商店等,它还可安装升降机、吊杆等用来装卸货物,这些使用方法也会产生汽车责任。

(二)他人驾驶所产生的责任

1. 雇主和雇员。雇主对于雇员在工作范围内使用和保养汽车的过失行为所造成的他人损害需承担替代责任。这时,雇员的过失行为归咎于雇主。汽车可以是雇主拥有、租用或借用的车辆,也可以是雇员及其家庭成员所拥有的车辆。而雇主对于独立经营的承包商的疏忽驾驶不承担责任。当雇员的行为超出了工作范围,雇主就无需承担责任。例如,货车司机驶离预定的路线回家吃饭,雇主对司机回家这一期间所发生的事故不承担责任;然而,雇主对司机吃完饭后驶回原定路线时所发生的事故承担责任。雇主允许雇员使用汽车的这一事实并不足以使雇主对雇员的疏忽驾驶承担责任。例如,雇员经允许将车开回家作私人用途,雇主对于这一期间雇员的过失驾驶就不承担责任。但有时雇员将车开回家是为了服务于雇主,例如雇主没有足够的车库用于停放车辆,在这种情况下,雇主对于雇员回家或上班期间所发生的事故负责。

2. 志愿者。志愿者并不能视为雇员,例如为慈善团体或文化机构工作的不收取工资的人员。志愿者如出现在志愿活动范围内的疏忽驾驶,可把责任转嫁给他们所服务的机构。

3. 借出的雇员。车主为出租给他人的汽车配备驾驶员,如果驾驶员的雇主即车主已无法控制驾驶员的行为,则租车人对驾驶员的过失行为负责。如果车主对借出的雇员行为的控制能力越大,则他所承担的责任也就越大。

4. 提供有缺陷的车辆。个人向他人疏忽地提供有缺陷的车辆而导致第三方的损害所引起的法律责任由提供车辆的一方承担。这一责任的产生并不是由于提供车辆一方的所有权,而是由于他在能够预见损害结果的情况下疏忽地提供有缺陷的车辆。一些法院针对二手车的买卖规定了例外情况:购买者应该知道二手车可能会存在缺陷,因此在车辆使用前应检查车辆是否有缺陷。

5. 疏忽委托。车主或任何有权控制车辆的个人对于他们将车辆交于不合格的驾驶者所造成他人的损害应承担责任。这里的驾驶者不包括在工作范围内使用车辆的雇员。为了证明疏忽委托成立,原告必须证实委托方知道受托方是不合格的驾驶人员,或委托方在尽到适当注意之责的情况下应该知道这一事实。例如,车辆租赁公司在没有询问租车人的资格条件等情况下,出租给他汽车便构成了责任。

第三节 企业责任风险控制

一、控制场所和经营责任风险

场所责任风险因素包括由于场所的保养不善而导致的建筑物、地面的危险情况。例如有缺陷的楼梯、昏暗的照明、积雪的路面、模糊的指示牌、暴露在外的电线或插头等。这些风险都可以通过定期检查并及时修理和纠正来加以控制。

由于大多数场所责任风险在时间和地点上相对较为固定,因此企业只要尽到注意之责就可以消除和控制这类风险。例如,汽车修理厂可通过严禁顾客入内来防止场所内的事故发生。对于有顾客或其他公众进入场所的企业(如商店)而言,火灾也是场所责任风险因素。有关法规规定了不同建筑物的火灾安全标准,并且这些标准被纳入建筑法规中。因此,企业应遵守法规中的有关规定;否则这不仅是违反法规,而且也证明了该企业没有采取足够的保护措施使他人免受火灾伤害,存在过失。

对企业在自己的场所外经营所产生的责任风险加以控制则较为困难,特别是当企业在他人场所内进行经营时。企业场所内的风险通常都是可以识别并纠正的,但企业场所外的风险是在企业经营过程中产生的,这就很难预测和控制。建筑承包商不同于其他在固定场所内经营的企业,它在不同的施工场所内面临着不同的风险。在大多数情况下,承包商都是在人口居住区进行施工,并且它对于这些区域的风险几乎无法控制。例如,拆房承包商并不总是被允许在施工期间阻碍交通,因此它在施工中应特别小心以确保不会损害公众和邻近的建筑物。

二、控制产品责任风险

虽然产品责任保险已被广泛使用,但它却无法涵盖产品责任的全部风险。例如,产品责任保险不承保产品自身的损失,同样也不承保被保险人的名誉损失,并且保单中规定的免赔额使被保险人需自行承担一部分损失,因此控制风险便显得尤为重要。

为了保证风险控制计划顺利实施,许多企业都建立了产品安全委员会。该委员会的成员包括高层管理人员以及来自科研、生产、销售、公共关系、法律、工程、采购、风险管理等部门的人员。该委员会的责任就是制定有关风险控制的企业方针,并确保各级人员能够较好地履行职责,每一位成员通常都直接参与从产品设计到销售整个过程中的安全问题。

产品责任风险控制是一项复杂的工程,它涉及生产过程的各个阶段。

(一)设计

产品设计这一阶段的作用是计划、设计、测试新产品。如果产品没有很好地设计或进行足够的测试,那么即使产品完全按照设计计划来生产和装配,产品责任风险的控制仍是相当困难。

在产品设计时,制造商能够预测到所有可能的使用和误用产品的方式是不可能的,特别是耐用品,而且设计和生产的产品能够符合将来的安全标准也是相当困难的。例如,40年前出售的一台机器符合当时的安全标准,但由于机器已不再符合现在的安全标准,制造商仍需对该机器所造成的损害承担法律责任。

产品除了按照政府或行业所规定的安全标准进行设计外,制造商还应遵循一些非成文的标准,即行业惯例。但有时一些安全标准由于已经不符合技术的变化而被忽略,在这种情况下,制造商应设计出符合现在技术条件的在经济上可行的产品。然而,尽管制造商已尽到注意之责,但在许多年后由于安全标准变得更加严格,该制造商仍有可能承担赔偿责任。

(二)制造和装配

在设计产品后,下一步就是进行生产。如果产品没有正确地生产和装配,即使设计合理,同样也会产生责任风险。

有关生产过程的讨论已超出本书范围,然而以下几点对于控制风险是相当重要的:

1. 对进库产品进行质量控制。
2. 合理储存原材料和零部件。
3. 在生产过程中进行产品抽查。
4. 对主要机件进行记录。
5. 对次品或返工产品的控制(如生产出大量次品,则表明生产系统存在缺陷)。
6. 在装运前进行全面检测。
7. 正确标记产品或包装产品。
8. 必要时,需对产品进行更改。

制造商在生产过程中通常采用其他厂商所提供的原材料和零部件。在处理这些原材料和零部件时,应该和处理由自己生产的产品一样仔细,即正确处理、检查、测试由他人所提供的原材料和零部件。判例法中明确规定,当制造商的产品造成他人损害是由于制造商所采用的其他厂商的零部件所引起的,该制造商对此予以负责。也就是说,如果有缺陷的零部件被用于制造商的产品中,并且此缺陷通过合理的测试和检查可以被发现,但该制造商没有进行检查或疏忽检查,由此而造成他人的损害由制造商予以负责。

(三)广告

即使产品被正确地设计和生产,但广告的误导或缺乏足够的警告和指导仍能产生风险。因此,广告应由工程人员、法律人员、产品安全委员会进行协调,以确保所有材料都能够准确和清楚地说明产品的性能和使用方法。广告的用词不应过于夸大事实,应真实反映产品能做什么而不能做什么,以及如何安全使用该产品。制造商的广告部门应将这一宗旨传达给企业职员、广告代理、产品的经销商和零售商。

(四)包装

在大多数产品的销售过程中,包装是必不可少的,它包括用于有毒化学药品、炸药和重型机器等产品的容器。产品的包装被视为产品本身。如果包装有缺陷,则该包装的制造商和销售商对于包装所引起的损害应负责,因此包装的设计和生产与其他产品同样重要。

(五)使用手册

使用手册的内容通常是有关产品的安装、操作、维修、保养以及售后服务。它的目的在于帮助用户了解产品,例如产品由什么组成、如何使用、用户应该做什么而避免做什么等。制造商在编写使用手册时应考虑以下几点:

1. 技术人员所熟悉的术语可能不被其他人所理解,因此使用手册应采用可以被消费者所理解的语言。
2. 对指导产品安装和操作的原则和标准需加上附注。
3. 应着重强调那些使产品能够正常使用的关键步骤。
4. 当产品属于易燃品或危险品时,需注有适当的警告。
5. 必要时,应附上图片来说明产品的安全防护措施和操作者的个人保护装置。

(六)安装和售后服务

在产品被出售后,制造商或独立经营的服务机构将提供安装、保养、维修等售后服务。售后服务可作为控制产品责任风险的方法,因为良好的售后服务将在事故发生前查出并纠正产品所存在的问题。通常,安装或修理人员最早知道产品是否可以正常工作,因此他也应该最早通知制造商。及时发现产品缺陷不仅可以控制风险,而且还可以降低由此而产生的费用。售后服务人员的培训、适当的技术支持、售后服务人员和制造商之间畅通的信息沟通渠道都是产品责任风险控制的重要方面。

(七)保存记录

保存记录是控制产品责任风险的关键部分。企业应保存所有关于产品的资料,包括由其他厂商所提供的零部件,以及关于从产品的研制、设计、测试到出售、售后服务整个生产过程的质量控制标准的资料。记录保存的期限至少是产品的预期使用寿命。

记录对于风险控制十分重要,主要有以下三个原因:

1. 记录可用于查找造成产品缺陷的某一部门和生产阶段。例如,记录表明供应商提供的零部件在使用前没有进行检验,如果没有相应的记录,厂商很难查出原因所在。

2. 当产品被认为有严重缺陷时,记录使厂商从市场或消费者手中收回该产品较为便利。

3. 记录可用来帮助企业在诉讼案中进行抗辩。一旦厂商被起诉,他必须迅速整理出详细资料为抗辩做准备。记录越综合全面,厂商越容易支持自身的论点。只要厂商能够证明造成损害的原因不是产品本身而是使用者的疏忽,这样他就能够胜诉。

以下三类文件在产品责任诉讼案中有相当重要的作用:

1. 业绩文件。包括企业内部有关指导性原则的文件,例如制图标准手册、安全准则手册、工程检测程序手册;用于设计、建造、测试、检查或警告的核对清单;外部关系文件,例如供应商手册、客户关系手册。

2. 审核手册。用于控制企业是否达到业绩文件中所规定的要求。董事会和企业职员的审核十分重要,同样,私人检测机构、消费者协会、鉴定机构和政府监督官员所提供的证明文件也十分重要。

3. 系谱文件。包括使企业可通过产品型号或生产批号来查找产品的历史资料的所有记录。

(八)产品回收计划

当产品被证明或怀疑存在缺陷或在使用时有危险,政府有关部门会要求厂商回收产品或通知消费者将产品交给厂商的授权代理处进行检查或修理。有时政府并未强制回收产品,但厂商因怀疑产品有缺陷而自愿回收产品。这是一种有效的风险控制方法,因为回收产品使厂商在消费者受到伤害之前能够纠正产品缺陷。

在控制产品责任风险时,企业需要建立一个能够与消费者沟通并且能够回收产品的完善的系统。通过这一系统,企业应尽可能快地将产品缺陷通知经销商、零售商、消费者,并且能迅速有序地回收、检查、修理、置换这些有缺陷的产品。在回收产品时,速度至关重要,因此企业需要制定产品回收计划。

保存记录是产品回收计划的一个重要部分,记录可用来查找需要回收、修理、置换的产品型号和生产批号以及产品经销商和销售区域。在产品的设计、生产、检测、装运阶段都应进行记录并加以保存。经销商和零售商既可以通过销售发票来查找产品的购买者,也可以通过其他媒体通知消费者。

产品回收计划的成本较为昂贵,然而如果企业不实施这一计划,则后果将更加严重。对于已知的风险不采取任何措施进行控制,则整个风险控制计划将会失败。消费者对于那些不关心他们利益的企业会丧失信心。

三、控制汽车责任风险

车辆保养不善、其他驾驶人员的过失,以及恶劣的气候、路面条件等许多因素都会导致车辆事故,但大多数的车辆事故都可归咎于人的因素,例如驾驶习惯和驾驶者的年龄。

当企业开始识别汽车责任风险的主要来源时,那些保存了过去损失记录和损失频率、程度的企业是十分有利的,因为这可以用来预测将来可能发生的损失和识别可能发生事故的驾驶人员。无论企业是否保存了有关车辆事故的记录,在挑选新的驾驶员时都会考虑到他们的驾驶经验和过去的驾驶记录。对于受雇的驾驶员也应定期查看驾驶记录。如果一名驾驶员在工作期间记录良好,但在非工作期间却发生了车辆事故,这就表明需要采取纠正措施。

当企业通过适当的方法识别出汽车责任风险的来源时,下一步就是采取相应的措施控制风险。如果驾驶员多次严重地违反交通规则或发生车辆事故时,最好的解决方法是替换他。对于几乎没有违规驾驶或只有一到两次较小的车辆事故的驾驶员,解决方法是让他参加驾驶员安全培训班。这种方法也可用于较好的驾驶员,作为预防措施。如果企业在发现问题后不采取纠正措施,那么整个风险控制计划就会失败。

尽管上述有关控制汽车责任风险的讨论仅涉及驾驶人员,但它们同样适用于其他与车辆有关的人员。因此,对于所有与车辆有关的人员,企业都应制定并实施标准安全操作程序。例如,负责保养车辆的机械工与车辆驾驶人员对于风险控制计划同样重要。

注重驾驶人员的选择、培训和管理并不等于排除其他方法的重要性,例如妥善保养车辆、制定适当的行程。

复习思考题

1. 试解释下列名词:侵权,过失,特定的损害赔偿金,一般的损害赔偿金,共有过失,比较过失,替代责任,转移责任协议,劳工赔偿法,产品责任,完工责任。
2. 简述过失构成的要素。
3. 在过失诉讼案中,被告可以使用哪几种抗辩方法?

4. 概述故意侵权的分类。
5. 根据侵权原则,在哪些情况下会赋予企业承担严格责任?
6. 分析场所和经营责任风险,以及怎样加以控制。
7. 为什么说产品责任风险控制是一项复杂的工程?
8. 分析汽车责任风险,以及怎样加以控制。

第六章 风险衡量

第一节 风险衡量的基本概念

识别风险有助于了解某一特定风险可能会在什么情况下发生。衡量风险则有助于了解某一特定风险发生的频率、损失的潜在程度，以及对损失频率和程度估计的可信度。衡量风险的重要性在于它能使风险管理人员判断各类风险的严重性，并选择相应的对付风险的办法。

一、潜在损失频率

潜在损失频率是在一定时期内可能发生损失的次数。例如，估计某一幢建筑物遭受盗窃的可能性是每两年一次，然而估计遭遇火灾的可能性是每一百年一次。通常来讲，损失频率比损失程度要容易估计一些。在实际管理中，大公司里的某些风险的损失频率可以被估计得相当准确。例如，拥有1 000辆汽车的公司能较准确地预测在一定时期内对车辆造成损坏的事故次数；某家每天发运成百吨货物的商业企业也能准确地预测出在某一年内货物将遭受运输途中损失的次数。重大的财产损失发生的频率并不高，大多数企业也没有足够多的风险单位来准确预测损失频率，但是进行允许在一定范围内出差错的估计总比对损失毫无估计的要好。

二、潜在损失程度

潜在损失程度是一次事故可能造成损失的严重程度。损失程度先是用物质损失后果来衡量：一场风暴发生的地域范围有多大？某一晚上有多少个风险单位会遭到盗窃？衡量物质损失后果后，再衡量经营损失后果，最后是衡量其财务损失后果。在大多数情况下，损失发生的程度都不同，例如，风暴造成的损失有大有小，地震可在里氏一级以上变动并造成不同程度的损失。损失程度的大小有赖于不断变化的条件。例如,火灾若发生在大多数商店都关门的夜晚,其程度通常要比在白天严重。

三、最大可能损失

最大可能损失是某一风险单位在一次事故中遭受全部损失的价值。在某一幢建筑物及建筑物内物品遭受火灾中的最大可能损失通常就是整幢建筑物或火险分割区及建筑物内或火险分割区内的物品的价值(火险分割区是指建筑物内由防火墙分开以阻止或减缓火灾蔓延的部分)。当风险管理人员选择风险补偿的筹资方法或一旦选定保险要确定保险限额时,必须考虑最大可能损失。火灾并不总是最严重的灾害事故,如果一幢大楼是由防火材料砌成,并由防火墙隔开成几个部分,火灾带来的危害可能并不严重。

四、最大可信损失

火灾损失可能会因配备自动喷水灭火装置等防火措施而减轻。因此,可能发生的最大损失不会超过最大可能损失,这可能发生的最大损失就是最大可信损失。

图 6-1 可说明最大可信损失。某场所有两幢大楼:大楼 A 和大楼 B。大楼 A 由两幢防火墙分成三个部分,部分 1 的建筑物及其内物品价值为 10 万元,部分 2 为 20 万元,部分 3 为 30 万元。另一幢大楼 B 的总价值为 100 万元,距离大楼 A 30 米,其中隔着一条宽 20 米的小河。在决定最大可能损失和最大可信损失时,必须考虑防火墙和两幢楼间的距离能否有效地起到隔离大火的作用,这项工作有时是请防火专家来做的。假设专家的报告是所有的隔离措施都符合标准,那么火灾的最大可能损失是 100 万元(大楼 B 的价值),因为大楼 A 和大楼

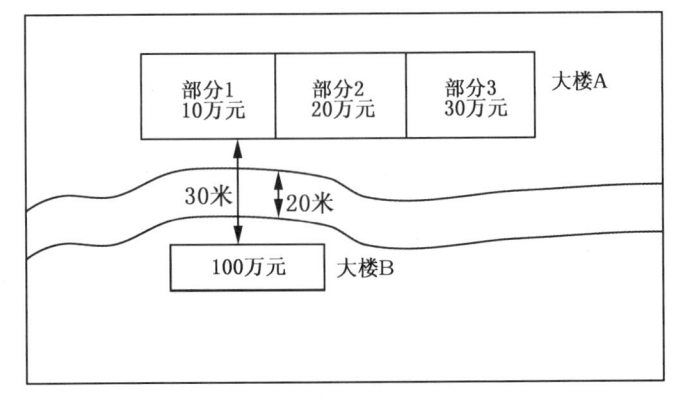

图 6-1 最大可能损失和最大可信损失

B不会遭受同一次火灾。如果两幢大楼都装备了自动消防系统,最大可信损失被判断为财产价值的某一百分比,比如说40%,即40万元。但此时最大可能损失仍是100万元,因为自动喷水灭火系统有可能失灵。

如果单独考虑大楼A并假设防火墙符合标准,那么其最大可能损失和最大可信损失都是30万元;如果大楼是防火结构,楼内物品可燃性能都很低,或大楼内安装了自动喷水灭火系统,那么最大可信损失将低于30万元。

我们之所以判断任何一次火灾的最大可能损失都是100万元,是因为两幢大楼不可能同时遭到火灾。我们还必须认识到除了火灾外还有其他的危险存在。由于大楼A、B间隔着一条河,一旦河水泛滥可能会同时给两幢大楼带来灾难,因而还须考虑这个地方洪水发生的可能性及其危害程度。一场风暴也可能同时使两幢大楼损坏。

最大可能损失和最大可信损失对风险管理人员和保险公司在承保时判断风险程度来说很有价值。尤其是最大可信损失对于承保很有用,因为承保人关心的是大量风险单位平均的损失后果。

衡量潜在的最大损失时必须注意到一次重大损失可能涉及的多种损失原因和损失后果。地震过后可能就有火灾和爆炸,飓风和洪水可能会相伴而来,而且许多损失有多种损失后果。例如,一场严重的火灾通常不仅导致财产直接损失,还会使营业或生产中断,并带来额外费用。因此,在衡量损失程度时要综合考虑损失的方方面面,判断可能发生的最大损失是多少。

五、可信度

可信度通常是指人们以现有数据资料准确预测未来损失所感到的信任程度,它是一种统计估计。可信度在决定保险或非保险方法的使用上起很大作用。例如,假设预测的损失在图6-2中所示的范围内。风险管理人员预测平均损失将沿着"预期"线而移动,最大可信损失将沿着"最大"线而移动,最小可信损失将沿着"最小"线而移动。如果预测的可信度高,实际损失偏离"预期"线绝不会超出"最大"或"最小"线。该图所示的是某家已经营多年、业务量稳定增长的大轮船公司的运输索赔损失情况,其损失不确定性很小,因而该公司可不必投保。

图6-3显示了有多处营业场所的大公司遭受火灾损失的情况。通常每年都要发生火灾损失,然而在第4年损失轻微,第8年又发生了严重损失。这些损失可能被预测的程度并不高,其数据资料的可信度低。企图使用公司的营业预算来补偿这种损失会给公司带来灾难性的后果。

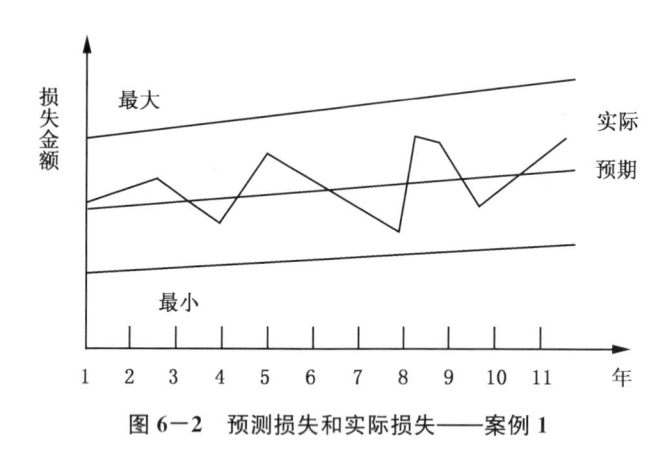

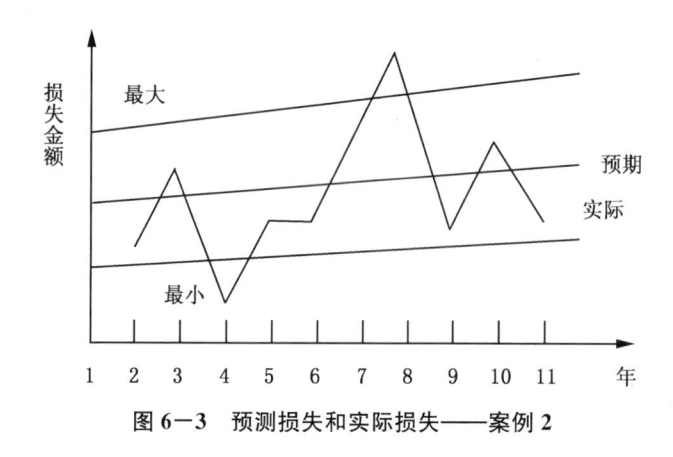

图 6-2 预测损失和实际损失——案例 1

图 6-3 预测损失和实际损失——案例 2

第二节 风险衡量和概率分布

对损失风险的衡量可应用概率分布的知识。虽然一般企业难以取得所需的损失数据,也不易进行解释,但它正在成为现代风险管理的一种手段,至少它有助于人们对损失风险衡量的认识,对决定选择何种风险管理手段也有参考价值。

损失风险的衡量涉及三种概率分布:每年的损失总额(或季、月);每年损失发生的次数(损失频率);每次损失的金额(损失程度)。

试举一个简单的例子加以说明。

一家企业拥有一支由 5 辆汽车组成的车队,每辆车的价值为 10 000 元,衡量该车队因碰撞事故而遭受车辆损失的风险。这需要估算以下三种概率分布。

一、每年因碰撞事故可能遭受的车辆损失总额

假设该车队每年的车辆损失总额的概率分布如下：

损失总额	概率
0	0.606
500	0.273
1 000	0.100
2 000	0.015
5 000	0.003
10 000	0.002
20 000	0.001
	1.000

根据这一分布，该车队不受损的概率为 0.606，受损概率为 0.394，损失等于和超过 5 000 元的概率为 0.006。上述概率分布至少有三种用途：它帮助确定损失总额等于或超过保险费的概率；如果该车队自担风险，确定能造成财务困难的损失总额的概率；确定最大可能损失和最大可信损失。我们可以假定保险费为 500 元，该车队风险自担限额为 5 000 元，就能计算前两种概率。最大可能损失可定为 50 000 元，最大可信损失是 20 000 元。

根据这个分布还可计算损失总额的期望值，它也能反映损失频率和损失程度。

$$E(X)=\sum_i X_i P_i = 0\times 0.606 + 500\times 0.273 + 1\,000$$
$$\times 0.100 + 2\,000\times 0.015 + 5\,000$$
$$\times 0.003 + 10\,000\times 0.002 + 20\,000$$
$$\times 0.001$$
$$=321(元)$$

两个不同的概率分布可能有相同的期望值，但它们的变差有别。如果该车队能确知每年将会发生的损失，就没有变差或风险，可以把损失作为业务费用开支。如果变差大，把潜在的损失风险转移给保险公司才是明智的策略。统计学经常使用标准差来估计这种变差，即期望值的离散程度。以上面的概率分布为例，计算标准差。

（1）	（2）	（3）	（4）	（5）
损失额	损失额－期望值	（损失额－期望值）^{2}	概率	（3）×（4）
0	0－321	－321^2	0.606	62 443
500	500－321	179^2	0.273	8 747
1 000	1 000－321	679^2	0.100	46 104
2 000	2 000－321	1 679^2	0.015	42 286
5 000	5 000－321	4 679^2	0.003	65 679
10 000	10 000－321	9 679^2	0.002	187 366
20 000	20 000－321	19 679^2	0.001	387 263
				799 888

标准差＝$\sqrt{799\ 888}$＝894（元）

假设基本条件相同，期望值和标准差将随风险单位增加而增加。如果该车队的车辆增至 20 辆，期望值将增加 4 倍，而标准差只增加 $\sqrt{4}$ 倍，即 2 倍。因此，不确定性或风险相对减少，大数法则在保险经营中的意义也源于此种数理。

概率分布的建立可依据历史资料，通过观察一个长时期内不同的损失额在相同条件下出现的次数可估算出每种结果的概率，但要根据汽车修理费用上升、汽车数量增加等变化对损失额做些调整。也可以使用理论概率分布估算损失风险。最重要的理论概率分布是正态分布，但它不适用于上面这个例子，因为正态分布只适用于存在许多风险单位的情况。在大多数情况下，它不是一个令人满意的近似值。

二、每年碰撞事故发生的次数

估计每年事故发生次数的理论概率分布是泊松分布。根据这一分布，事故发生 r 次的概率是

$$P(r)=\frac{M^r \mathrm{e}^{-m}}{r!}$$

式中：M＝平均数；

$\mathrm{e}=2.718\ 28$；

$r!=r(r-1)(r-2)\cdots 1$；

r＝事故发生次数。

沿用上例，假设该车队每两年发生一次碰撞事故，平均数 m 是 0.5，根据这个公式可得出下面的概率分布：

碰撞事故次数		概率

$$\begin{array}{ll}
0 & \dfrac{0.5^0 e^{-0.5}}{0!}=\dfrac{1\times 0.606\,5}{1}=0.606\,5 \\[6pt]
1 & \dfrac{0.5^1 e^{-0.5}}{1!}=\dfrac{0.5\times 0.606\,5}{1}=0.303\,3 \\[6pt]
2 & \dfrac{0.5^2 e^{-0.5}}{2!}=\dfrac{0.25\times 0.606\,5}{2\times 1}=0.075\,8 \\[6pt]
3 & \dfrac{0.5^3 e^{-0.5}}{3!}=\dfrac{0.125\times 0.606\,5}{3\times 2\times 1}=0.012\,6 \\[4pt]
\cdots & \cdots \quad\cdots\quad \cdots
\end{array} \Bigg\} 0.998\,2$$

泊松分布假设碰撞事故发生的次数是无限的,但在这个例子中超过三次事故的概率就很小,只有0.001 8。据研究,应用泊松分布要满足两个条件:至少要有50个单独面临损失的风险单位;每个风险单位的受损概率相同,并小于1/10。显然,我们上面的例子并不符合这两个条件。

三、每次碰撞事故所造成的车辆损失

根据历史资料,我们可以假设这样一个概率分布:

每次事故损失额	概率
500	0.900
1 000	0.080
5 000	0.018
10 000	0.002
	1.000

根据这一分布,我们可以计算出每次事故损失额超过特定数值的概率、期望值和标准差。对数正态分布曲线能适当描述这种每次事故损失额的概率分布。

如果损失发生次数的概率分布和每次损失金额的概率分布已知,我们也可以得出损失总额的概率分布。假设下面两个概率分布:

损失发生次数	概率	每次损失金额	概率
0	0.80	500	0.90
1	0.15	1 000	0.10
2	0.05		

(1) 发生一次损失金额为500元的概率是:

$0.15\times 0.90=0.135$

(2) 发生一次损失金额为1 000元的概率是:

0.15×0.10＝0.015

(3)发生二次损失金额为 500 元的概率是：

0.05×0.90×0.90＝0.040 5

(4)发生二次损失金额为 1 000 元的概率是：

0.05×0.10×0.10＝0.000 5

(5)发生一次损失金额为 500 元和一次损失金额为1 000元的概率是：

0.05×(0.90×0.10＋0.10×0.90)＝0.009

(6)没有发生损失的概率是 0.80。

因此，损失总额的概率分布是：

损失总额	概率
0	0.800 0
500	0.135 0
1 000	0.015 0 ⎫ 0.055 5 0.040 5 ⎭
1 500	0.009 0
2 000	0.000 5
	1.000 0

倘若损失发生次数和每次损失金额有更多可能的结果，计算损失总额的概率分布就会相当麻烦，但可借助于计算机程序。

第三节 估计每年事故发生次数的另外两个理论概率分布

前面曾使用泊松分布估计每年事故发生次数的概率分布，这里再使用另外两个理论概率分布来估计每年事故发生次数：二项分布和正态分布。在有些情况下，二项分布比泊松分布更为适用。虽然正态分布在很少情况下提供近似值，但只要使用得合理，它就是一种简便方法。

一、二项分布

假定：(1)一个企业有 n 个单独面临损失的风险单位(如汽车、仓库、人)；(2)每个单位在一年内至多遭受一次事故损失；(3)任何一个单位在该年遭受一次事故损失的概率是 P。

按照二项分布，该企业在一年内遭受 r 次事故损失的概率是：

$$\frac{n!}{r!(n-r)!}P^r(1-P)^{n-r}$$

$P^r(1-P)^{n-r}$ 表示特定的 r 个单位将遭受一次事故损失,而其余 $(n-r)$ 个单位不遭受一次事故损失的概率(合成概率)。$\frac{n!}{r!(n-r)!}$ 表示能从 n 个单位中找出 r 个单位遭受一次事故损失的方式。例如,在上文中使用的一支由 5 辆汽车组成的车队例子中,第一辆和第二辆汽车将遭受事故损失,而第三、四、五辆汽车不遭受事故损失的概率是 $P^2(1-P)^3$。该车队能以 $\frac{5!}{2!(5-2)!}$,即以 10 种方式遭受二次事故损失:

汽车 1 和 2　　　　2 和 3　　　　3 和 4　　　　4 和 5
　　1 和 3　　　　2 和 4　　　　3 和 5
　　1 和 4　　　　2 和 5
　　1 和 5

因此,该车队将遭受二次事故损失的概率是 $10P^2(1-P)^3$。假定 $P=1/10$,该车队事故方式次数的概率分布如下:

事故发生次数　　　　　　　　　　　　　　　概率
　　0　　$5!/(0!5!)\times(1/10)^0\times(9/10)^5=0.590\ 49$
　　1　　$5!/(1!4!)\times(1/10)^1\times(9/10)^4=0.328\ 05$
　　2　　$5!/(2!3!)\times(1/10)^2\times(9/10)^3=0.072\ 90$
　　3　　$5!/(3!2!)\times(1/10)^3\times(9/10)^2=0.008\ 10$
　　4　　$5!/(4!1!)\times(1/10)^4\times(9/10)^1=0.000\ 45$
　　5　　$5!/(5!0!)\times(1/10)^5\times(9/10)^0=\underline{0.000\ 01}$
　　　　　　　　　　　　　　　　　　　　　　$1.000\ 00$

至少发生一次事故的概率是 $1-0.590\ 49$,约为 0.41。发生多于一次事故的概率是 $1-0.590\ 49-0.328\ 05$,约为 0.08。

期望值和标准差能用通常办法计算,但有一种更简便的方法,统计学家已证明二项分布的期望值是 $n\times P$,标准差是 $\sqrt{nP(1-P)}$。因此,该车队事故发生次数的期望值是 $5\times\frac{1}{10}=0.5$。换言之,该企业平均每两年遭受一次事故损失。标准差是:$\sqrt{5\times\frac{1}{10}\times\frac{9}{10}}=\sqrt{\frac{45}{100}}=0.67$。相对平均数的风险是 $\frac{0.67}{0.5}=1.34$,相对风险单位数的风险是 $\frac{0.67}{5}=0.134$。

尽管从二项分布得出的事故发生次数的概率分布是非常有价值的,但人们

还是要估计 P。两个面临相同情况的人可能做出不同的估计。例如,一个人估计发生一次事故的概率是 0.15,另一个人对它的估计是 0.05,真正的未知数可能是 0.10。显然,对 P 的估计错误会影响整个概率分布的有效性。但是,即使是粗略的概率分布总比完全没有信息资料要好。P 的值可以通过仔细分析企业的历史经验数据和其他补充资料来估计。

根据二项分布来更仔细地分析也是有意义的。按照标准差与风险单位数相比较的公式:

$$风险 = \frac{\sqrt{nP(1-P)}}{n} = \sqrt{\frac{P(1-P)}{n}}$$

当损失可能性是 0 或 1 时,风险是 0,这与风险的定义相一致;而且,当损失可能性是 0.5 时,风险处在其最大值。这一结论可用直觉验证。假如一个人对一件有两种结果(损失或者没有损失)的事情的最终结果感到最不确定时,可能性就是 50∶50。

对这种风险估算来说,风险随着风险单位数增加而减少,但风险减少不与单位数增加成比例。例如,当风险单位数从 n_1 增加到 n_2,其他不变,与 n 有关的风险从 $\sqrt{\frac{P(1-P)}{n_1}}$ 减少到 $\sqrt{\frac{P(1-P)}{n_2}}$。把 n_1 风险单位的风险与 n_2 风险单位的风险加以比较:

$$\frac{\sqrt{P(1-P)/n_1}}{\sqrt{P(1-P)/n_2}} = \frac{\sqrt{n_2}}{\sqrt{n_1}}$$

假设 $n_1=4, n_2=16, \frac{\sqrt{n_2}}{\sqrt{n_1}}=2$。因此,风险随着风险单位数增加而减少,但只是与相对增加数的平方根有关。n 从 100 增加到 10 000 在减少风险方面比从 10 000 增加到 100 000 更为有效,虽然后者的绝对数增加大得多。

只要每个风险单位每年至多遭受一次事故损失,不论 n 值的大小,二项分布都是适用的。如果每个风险单位每年可能遭受多次事故损失,泊松分布则更为适合。

二、正态分布

如果一个企业至少有 25 个风险单位,P 大于 1/10,正态分布就非常近似于二项分布,习惯上就假定它为正态分布。因为这样较容易确定事故发生次数在一定值域的概率。

现举例说明:假设一个企业有 100 个风险单位,每个单位发生一次事故的概

率是 1/10,事故发生次数的期望值是 $100 \times 1/10 = 10$。事故发生次数的标准差是:

$$\sqrt{nP(1-P)} = \sqrt{100 \times \frac{1}{10} \times \frac{9}{10}} = 3$$

求事故发生次数在 4 与 16 之间的概率。

利用正态分布公式:

$$P(a<x<b) = P(\frac{a-u}{\sigma} < z < \frac{b-u}{\sigma})$$
$$= \Phi(\frac{b-u}{\sigma}) - \Phi(\frac{a-u}{\sigma})$$

得

$$P(4<x<16) = P(\frac{4-10}{3} < z < \frac{16-10}{3})$$
$$= P(-2<z<2)$$
$$= \Phi(2) - \Phi(-2)$$

经查标准正态表,
$$P(4<x<16) = (0.500\,00 + 0.477\,25) - (0.500\,00 - 0.477\,25)$$
$$= (0.977\,25 - 0.022\,75) = 0.954\,50$$

由此可知,该企业事故发生次数在 4 和 16 之间的概率为 95.45%,事故发生次数超过 16 次的概率约为 2.3%。当风险单位数增加,概率的精确性会变得欠重要。

复习思考题

1. 试解释下列名词:最大可能损失,最大可信损失,火险分割区,可信度。
2. 风险衡量涉及哪三种概率分布?
3. 解释每年损失总额概率分布的用途。
4. 假设下面两个概率分布,计算损失总额的概率分布:

损失发生次数	概率	每次损失金额	概率
0	0.70	1 000	0.70
1	0.20	2 000	0.30
2	0.10		

5. 按照标准差与风险单位数相比较的公式来分析风险。

第七章　风险管理的方法

第一节　风险控制方法

在风险识别和分析、风险衡量工作完成后,风险管理人员应分析各种不同的风险管理方法,即对各种方法的可行性、成本及收益加以分析,只有这样才能从中选出最适当的风险管理方法。风险管理方法可分为风险控制方法和风险筹资方法。在这一章中,将分别介绍这两类风险管理方法[①]。

一、避免风险

避免风险是指不承担风险或完全消除已承担的风险,将损失发生的可能性降为零。从对付特定风险的角度而言,避免风险是最彻底的风险管理方法,因为它使损失发生的可能性绝对为零,即完全避免了损失的发生。但这一风险管理方法的应用有它的局限性,具体来说,有以下几点原因:

1. 某些风险是无法避免的。例如,地震、洪水、海啸等自然灾害对人类而言是不可避免的。

2. 风险的存在往往伴随着收益的可能,避免风险就意味着放弃收益。例如,避免财产损失风险的唯一方法是不拥有任何财产,但同时也丧失了拥有财产所带来的潜在收益。因此,对于大多数的风险而言,避免风险是一种不太可行的方法。

3. 在避免某种风险的同时,可能会产生另一种风险。例如,某人为避免飞机坠毁的风险而改乘火车,虽然这一行为本身避免了乘飞机的风险,但又产生了乘火车的风险。

---

① 本书第一、四、五章中对风险控制方法中的避免风险、防损和减损有所论述,本节从简。

二、预防损失

预防损失是指降低损失发生的频率。这一风险管理方法和避免风险有所不同。避免风险能够完全消除损失发生的可能性,因而在风险管理中无需其他的风险管理方法加以补充。然而,预防损失只能减少损失发生的可能性,并不能完全消除风险,因此还需要其他的风险管理方法来处理剩余的风险。

同样,预防损失和减少损失也是有区别的。预防损失侧重于降低损失频率,并且这一方法可能会减少一段时期内的损失总量,但不能减少一次事故的损失程度。而减少损失侧重于减少损失程度。事实上,某些风险管理措施可同时预防损失发生次数和减少损失程度。例如,车辆的时速限制不仅减少了交通事故的数量,而且还降低了事故的损失程度。大多数预防损失的措施与损失成因有着紧密的联系。通常,预防损失是在损失发生之前,是为了消除可能会导致损失发生的一系列因素的作用而采取的措施。例如,火灾发生的三要素为燃体、氧气、热源。为了防止火灾发生,只要消除三个要素中的任何一个即可。

三、减少损失

减少损失是指减少损失发生的程度,它可分为损前措施和损后措施。损前措施着重于在损失发生前减少一次事故所涉及的财产及人员数量;而损后措施则注重在损失发生后的应急措施、抢救及恢复工作、法律辩护等,以防止损失扩大。

四、分离风险单位

分离风险单位包括两种风险管理方法:分割风险单位和复制风险单位。两者都是减少企业对于某一资产、经营活动或人员的依赖性,从而使一次事故的损失程度变小,使损失更加容易预测。

分割风险单位是将面临损失的单一的风险单位分为两个或两个以上独立的单位,并且每一风险单位都应投入使用。例如,在几家工厂生产同一部件,在一幢建筑物内建造防火墙。当某一风险单位发生全损,而其他未受损的风险单位对于企业的正常经营仍是有保障的。在这种情况下,比较适合采用分割风险单位的方法。

复制风险单位是指企业保存备用的资产或设备,只有在使用的资产或设备遭受损失后才会使用这些备用品。当某一重要资产或设备遭受损失的后果值得企业承担持有备用品的成本时,才适合采用复制风险单位的方法。例如,企业设有两套会计记录、储存设备的重要部件、配备后备人员等。

分割风险单位和复制风险单位两者之间有所不同,并且和减损措施又有所区别。第一,与减损措施不同的是,分割和复制风险单位都不会减少单个风险单位的损失程度。第二,分割和复制风险单位能够减少一次事故的损失程度,但对于损失频率的影响却有所不同。分割风险单位会增加损失频率,因为存在多个风险单位而不是单个风险单位面临特定的风险;而复制风险单位不会增加损失频率,因为备用的资产或设备不会面临正在使用的资产或设备所面临的特定风险。第三,分割风险单位对特定风险的预期损失的影响是不确定的,这主要取决于分割风险单位所引起的损失程度减少和损失频率增加两者之间的关系;而复制风险单位会减少特定风险的预期损失,因为复制风险单位在不增加损失频率的同时减少了损失程度。

分离风险单位的这两种方法往往成本过高,因此作为风险管理方法并不太实用。分割风险单位的方法不会被专门采纳,而是作为其他管理计划的附带结果。例如,企业只有在满足自身生产需要时才会建造新的仓库,而不会仅仅出于风险管理的考虑就做出此项决定。此外,只有当管理人员意识到备用资产或设备的重要性时,才会出于风险管理的考虑而采用复制风险单位的方法。

五、风险控制项下的合同方式转移风险

合同方式转移风险在整个风险管理中是不可缺少的一部分,它可分为以下两类:

1. 风险控制项下的合同方式转移风险。按照合同约定,转让人有权要求受让人从事特定的活动并承担相应的风险,以此将风险转移给他人。

2. 风险筹资项下的合同方式转移风险。根据合同,将特定损失的财务后果转由除保险公司以外的其他人承担,即受让人承诺对转让人所遭受的损失予以补偿。这种方式与保险十分类似,唯一的区别是受让人的性质不同,前者是除了保险公司以外的其他人,而后者是保险公司。

风险控制项下的合同方式转移风险和风险筹资项下的合同方式转移风险之间存在一定区别:前者是由受让人从事带有风险的活动,而后者是由转让人从事带有风险的活动;前者中受让人的义务是从事特定活动并承担由此而产生的损失,而后者中受让人的义务是补偿转让人所遭受的损失。

现举例说明这两种方法。假定甲方雇用乙方填实流沙区。在合同中,双方约定由乙方使用自己的推土机进行工作,并承担工程期间推土机的所有损失。对于甲方而言,这一合同属于风险控制项下的合同方式转移风险,即甲方将填实流沙区这一活动和可能产生的损失转嫁给乙方。

工程开始后,乙方要求在合同中加入一项条款,即如果乙方的推土机在工期间受到损坏,甲方应支付给乙方补偿金,而这一补偿金的金额则相当于乙方所使用的推土机的市价。对于乙方而言,这一条款属于风险筹资项下的合同方式转移风险,即当乙方的推土机受到损坏时,甲方应补偿乙方的损失。

如果乙方的推土机在合同修改前就已经损坏,则这一损失由乙方承担。这是甲方采用了风险控制项下的合同方式转移风险的结果。尽管乙方已损失了推土机,但仍需履行义务。

相反,如果乙方的推土机在合同修改后才损坏,则甲方将补偿乙方的损失。在这种情况下,由于乙方采用了风险筹资项下的合同方式转移风险,因此损失的财务后果由甲方承担。然而,由于甲方仍受到原有风险控制项下合同的保护,乙方应继续完成工作。若此时甲方因破产而无法履行补偿义务,则乙方只有自行承担损失。因此,风险筹资项下的合同方式转移风险的实现与否取决于受让人的补偿能力。甲方破产使这种合同方式转移风险的措施无法发生作用,尽管风险筹资项下合同原是有利于乙方的,但损失最终仍由乙方承担。

风险控制项下的合同方式转移风险很容易与避免风险发生混淆。例如,由于生产危险品的工厂所面临的风险较大,厂方决定出售该工厂。这一行为属于风险控制项下的合同方式转移风险,而不是避免风险。因为风险仍然存在,它只是通过买卖合同转移给新的所有人去承担。真正的避免风险是通过关闭工厂等方法来消除风险的存在。

第二节 风险筹资方法

一、自留风险

自留风险是指面临风险的企业自行承担可能会发生的损失,并做好相应的资金安排。它的特点是受损企业自行提供财务保障来弥补损失。

(一)自留风险的筹资措施

1. 现收现付。它是指将损失摊入当期营业费用,用当期收入来弥补。当弥补损失不会对企业的损益状况产生较大的影响时,才适合采用这一方式。

企业在确定采用现收现付来弥补的最大损失额时,应考虑到企业的财务状况、未来投资计划、现金流量的变动、债务状况以及其他相关因素;但同时企业也应注意到这种方法所包含的不确定因素。特别是在以下情况中,现收现付方法就无法提供足够的资金来弥补损失:

(1)企业只是单独考虑某个风险所引起的损失,而没有考虑到多个风险在较短时期内所引起的总的损失。

(2)较大金额的损失或在较短时期内一系列的损失超出了企业在正常经营中所能够提取的用于弥补损失的资金。

(3)企业在一段时期内的现金流量由于经营状况而有所下降,由此也降低了企业采用现收现付方法来弥补损失的能力。

(4)由于历年损失资料可信度低,因此企业无法正确评估自身的现收现付方法的自留能力。

(5)企业没有充分地分散它所面临的风险,由此而形成潜在的巨额损失。

2. 非基金制的准备金。它是指企业为了弥补损失而专门设立的会计账户。这一逐年累积的准备金会减少企业的留存利润、累积盈余或其他业主权益。风险管理部门可以借助于这一损失准备金来了解损失对企业财务状况的影响。

在以下情况中,非基金制的准备金无法提供足够的资金来弥补损失:

(1)在准备金积累到足以偿付之前,损失就已经发生。企业每年增加准备金的幅度取决于它所预期的损失,但有时实际发生的损失并不符合人们的预期。

(2)由于准备金是非基金制的,所以企业并不会预留相当于准备金余额的现金,因此非基金制的准备金和现收现付两者之间存在相同的缺点。

3. 专用基金。企业每年从现金流量中提取一笔资金积累起来作为准备金,以应付将来可能遭受的损失。通常这一准备金用于投资金融资产,而这些金融资产应具有流动性,即在需要弥补损失时,这些资产可以迅速转换成现金。尽管这一准备金具有流动性,但在以下情况中仍存在资金不足的现象:

(1)在基金积累到足以偿付之前,损失就已经发生。

(2)某些管理人员将这部分基金视为闲置资金,并用作他途。

(3)由于损失预测的不准确性,基金的增加幅度过低,从而无法弥补实际发生的损失。

事实上,企业在确定自留风险的筹资措施时,通常不会采用专用基金这种方法。因为企业偏向于将资金投入到收益较大的经营活动中,而不是仅仅为了弥补损失将资金投资于金融资产。

4. 借入资金。企业可以通过两种方式来借入资金:在损失发生前与贷款人达成协议,即在损失发生后,只要企业提出贷款要求,贷款人就要提供必要的资金;在损失发生后借入资金来弥补损失。

实际上,借入资金作为风险筹资方法并没有被广泛地使用,因为弥补损失并不值得企业增加债务,并且,这种方法本身也存在某些不确定因素:

(1)如果在损失发生前达成借入资金协议,企业应根据预期损失来确定借入资金的金额。一旦实际损失超过了预期损失,借入资金就不足以弥补损失。

(2)如果在损失发生后借入资金,企业可能无法按照预期的贷款条件借入充足的资金,因为受损后企业偿还债务的能力有所下降。

5. 专业自保公司。一些规模巨大的企业通过设立专业自保公司来为它提供保险。如果专业自保公司只为一家母公司提供保险,则被称为纯粹或传统的专业自保公司。如果专业自保公司为多家母公司提供保险,则被称为协会或团体专业自保公司。专业自保公司的运作方式类似于商业保险公司的运作方式。它还可以向除母公司以外的其他公司提供保险,这一方面可以分散风险,另一方面则增加专业自保公司的独立性。

专业自保公司和商业保险公司之间的界限十分模糊。在美国,某些相互保险公司致力于为特定行业提供保险服务。在某种意义上,这种相互保险公司十分类似于团体专业自保公司。

(二)自留风险的运用

企业通常由于两种原因才会自行承担风险:某些风险无法转移给其他人,只有自行承担;对于某些风险而言,自留风险与转移风险相比更加具有成本效益。这两种类型的自留风险分别是强制性自留风险和选择性自留风险。此外,当企业没有意识到某种风险的存在时,也会导致自留风险。

强制性自留风险源于以下几种情况:

1. 某些风险不具有可保性或无法转移给其他人。
2. 损失不属于保险或风险筹资项下的合同方式转移风险的保障范围内。
3. 全部或部分损失属于保险公司所规定的免赔额范围。
4. 损失超过保险金额,超过部分由企业自行承担。
5. 保险公司或受让人不愿意补偿损失或根本没有补偿能力。

同样,选择性自留风险源于以下几种情况:

1. 企业采取全部自留风险的方法,并做好相应的资金安排。
2. 企业在购买保险时选择免赔额。

由于企业自留风险的能力是有限的,并且某些风险只能由企业自行承担,因此只有在企业整体考虑了强制性自留风险的情况后,才能考虑选择性自留风险。

在处理风险时,企业是否采用自留风险的方式取决于损失的性质以及企业的状况。通常符合以下条件的损失比较适合采用自留风险的方式:

1. 一次事故的损失不会超出企业自留风险的能力范围。
2. 在较短时期内不会发生多次损失,以免损失总额超出企业自留风险的能力范围。
3. 损失发生的频率足以使企业可以定期进行预算。

企业在选择自留风险时,并不局限于完全自留风险或完全转移风险,通常的做法是将免赔额或自留额与保险或其他转移风险的方式相结合。通过选择免赔额或自留额,企业将自行承担符合上述条件的损失。

企业的财务状况以及管理状况都将影响自留风险的选择。在以下情况中,企业自留风险的能力将有所提高:

1. 在正常经营的前提下,企业拥有足够的资金来弥补损失。
2. 企业内部的管理人员应保证用于弥补意外损失的资金不会用作他途。

二、风险筹资项下的合同方式转移风险

风险筹资项下的合同方式转移风险是指按照合同受让人应对转让人所遭受的特定损失予以补偿。如果受让人直接补偿转让人的损失,则这种合同称为补偿合同。如果受让人代替转让人补偿第三方的损失,则这种合同称为转移责任协议。合同中通常约定受让人所要承担的损失类型,有时还要求受让人购买保险以保证履约能力。

在上一节有关推土机的例子中,有如下的约定:如果乙方的推土机在工程期间受到损坏,甲方应补偿乙方的损失。这就是风险筹资项下的合同方式转移风险。在这种情况下,合同只涉及财产风险。事实上,许多合同还涉及转让人对于第三方所承担的法律责任。例如,乙方同意甲方对于工程期间造成第三方损害所引起的索赔可免责,此时乙方就是这一责任的承担者。

与其他风险筹资方法相同,合同方式转移风险也受制于以下几种不确定因素:

1. 受让人没有补偿能力,也没有购买相应的保险。
2. 合同中没有准确地定义双方所要转移的风险。
3. 由于合同的订立缺乏公平或无法使公众获得足额的赔偿,法院判定合同无效。

在财产损失风险、净收入损失风险、责任风险、人员损失风险中,只有责任风险较为适合采用风险筹资项下的合同方式转移风险。

三、保险

保险是指保险人收取保险费,并且按照保险合同的约定补偿被保险人所承担的特定损失。虽然保险是最为可靠的风险筹资方法,但被保险人仍然面临着以下几种不确定因素:

1. 保险人没有偿付能力,或者由于其他原因拒绝赔付。
2. 保险人和被保险人之间关于损失是否属于承保范围或损失金额不能达

成共识。

3. 损失金额过大而超出了保险金额。

保险是一种广泛被使用的风险管理方法，在下一章中对此将进行详细论述。

第三节 免赔额

一、免赔额的性质和作用

免赔额是被保险人和保险人之间分摊损失的一种手段。对保险人来说，它是减少理赔成本的一种方法；对被保险人来说，它是一种自留风险的工具。免赔额是一种安排自保方案的可行方法。对许多企业来说，全部自留损失是不可取的，因为自留的水平取决于企业的风险性质和资源多少。使用免赔额对被保险人具有以下作用：

（一）增加现金流量

按照免赔额的规定，保险人会向被保险人提供全部保费的一个折扣，作为被保险人分摊损失的一项回报。这样，被保险人就获得了增加现金流量的好处。绝大多数保险合同的条件规定，保险费在保险期一开始时缴付，这意味着保险费减少是立即可以取得的。由于按照现值在期初的现金流量的权最高，所以这一保费减少特别具有价值。

（二）现金流量保障

自筹资金补偿损失的能力受到变现性和时间的约束。时间越短，对现金流量中断的承受力越弱。例如，一家企业在一年里自筹资金补偿损失的能力要大于在一个月内进行筹资的能力。

使用免赔额会给予企业分摊每笔损失的一个限额，这就减少了现金流量中断的风险。如果免赔额是绝对免赔额，那么自留损失的总额在全年内可以累计。这种自留损失由下列损失组成：

1. 低于免赔额水平的损失金额；

2. 超过免赔额的损失金额，在这种情况下，该企业要承担免赔额的全部金额。

绝对免赔额存在的一个问题是：虽然它在限制损失程度方面是有效的，但它对损失频率的增加所起的作用不大。因此，在这种情况下，损失频率的增加较之损失程度更为严重，除非损失程度是巨灾性质的。这一问题可以使用一种总计免赔额来解决，虽然它在再保险市场上较为普遍使用，但是直接保险市场上也可以取得。例如，考虑表7-1的一年损失分组分布的经验数据：

表 7—1　　　　　　　　　　　损失分布　　　　　　　　　　　单位：元

损　失	频　率 (f)	中位数 (x)	总　额 (f)×(x)
1＜5 000	90	2 500	225 000
5 000＜10 000	6	7 500	45 000
10 000＜15 000	3	12 500	37 500
15 000＜20 000	1	17 500	17 500
	100		325 000

如果使用绝对免赔额5 000元,自留的损失是：

低于免赔额的损失　　　　　　　　　　　　　225 000元

高于免赔额的损失(10×5 000)　　　　　　　　50 000元

　　　　　　　　　　　　　　　　　　　　　275 000元

在这个例子中,被保险人支付了87％的全部损失金额。被保险人对这一情况不可以接受,想在一年内损失的累积在100 000元时停止。因此,除了5 000元的绝对免赔额以外,再可安排一年的100 000元的总计或停止损失的免赔额,这样被保险人对全部损失的自己承担的比例会降低到最多为30％。这一例子说明了在给定损失数据的情况下,免赔额对保险人和被保险人之间分摊损失的影响。

在探讨选择免赔额的方法之前,值得指出的是,对这些方法、模型和分析的框架应小心地解释。譬如,对作为竞争对手的保险人的不同水平免赔额进行直接的分析和比较会被下列一些因素搞得复杂化：

1. 业务竞争的压力；
2. 与保险人现有的关系；
3. 缺乏足够的损失数据；
4. 承保人之间折扣的差异；
5. 保险人的偿付能力；
6. 保单条款和保险责任条件的差异；
7. 保险责任之间的相互联系。

因此,对免赔额水平和保费折扣之间的关系仍需要凭经验作判断。

二、免赔额的种类

免赔额要求被保险人承担一部分损失。如前所述,免赔额可以指一次事故的损失,也可以指一定时期的损失。不同的安排对企业自留损失有不同的影响。免赔额的主要种类如下：

1. 绝对免赔额，又称简单免赔额。它由保险人从每笔赔付中扣除。

2. 相对或消失免赔额。被保险人对每次损失至多承担相当于免赔额水平的损失，如果损失超过免赔额水平，则全部损失由保险人承担。这种免赔额常用于运输保险。

3. 总计或停止损失免赔额。保险人对一定时期内累积的赔偿金额扣除一个固定的免赔额。这种免赔额在再保险中经常使用。

图 7—1(a)说明如果损失全部由企业自己承担的结果，并可以用来比较使用绝对免赔额和总计免赔额对损失分布的影响。图7—1(b)说明了使用绝对免赔额的影响。需注意的是：损失的范围被减少，但不保的损失大于免赔额，这一问题可以使用总计的免赔额来解决。它把不保损失限制在一个预定范围内，见图7—1(c)。免赔额是减少损失概率分布的离散度的一种有效方法。由此可见，在这方面总计的免赔额较之绝对免赔额更为有效。

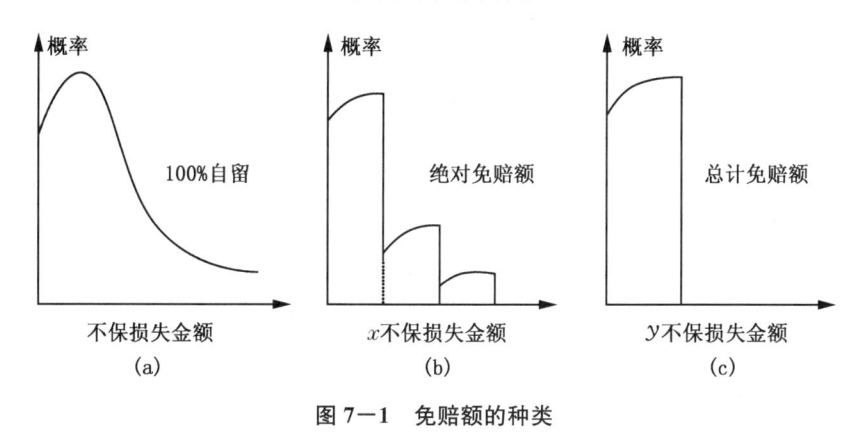

图 7—1 免赔额的种类

三、免赔额选择的分析

当一家企业承担一定水平的免赔额，这就意味着它进行一项减少保费和增加风险水平的交换。选择免赔额的决策受到下列因素的影响：

1. 保费减少和各种免赔额水平相关的成本；
2. 企业承担损失的财务能力；
3. 企业管理部门准备分配给其损失经验数据的可信度。

在免赔额选择的方法或模型中，最值得注意的是第一个因素的影响。在许多模型中，假设的可信度是很高的，即实际损失将如同预期的一般，而实际上这种情况实属罕见。企业的财务能力对其承担损失能力的影响可约束免赔额的选择，以至于企业被迫选择欠优的免赔额水平。

当被保险人承担免赔额时,由保险人提供的保费减少的百分比一般以递减的比率增加。图 7-2 是各种免赔额水平的保费减少,OP 曲线的斜度表明了这一点。承担不同免赔额水平的成本由曲线 CC 表示,它表明超出一定自保水平之后,每单位自保成本在增加,这是因为企业的行为愈是像一个保险人时,就会变得愈无效率。

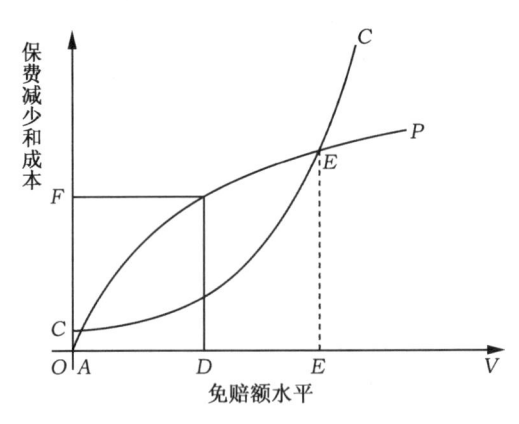

图 7-2 免赔额选择的分析

与免赔额相关的成本有固定成本和可变成本两种。诸如同保险人洽谈一类的固定成本不随着免赔额水平增加而增加。这意味着曲线从 OC 开始,可变成本则随着免赔额水平增加而增加。这些可变成本包括:

1. 不保损失的成本;
2. 管理费用;
3. 因对保费税收扣除的减少、对不保损失的税收减免的增加,以及投资所得税而引起的税收净成本;
4. 对付自留损失所提留准备金的机会成本。

一般预见上述这些可变成本会随着免赔额水平增加而增加,但未必按相同的比例增加。横轴表示从 O 到财产全部价值 V 范围的所承担的免赔额水平。纵轴表示各种免赔额水平下保费减少和自留损失的成本。

由两条曲线相交的领域表示在不同免赔额水平下的保费净减少。因此,企业可以使用从 OA 到 OE 的免赔额水平取得净减少。在这一分析中,我们要确定产生最高净减少水平的免赔额水平。在这一图中,最高保费净减少的免赔额水平是 OD,因为它使两条曲线的间距最大。用几何学术语来解释,该处这两条曲线的斜率相等。用经济学术语来解释,该处的边际保费减少等于边际自留成本。然而,这一结论受到两个条件的约束:企业的财务能力和预测的自留成本的可信度。

四、选择免赔额的规则和模型

(一)最小成本规则

这一规则是根据企业纯粹风险的成本等于保险费加上在免赔额下自留损失的成本这一公式表示的。该规则要求所选择的免赔额水平应该符合最低的预期总成本(TEC),它可用下式表示:

$$TEC = P + qD$$

式中:P=保险费;

D=免赔额水平;

q=平均年度损失频率。

现举例说明:表7—2是私用汽车车辆损失的保险费率。

表7—2　　　　　　私用汽车车辆损失的保险费率(每辆)

方　案	保费(元)	免赔额(元)
1	400.00	0
2	290.00	100
3	240.50	250
4	191.75	500
5	137.50	5 000
6	65.00	10 000

为了判断免赔额的价值,还需要有损失数据。表7—3列出各年度的损失数据。

表7—3　　　　　　　　私用汽车损失数据

年　度	车辆数	事故数	成本总额(元)
20×4	2 000	320	82 000
20×5	1 700	200	70 000
20×6	2 100	480	110 400
20×7	2 200	640	163 850
20×8	2 000	360	87 500

分析这些数据得出:

每年度事故平均数=400(次)

每年度平均事故成本=102 750(元)

每辆车平均年度损失=256.88(元)

应用 TEC 规则,计算 q 值:

$$q=\frac{事故总数}{车辆总数}=\frac{2\,000}{10\,000}=0.2$$

或者,$q=\dfrac{事故平均年度数}{车辆平均年度数}=\dfrac{400}{2\,000}=0.2$

现在我们再来看各种免赔额水平的预期成本,见表7—4。

表7—4　　　　　　　　　各种免赔额水平的预期成本

方案	保费(元)	q	免赔额(元)	TEC(元)
1	400.00	0.2	—	400.00
2	290.00	0.2	100	310.00
3	240.50	0.2	250	290.50
4	191.75	0.2	500	291.50
5	137.50	0.2	5 000	1 137.50
6	65.00	0.2	10 000	2 065.00

按照TEC规则,应选择方案3的250元免赔额,因为它产生最低的TEC。

(二)成对比较

沿用上例,说明成对比较原则。表7—5是以风险增加的顺序列出。按照成对比较的方法,方案1与方案2比较,方案2与方案3比较,方案3与方案4比较,依次类推。分析的结果能显示各对方案之间的差别。该表列出了风险管理人员进行免赔额选择所要考虑的因素。方案1与方案2比较,方案2为增加100元的风险而减少了110元的保费;与方案2和方案3这对比较相对照,选择方案2是非常值得的。方案3和方案4相比较表明,方案4增加了较大的风险,但只有少量的保费减少。如果方案4可以接受,那么再与方案5相比较,在方案5中的风险有很大增加而保费只有少量减少。如果方案5是不可接受的,则选择方案4的免赔额水平。

表7—5　　　　　　　　　成对比较　　　　　　　　　单位:元

方案	保费	免赔额	较上一方案减少保费	增加风险
1	400.00	0	—	—
2	290.00	100	110.00	100
3	240.50	250	49.50	150
4	191.75	500	48.75	250
5	137.50	5 000	54.25	4 500
6	65.00	10 000	72.50	5 000

(三)统计分析

最小成本和成对比较这两种方法适用于缺乏可信损失数据和专门技能的情况。如前所述,最小成本方法只需要平均事故率数据,在无损失数据的情况下也可使用成对比较方法。然而,如果具有数据和专门技能就可以进行较透彻的分析,以确定适当的免赔额。

统计分析方法是估计今后一个保险期承担一定免赔额水平的全部财务成本,这涉及预测今后一年因风险所致的损失,以损失层次表示。企业的损失历史是分析的出发点,表7-6是某企业一段时期的损失数据。

表7-6　　　　　　　　损失数据(20×6~20×8年)　　　　　　　　单位:元

年　度	损　失
20×6	182 250
20×7	159 250
20×8	296 500

下一步是按照损失规模把损失加以分类,见表7-7。需注意,在这一分析中也包括不遭受损失的风险单位。

表7-7　　　　　　　　　损失规模分类

损失规模(元)	总　计	年度平均数	相对频率
0	123	41.00	0.82
1~10 000	16	5.33	0.107
10 001~20 000	4	1.33	0.027
20 001~40 000	3	1.00	0.02
40 001~80 000	1	0.33	0.007
80 001~120 000	2	0.67	0.013
120 001元及以上	1	0.33	0.007
	150	50.00	1.000

注:以上数字已四舍五入,故不等于总数。

表7-7显示一个三年期的损失分布,计算了面临风险的年度平均单位数。相对频率是通过把每一层次损失的损失频率除以全部风险单位数得出。根据以往损失的相对频率在某种情况下可以作为概率的衡量,使用这种方法可以确定今后时期各个损失层次的损失发生次数。我们再假设风险单位数增加到60,预期年通货膨胀率为5%。由于风险单位数增加,所以损失发生次数也会增加,这

是通过风险单位数乘上损失概率得出。考虑到今后时期通货膨胀因素,故对损失数据也进行了调整。为了分析起见,必须计算每一损失层次的平均损失,这一数字被用来计算每一损失层次的全部损失。计算的结果列于表7－8。

表7－8　　　　　　　　　每个层次损失总额

损失规模（元）	概　率	预期损失数	每个层次平均损失(元)	每个层次损失总额(元)
0	0.82	49.20	—	—
1～10 000	0.107	6.42	3 940	25 295
10 001～20 000	0.027	1.62	13 650	22 113
20 001～40 000	0.02	1.20	30 450	36 540
40 001～80 000	0.007	0.42	42 260	17 749
80 001～120 000	0.013	0.78	104 340	81 385
120 001元及以上	0.007	0.42	210 000	88 200
	1.000	60.00		

注:以上数字已四舍五入,故不等于总数。

表7－8所提供的数据可以用来计算每类免赔额下的损失成本。每类免赔额下的自留损失的成本＝小于免赔额的损失的合计数＋大于免赔额的损失所要承担的免赔额。例如,假定免赔额是20 000元,自留损失的成本是:

1～10 000元损失	25 295元
10 001～20 000元损失	22 113元
大于20 000元的损失(2.82×20 000)	56 400元
	103 808元

对每类免赔额都可以进行这种计算。保险人会提供保费和免赔额表,风险管理人员就要识别哪一种免赔额水平使保费减少和自留损失成本之间的差额最大。表7－9列出了这种计算的结果,并考虑到承担免赔额所增加的管理费用。全部损失是由自留损失和管理费用组成,净减少是完全保障的全部成本(200 000元)与各类免赔额的总成本之间的差额。

表7－9　　　　　　　　　总成本和净减少　　　　　　　　　单位:元

保　费	免赔额	自留损失	管理费用	总成本	净减少
200 000	—	—	—	200 000	—
100 000	10 000	69 695	2 500	172 195	27 805

续表

保　费	免赔额	自留损失	管理费用	总成本	净减少
60 000	20 000	103 808	3 500	167 308	32 692
35 000	40 000	148 748	5 000	188 748	11 252
29 000	80 000	197 697	7 500	234 197	(34 197)
24 000	120 000	233 481	11 000	268 481	(68 481)
15 000	160 000	271 282	15 000	301 282	(101 282)

(四)经修正的 Houston 模型

Houston 教授在 1964 年提出了一个模型。该模型是根据一个企业的价值,比较两种风险筹资方法的成本。这两种方法是完全保险和全部自留损失。该模型在以后被 Green 教授和 Serbein 教授做了明显修改,他们把免赔额决策模型结合进该模型。这两位教授的分析是根据总计或停止损失计算免赔额。[①]

企业的价值是按照净值定义,对各种免赔额水平的影响的判断是根据其对企业的净值保护和增加能力的影响。企业的净值是资产与负债的差额。保险或自留的决策意味着企业的净值作为保险支出或减少,企业可以用来从事营利活动的资产。现举例如下:

假如一家企业的净值是 1.2 亿元,预期在年内资产的收益率是其净值的 16%,期末净值将为 1.392 亿元。如果该企业对其 3 000 万元财产花费 60 万元保费投保,这将减少其净值 69.6 万元,即净值减少到 1.385 04 亿元。这可以用下列公式表示:

$$FPx = NW - P + r(NW - P)$$

式中:$FPx=$期末财务状况;

　　　$NW=$期初净值;

　　　$P=$保险费;

　　　$r=$资产平均收益率。

用类似方式可以确定完全自留风险对净值的影响:

$$FP_R = NW - L + r(NW - L - F) + iF$$

式中:$FP_R=$期末财务状况;

　　　$L=$预期损失;

　　　$F=$准备金;

　　　$i=$提存准备金的资产收益率。

[①] C. A. Dickson 等:《风险管理》第 19 章,英国特许保险学会,1991 年版。

假定该年预期损失是 50 万元,准备金的资产收益率是 10%,准备金需要保险金额的 15%,则该企业完全自留其财产风险的财务状况是:

$$FP_R = 120\,000\,000 - 500\,000 + 0.16 \times (120\,000\,000 -$$
$$500\,000 - 4\,500\,000) + 0.1 \times 4\,500\,000$$
$$= 119\,500\,000 + 18\,400\,000 + 450\,000$$
$$= 138\,350\,000(元)$$

把这一财务状况与保险比较,用投保作为补偿财产损失筹资的办法较好。但这一公式没有考虑到以下两项因素:

1. 理赔和时间的影响;
2. 货币时间价值的影响。

确定使用总计免赔额的财务状况的公式如下:

$$FP_D = NW - Pd - KD + r(NW - Pd - KD - F) + iF$$

式中:$FP_D =$ 期末财务状况;

$Pd =$ 使用免赔额的保费;

$KD =$ 使用免赔额情况下的预期损失。

假定总计免赔额是 100 万元,保费相应减少为 35 万元,提存的准备金为 100 万元。仅剩下的未知数是在使用免赔额情况下的预期损失。这取决于 K 值,它是根据保险人提供的折扣而定。可以用下列方式得出 K 值:

计算纯粹风险保费:

保费 $\times$ (1-费用率) $= 600\,000 \times (1 - 0.25) = 450\,000$(元)

计算保险人的折扣:

$$\frac{全部保费 - 使用免赔额的保费}{全部保费} \times 100\% = \frac{600\,000 - 350\,000}{600\,000} \times 100\% = 42\%$$

计算在使用免赔额情况下转移的纯粹风险:

纯粹风险保费 $\times$ 保费折扣 $= 450\,000 \times 42\% = 189\,000$(元)

$$K = \frac{189\,000}{1\,000\,000} = 0.189$$

这一方法的合理性在于假设保险人向被保险人提供的折扣反映了转移给被保险人的风险金额。

在上述例子中,全部保费的折扣为 42%,这意味着所有损失的 42% 是在 100 万元免赔额以下。全部保费包括了费用和其他附加费率,假设它为 25% 的保费,因此纯粹风险保费是 45 万元。纯粹风险保费是用来支付赔款,它表示该年的预期损失。按照上面的计算,42% 的预期损失(18.9 万元)由被保险人在总计免赔额下承担。

现在我们有了使用免赔额情况下那个财务状况公式的所有数据,因此可以做如下计算:

$FP_D = 120\,000\,000 - 350\,000 - 189\,000 - 0.16 \times$
$\qquad (120\,000\,000 - 350\,000 - 189\,000 - 1\,000\,000) + 0.1 \times 1\,000\,000$
$\quad = 119\,461\,000 + 18\,954\,000 + 100\,000$
$\quad = 138\,515\,000(元)$

在这个例子中,使用 100 万元的免赔额是较之前面所述的全部保险和完全自留的财务状况为好,因为它产生了较高净值。

在理论上,对任何免赔额水平可以确定其最高保费;或者说,对任何保费水平可以确定其适当的免赔额水平。但在实际中,由于市场一般只提供有限数目的免赔额水平,所以不可能购买到该模型所表明的给予最有利的风险分布的保险。然而,在给定的免赔额情况下,可以得出最大可以接受的保费。这可以通过假设 $FP_X = FP_D$,再解 Pd 得出。沿用前面的例子:

$138\,504\,000 = 120\,000\,000 - 189\,000 - Pd + 0.16 \times$
$\qquad (119\,811\,000 - 1\,000\,000 - Pd) + 0.1 \times 1\,000\,000$
$\quad = 138\,920\,000 - Pd \times (1 + 0.16)$

$Pd \times 1.16 = 138\,920\,000 - 138\,504\,000 = 416\,000(元)$

$Pd = \dfrac{416\,000}{1.16} = 358\,620.69(元)$

使用免赔额是企业风险筹资的方法之一,它适用于处理可以预测的相对稳定的损失。企业使用免赔额可以使自己参与风险筹资,而不会使自己面临巨灾损失的风险。

复习思考题

1. 试解释下列名词:分割风险单位,复制风险单位,绝对免赔额,相对免赔额,总计免赔额。
2. 举例说明减损的损失措施和损后措施。
3. 举例说明风险控制项下的合同方式转移风险与风险筹资项下的合同方式转移风险之间的区别。
4. 自留风险有哪些筹资措施?
5. 强制性自留风险和选择性自留风险分别适用于哪些情况?
6. 免赔额对被保险人具有哪些作用?
7. 在什么情况下总计免赔额优于绝对免赔额?
8. 为什么在超过一定自保水平之后每单位的自保成本会增加?

第八章 保 险

第一节 保险的职能和代价

保险是一种通过转移风险来对付风险的方法。风险管理的程序包括风险识别和分析、风险衡量、选择对付风险的方法和风险管理决策等;而保险只是对付风险的一种方法,自然风险管理的范围大于保险。在风险管理中讲保险,主要是从企业或家庭的角度来介绍保险,并讨论怎样购买保险。

一、保险的定义

现代保险学者一般从两个方面来解释保险:从经济角度上说,保险是分摊灾害事故损失的一种财务安排。在许多人把损失风险转移给保险组织的情况下,由于保险组织集中了大量同质的风险,所以能借助大数法则来正确预见损失发生的金额,据此制定保险费率,并通过向所有成员收取保险费来补偿少数成员遭受的意外事故损失。因此,少数不幸成员的损失由包括受损者在内的所有成员分摊。从法律意义上讲,保险是一方同意补偿另一方损失的合同安排,同意赔偿损失的一方是保险人,被赔偿损失的另一方是被保险人。保险合同就是保险单。被保险人通过购买保险单把损失风险转移给保险人。这样对保险释义是比较完整的,因为它至少揭示了保险的三个最基本特点:(1)保险具有互助性质,这是就分摊损失而言的;(2)保险是一种合同行为,这是指保险双方订立合同;(3)保险是对灾害事故损失进行经济补偿,这是保险的目的,也是保险合同的主要内容。《中华人民共和国保险法》把保险的定义表述为:"本法所称保险,是指投保人根据合同约定,向保险人支付保险费,保险人对于合同约定的可能发生的事故因其发生所造成的财产损失承担赔偿保险金责任,或者当被保险人死亡、伤残、疾病或者达到合同约定的年龄、期限时承担给付保险金责任的商业保险行为。"

二、保险的基本职能

保险的基本职能可概述为用收取保险费的方法来分摊灾害事故损失,以实现经济补偿的目的。分摊损失和经济补偿是保险机制不可分割的两个方面。

(一)分摊损失或分担风险

保险是一种分摊损失的方法,这种分摊损失是建立在灾害事故的偶然性和必然性这种矛盾对立统一基础上的。对个别投保单位和个人来说,灾害事故的发生是偶然的和不确定的,但对所有投保单位和个人来说,灾害事故发生却是必然的和确定的。保险机制之所以能运转自如,是因为被保险人愿意以缴付小额确定的保险费来换取大额不确定的损失补偿。可用一个简单例子说明保险分摊损失的职能。假定由1 000个农民联合组成一个火灾保险社,再假设每个农民的住宅价值为3万元,以往的年平均火灾损失总额为1‰的财产价值,由此可知:

住宅价值总额 = 30 000×1 000 = 30 000 000(元)

预计的损失总额 = 30 000 000×1‰ = 300 000(元)

$$每个农民分摊的损失额 = \frac{300\ 000}{1\ 000} = 300(元)$$

$$\frac{每百元财产价值}{分摊的损失额} = \frac{损失总额}{以每百元财产价值表示的损失风险单位数}$$

$$= \frac{300\ 000}{300\ 000} = 1(元)$$

换言之,由1 000个农民每人缴付300元来分摊预计的30万元火灾损失。如果每栋住宅的价值不同,每个农民可按100元财产价值缴付1元保费的标准来分摊预计的30万元火灾损失。虽然上述例子是不现实的。它假定没有费用支出,实际损失等于预计损失,没有投资收入,但也能说明保险分摊损失的职能。若考虑其他因素,费率构成要素大致如下:

预计的损失赔付 + 经营费用 + 未预料到的损失准备金 − 投资收益

保险分摊损失职能的关键是预计损失。运用大数法则可以掌握灾害事故发生的规律,从而使保险分摊损失成为可能。大数法则是保险合理分摊损失的数理基础。

根据大数法则,当试验次数不断增加、事件发生的频率趋近某一个常数时,其差额逐渐接近于零。大数法则在保险经营中的意义是,风险单位数量越多,实际损失的结果会越接近无限风险单位数量的预期损失。因此,保险公司通过集合大量同质风险单位可以使在保险期内收取的保险费和损失赔偿及其他费用开支相平衡。换言之,当风险单位增加时,平均损失的标准差 $\sigma \bar{X}$ 会减少。用公式

表示为:

$$当\ n\to\infty, \sigma\overline{X} = \frac{\sigma X}{\sqrt{n}} \to 0$$

预期的损失将变为没有偏差的必然事件。这也意味着保险人对保险费的估计变得精确,个别和少数保险标的受损的不确定性变为多数保险标的可预见的损失。

(二)经济补偿

按照保险合同,对遭受灾害事故损失的单位和个人进行经济补偿是保险的目的。分摊损失是经济补偿的一种手段,没有分摊损失就无法进行保险补偿,两者相互依存。

需要说明的是,经济补偿职能主要就财产和责任保险而言,人身保险存在非补偿成分,因为人的生命价值不能以货币表示。再则,许多种人身保险具有返还的储蓄性质,人身保险的补偿一般称为给付保险金。

三、保险的派生职能

保险的职能还应加入运用资金(投资)和防灾防损。它们虽不是保险特有的职能,但它们是由保险机制的内在动力产生的,并非是外部力量所强加的。

(一)投资

保险资金运动大体上经过三个阶段:保险费收取、准备金的积累和运用、经济补偿。鉴于保险费是预付的,保险赔偿责任要在整个保险期内履行,加上损失发生于赔付之间存在间隔、历年赔付率波动、巨灾损失的可能性等因素,保险公司要提留各种准备金。运用暂时闲置的大量准备金是保险资金运动的重要一环。投资能增加收益和增强赔付能力,使保险资金进入良性循环。

(二)防灾防损

从广义上说,防灾防损是社会的共同任务,社会上还有不少专职的防灾防损部门,如公安消防、交通安全、生产安全、劳动保护、防震、防汛和防洪部门。但防灾防损也是保险经营的重要手段。保险公司参与防灾防损工作的特点是积极配合所有防灾防损主管部门和单位搞好这项工作,这是由保险经营的特点所决定的。

首先,保险公司的日常业务,从承保、计算费率到理赔都是与灾害事故打交道。保险公司通过掌握财产的设置分布和各种灾害事故损失的统计资料,对灾害事故的原因进行分析和研究,从而积累丰富的防灾防损工作经验。保险公司有积极参与各种防灾防损工作的社会责任。

其次,减少灾害事故损失能相应减少保险的赔付,从而增加保险资金积累和降低费率。保险公司从自身的经济利益出发也会加强防灾防损工作,并乐于花费资金宣传防灾防损和向防灾防损部门投资。

最后,保险公司可以通过业务经营来促使投保单位和个人重视防灾防损工作。我国《保险法》第三十五条规定:"被保险人应当遵守国家有关消防、安全、生产操作、劳动保护等方面的规定,维护保险标的的安全";根据合同的约定,"保险人可以对保险标的的安全状况进行检查,及时向投保人、被保险人提出消除不安全因素和隐患的书面建议"。除了保险合同条款外,保险公司还可以在费率上鼓励投保单位和个人加强防灾防损工作。

把防灾防损列为保险职能之一,有助于把防灾防损放到经营中的重要位置,使保险和防灾防损紧密结合起来。保险赔偿只是分摊灾害事故损失,但整个社会仍受到危害,只有防灾防损才能减少灾害事故给社会带来的损失。因此,保险经营不能仅着眼于"赔"字,以赔诱保;而是要在"防"字上大下工夫。保户参加保险的心理只是预防万一,他们宁可保险费白缴,也不希望灾害事故发生。保险公司既管"赔"又抓"防",也有助于改变有些人对保险公司的偏见,使社会公认保险公司是防灾防损工作中不可缺少的一个综合部门。

在保险业发达的国家里,一些大公司除了经营传统的承保、投资业务外,还向投保的企业提供损失管理服务。这也是与企业购买保险,希望从保险公司取得管理服务的意向相吻合的。北美洲保险公司下属的损失管理服务公司所提供的损失管理服务如下:

该损失管理公司主要业务项目是风险管理的咨询,根据风险管理的基本原理,派员深入企业调查分析潜在的损失风险,评价企业的风险管理计划,提出费用合理的替代方案和损失管理措施。此外,该公司还使用电子计算机数据系统向客户提供用来分析损失原因和后果的信息,以及提供建筑物重置价值的计算服务。具体经营的项目如下:

1. 职业健康。使用高级的抽样检验设备测试煤气、烟雾、灰尘、噪音等水准,随后提出改善环境的建议。该公司拥有一个设备完善、占地4 000平方英尺的环境卫生实验室。

2. 火灾。提供火灾调查、纵火侦查、灭火系统评价等服务。该公司的防火专家都已取得国家消防协会的证书。

3. 产品责任。该公司提供产品责任损失控制服务,配备各工程学科的专家,帮助企业评价厂址选择、生产规模,还能协助企业改进质量管理计划,从产品责任和安全角度设计和更新产品,检查合同、商标等。

4. 航空安全。该公司有懂得飞行、飞机构造及维修保养的驾驶员、工程师和技工,可向航空业提供损失管理的技术性服务,如机场安全调查、飞行训练设施评价、各种型号飞机的安全检查、航空事故调查和索赔管理。

5. 海洋运输。在国内各主要港口都有该公司的防损专家,专门调查海上运输的损失风险,向托运人和承运人提供进出口货物包装、装卸、贮存及船舶、码头的咨询服务。

6. 机动车辆。该公司经营机动车辆损失管理服务已有多年历史。由于该国社会对汽车依赖程度太大,机动车辆损失管理仍是最重要的防损工作。因此,该公司提供的损失管理方案把重点放在驾驶人员的选择和训练、车辆检修和保养、事故调查上。

7. 建筑业。该公司的建筑业防损专家几乎来自所有种类的建筑部门,他们分别具有核电站、化工厂、污水处理厂、水坝、桥梁、购物中心和医院的建筑工作经历。损失管理的服务项目包括对工程承包人的建筑程序和施工进行检查,看是否符合全国安全委员会颁布的统一标准和中央、地方政府有关职业安全和健康的法规,还调查管理方针、雇员选择和训练、急救设施、车辆管理、重型设备操作、分包合同等。对承包人的各种责任风险也作出评估,并相应提出各种建议和纠正措施。

此外,该公司还为医疗机构、职业责任、劳工工伤等设计损失管理方案。

正因为保险还具有投资和防灾防损这两种派生职能,对保险公司人员要求的知识密集程度要高于其他行业,而且它在提供多种多样的就业机会方面也胜过其他行业,除了传统的推销、承保、理赔工作外,该行业还能向数学家、医生、护士、电脑专家、工程师、工业卫生学家、生物学家、化学家、生产和技术设备安全调研人员、建筑物和汽车安全设计人员、律师、会计师、投资专家和经济学家等提供就职机会,从而使保险业成为最吸引人的行业之一。

四、保险的代价

保险给社会带来很大效益,也使社会付出代价;但其社会效益大于代价。这些代价是社会为了获得保险效益而必须做出的一种牺牲。

(一)经营费用

保险公司的经营费用一般要占到保险费的20%左右,它包括销售、管理、工资、利润、税收等支出,投保人是以附加保费的形式缴付的。

(二)欺诈性索赔

由于道德危险因素的作用,保险有可能使某些人进行欺诈性索赔。最明显的例子是,纵火造成的损失持续增加。此外,有些人谎报自己的珍贵财产被窃,以及有组织的犯罪集团以得到保险公司赔偿为目的而盗窃汽车等。

(三)对防损工作的疏忽

由于心理危险因素的作用,保险有可能使某些企业疏忽防损工作。心理危险因素比道德危险因素更具有广泛性,"躺在保险上睡觉""着火不救"不乏其例,这就需要在保险条款和费率上加以防范。

(四)漫天要价

保险使一些职业者索价过高。例如,在国外,原告的律师在重大责任事故的诉讼案件中的索价经常超过原告的真实经济损失;又如,医生因病人有医疗保险而收取高额费用;等等。

第二节 保险合同概述

一、保险合同的基本原则

保险合同是投保人与保险人约定权利义务关系的协议,是保险关系双方订立的一种在法律上具有约束力的协议。协议一方支付对方保险费;另一方在保险标的发生约定事故时,或者约定的期限到达时,承担经济补偿责任或履行给付保险金义务。保险合同是反映法律通则的复杂的法律文件。保险合同的基本原则包括:

(一)补偿原则

补偿原则是保险合同最重要的原则。大多数财产保险合同是补偿性合同。补偿性合同具体规定了被保险人不应该取得多于损失的实际现金价值(actual cash value)的赔偿。规定补偿原则有两个基本目的:一是防止被保险人从保险中盈利。如果发生一次损失,只应该使被保险人大致恢复到与损失发生之前相同的财务状况。二是减少道德危险因素。如果不诚实的被保险人能从损失中盈利,他们就会以骗取保险赔偿为目的而故意制造损失。因此,如果损失赔偿不超过损失的实际现金价值,道德危险因素就会减少。

实际现金价值＝重置成本－折旧

这种方法考虑到通货膨胀和财产折旧因素。但重置成本减去折旧并不是确定损失金额的唯一方法。在有些情况下,可以使用合理市价(fair market value)作为确定损失金额的基础。一幢建筑物的合理市价可能低于其实际现金价值。这是由于建筑物所在的地段不好,或者由于式样陈旧过时。其他险种也使用不同的补偿方法。在责任保险中,赔偿金额是被保险人在法律上有责任赔偿的实际损害。在营业中断险中,赔偿金额通常是根据利润损失加上企业停产或停业时照常需要的开支计算的。在人寿保险中,死亡给付金是根据保险单的面额确定的。

补偿原则还有以下几种例外情况：

1. 定值保险单。定值保险单偏离补偿原则。如果发生一次全部损失，定值保险单只赔偿保险单的面额而不考虑实际现金价值。定值保险单一般用于承保古董、珍贵的艺术品和祖传动产、遗产。因为有些财产难以确定其损失时的实际现金价值，被保险人和保险人在订立保险合同时就要商定财产的价值。

2. 重置成本保险。重置成本反映了通货膨胀因素。重置成本保险是指在损失赔偿时不扣除折旧而是按重置成本确定损失金额。这是因为个人很少会对自己的财产作折旧预算，按实际现金价值确定赔偿金额仍然会使被保险人受到明显的损失。对住宅、建筑物及个人和企业财产都可以采用重置成本保险的方法。

3. 人寿保险。人寿保险合同是一种定额的保险单。在被保险人死亡时，它向受益人给付一笔约定的金额。补偿原则很难应用到人寿保险中。这是因为实际现金价值在确定人的生命价值时毫无意义。

(二) 保险利益原则

保险利益存在是保险合同的必要条件，也是保险学的一个基本原理。早期的海上保险法和人寿保险法就禁止签发保险单给没有保险利益的人。保险利益原则规定，投保人对保险标的要具有法律上承认的利益，否则保险合同无效。换言之，如果损失发生，被保险人必须在经济上遭受损失，或者必须遭受其他种类的损害。

鉴于下列原因，保险合同必须要求有一个保险利益。

1. 防止赌博。如果不要求保险利益，保险合同就会变成一份赌博合同。例如，为他人财产投保，并希望早日发生损失。规定保险利益显示了保险合同与赌博的区别。

2. 减少道德危险因素。在人寿保险中，保险利益的规定减少了以取得保险金为目的谋杀被保险人的动机，是对被保险人的保护。

3. 衡量损失。在财产保险中，大多数合同是补偿性合同。赔偿的一个尺度是被保险人的保险利益。被保险人绝不能获得多于保险利益的赔偿金，因为这违反了补偿原则。

(三) 代位求偿权原则

代位求偿权是指保险人取代被保险人向第三者索赔的权利。换言之，保险人有权从造成保险标的损害的第三者处取得对被保险人的补偿。例如，一名鲁莽的汽车驾驶员在红灯时没有刹车，撞坏了你的汽车。如果你有汽车保险，你的保险公司会赔偿车损，然后再设法从那名过失的驾驶员处取得补偿。保险人在没有做出赔偿之前不能行使代位求偿权;只有在损失已赔偿的情况下,被保险人才给予保险人从过失的第三者处取得补偿的法定权利。

规定代位求偿权的目的是:首先,代位求偿权防止被保险人在同一次损失中取得重复赔偿。在没有代位求偿权的情况下,被保险人从保险人和过失方取得重复赔偿是有可能的,但这违反了补偿原则。其次,代位求偿权使肇事者对损失负有赔偿责任。通过行使代位求偿权,保险人从过失方取得补偿。

(四)最大诚信原则

保险合同是建立在最大诚信原则基础上的。保险合同双方应向对方提供影响对方做出签约决定的全部真实情况。最大诚信原则由三条重要的法理组成:

1. 陈述或告知。陈述是指投保人的陈述。其法律意义在于如果陈述隐瞒了事实或虚报情况,保险人有权宣布保险合同无效。这是因为,如果保险人知道了事实的真相,就不会履行保险合同或者按不同的条件订立合同。

2. 隐瞒。隐瞒是投保人没能向保险人揭示重要事实,即投保人对重要事实保持沉默和故意不予泄露。对重要事实隐瞒的法律后果与一次错误陈述相同,保险人有解除合同的选择权。

3. 保证。保证是保险合同中的一项条款。它规定了一种影响风险的事实存在作为保险责任的一项条件。例如,作为减少保险费的条件,一家银行要保证每天24小时都有一名警卫值勤。保证一般都是明示保证。在海上保险中也有若干默示保证,如具有适航能力、不改变航道和航程等。

二、保险合同的特点

保险合同具有以下特点。

(一)射幸合同

保险合同是侥幸或碰运气的合同,又称射幸合同,而不是等价交换的合同。保险合同有赖于机会,一方的获益可能与其付出的代价完全不成比例。相反,其他合同是交换的合同。交换的合同是指双方交换的价值在理论上是相等的。

(二)单务合同

单务合同是指只有一方做出在法律上要强制执行的允诺。在保险合同中,只有保险人向被保险人做出在法律上要强制执行的赔付或提供其他服务的许诺。虽然被保险人必须缴付保险费,但在法律上不能强制他们缴付。相反,大多数商业性合同在性质上是双务合同,双方要对另一方做出在法律上要强制执行的允诺。如果一方没有履行许诺,另一方可坚持要求对方履行,或者要求赔偿损失。

(三)有条件的合同

有条件的合同是指保险人的赔付责任取决于被保险人或受益人是否遵守保

险单上的条件。条件是保险单中的条款,它逐条陈述了双方的权利和责任。

(四)属人的合同

财产保险单是属人的合同,也就是说,它是被保险人和保险人之间的合同。财产保险合同并不承保财产,而是承保财产所有人的损失。既然合同是属人的,投保人必须得到保险公司认可,必须符合有关品质、道德和信用的承保标准。正因为财产保险合同是属人的合同,所以未经保险人同意不准把它转让给他人。如果财产出售给他人,新的财产所有人有可能不符合保险人的承保标准。相反,人寿保险单不必经保险人批准就可以转让给他人。财产保险的损失赔偿可以不必经保险人同意由被保险人转让给他人,但可以规定被保险人要通知保险人。

(五)要式合同

要式合同是指被保险人必须全盘接受合同的条件,没有与保险人讨价还价的余地;而大多数商业性合同允许商谈合同条件。保险人拟订和印制保险单,被保险人必须接受全部单证,不能要求增加或删除某些条款。

三、保险合同的基本组成部分

(一)声明事项

声明事项是保险合同的第一部分。它对被保险的财产或生命情况提供陈述,用来识别被保险的财产或生命,并作为承保和费率制定的依据。在财产保险中,它包括保险人的身份、被保险人的姓名、财产所在的地点、保险期、共同保险的比例、免赔额和其他有关的信息。人寿保险单的第一页一般有以下内容:被保险人的姓名和年龄、保险的种类和金额、保险费、出单日期和保险单的编号。

(二)保险协议

保险协议是保险合同的核心部分。该部分总括了保险人的承诺。例如,赔偿属于保险责任范围的损失,提供防损服务,同意在责任诉讼中为被保险人辩护。在保险协议中也载明了损失赔偿的条件。保险协议有两种基本形式:一种是指定保险责任范围。在指定险保单中,只有那些具体规定的损失原因以及损失属于补偿范围。另一种是一切险保险责任范围。在一切险保单中,除了那些具体排除的损失原因及损失外,其他损失都属于补偿范围。虽然一切险保单的费率较高,但它优于指定险保单,因为其保险责任范围广泛。

(三)除外责任

除外责任大致上可分为三类:除外的损失原因、除外的损失和除外的财产。除外责任之所以必要是出于下列原因:

1. 不可保的风险。有些损失明显不符合保险人的可保风险的规定。它们可能造成不可估量的巨灾损失。也有一些是被保险人能直接控制的损失,或者是可预料到的价值下降所造成的损失,因而它们也是不可保的风险。

2. 避免重复保险。例如,财产保险单排除了汽车保险,因为汽车是由汽车保险单承保的。

3. 减少道德危险因素。如果对货币无限额地承保,欺诈性的索赔将会增加。

(四)条件事项

条件事项部分规定了合同双方的权利和义务。实际上,该部分主要规定了被保险人的义务。如果被保险人不履行这些义务,保险人将拒绝赔偿。保险合同的共同条件事项包括损后财产保护、填报损失证据、在责任诉讼中与保险公司合作等。

(五)杂项条款

这些条款处理被保险人和保险人的关系,以及保险人同第三方的关系。这些条款也规定了执行合同的程序。例如,在财产和责任保险单中,这类条款包括解约、代位求偿权、保险单转让等。在人寿和健康保险单中有保险费缴付宽限期、失效保险单复效、误报年龄等条款。

第三节 保险的险种

保险的险种是按保险对象对保险业务做进一步分类。

一、财产保险

财产保险是以财产以及其有关的利益为保险标的的保险,它主要有以下险种。

(一)火灾保险

保险人对不动产和动产因火灾、雷击造成的直接损失以及搬迁财产损失负赔偿责任,并能扩展保险责任,附加间接损失保险,如营业中断、额外居住费用、租金损失保险。1943年的纽约标准火险单曾为美国大多数州采用,但它是一种保险责任范围不完全的合同,必须加上适当的附属保单和批单,以适合个人和企业对不同财产的保险需要。能加入到标准火险单的附属保单和批单的种类多达200种以上。但近年来标准火险单作为一种单独保险合同的作用正在消失,而代之以综合保险单。我国开办的财产保险、家庭财产保险均以火灾保险为基础。

(二)海洋运输保险

保险人对船舶及其运输货物因特定的损失原因,如恶劣气候、碰撞、沉没、搁浅、投弃、船长或船员的恶意行为所造成的损失负赔偿责任。它还包括运费保险和责任保险。海洋运输保险被认为是一种古老的险种。

(三)内陆运输保险

内陆运输保险是随着海洋运输保险的发展而产生的,各国对内陆运输的含义解释不同。美国做广义解释,内陆运输保险承保国内所有运输业装运的货物,包括陆上卡车、铁路运输、沿海船舶运输和航空运输,以及运输设施,如桥梁、隧道、管道,并包括受托人责任保险。日本做狭义解释,仅指陆上货物运输保险。

(四)盗窃保险

赔偿因抢劫和偷窃所造成的财产破坏或失踪的损失,包括货币和证券损失。盗窃保险现在一般包括在一揽子保险单中。盗窃保险可分为商业盗窃保险、银行盗窃保险和个人盗窃保险,有零售商店盗窃、保险箱盗窃、抢劫等多种保险单。盗窃保险还包括伪造保险,如伪造货币和信用卡、涂改支票的姓名和金额等。

(五)忠诚保证保险

忠诚保证保险是对雇主因雇员的不诚实行为,如贪污、挪用、诈骗所遭受的损失提供保障。

(六)确实保证保险

这是承保合同一方没有履约造成另一方的经济损失。确实保证保险和一般的保险有以下几点区别:

1. 一般的保险合同中只有双方,而保证保险合同有三方:履行特定义务的人(principal),是要保人;权利人(obligee),是得到补偿的人;保证人(surety),可以是一家保险公司。

2. 在一般的保险中,保险费反映可能的损失赔偿;在保证保险中,保险费只是一项服务费,保证人预计损失不会发生。

3. 保险人一般没有权利从被保险人处取得损失补偿;而保证人有法定权利从违约方取得损失补偿。

4. 保险人旨在补偿被保险人不可控制的损失;而保证人保证要保人的品质、诚实和履约能力,这些均属于可以控制的损失。

确实保证保险种类繁多,最常用的是履约保证保险,保证被保证人履行所有合同责任。如果一幢建筑物没有按时完工,保证人要对项目完成和雇用另一个承包商的额外费用负责。此外,还有支付保证保险、维修保证保险等。许可证保证、政府官员保证、司法保证等也属于确实保证保险。

(七)锅炉和机器保险

该险种承保锅炉和其他一些机械装置因爆炸和机器故障等原因对企业财产造成的直接损失和间接损失。企业购买锅炉和机器保险的一个重要原因是取得保险公司提供的防损服务,如派安全工程师定期检查锅炉和其他机械上的缺陷。

(八) 玻璃保险

由于建筑和装饰的需要,建筑玻璃的使用量剧增,综合的玻璃保险单以一切险为原则补偿玻璃破损,只有少数几个除外的损失原因,如火灾、战争、原子能等。这种保险一般以实物补偿为特征,由保险公司负责配换破损玻璃。

(九) 电子数据处理保险

由于企业广泛使用电子数据处理设备,保险公司近期开办了这一保险业务。这种保险专门承保电脑设备、磁带、卡片和作为媒体的磁鼓损失,以及损失发生后的额外费用支出和操作中断的经济损失,以一切险为补偿原则。

(十) 地震保险

鉴于某些地区易受地震造成的损失,地震保险可以单独承保,也可以作为附加险。日本的地震保险由私营保险公司经营,但政府提供再保险。我国的财产保险已把地震作为除外责任之一,目前正在研究单独开办地震保险的可行性。

(十一) 农作物保险

承保雹灾和其他自然灾害造成的农作物损失,如冰冻、旱涝、病虫害等。各种农作物保险的共同特征是,保险责任在农作物出土后生效,保险责任限额以每单位农田面积表示,保险金额一般等于生产成本,有时也包括部分预期利润。在国外,农作物保险一般都得到政府资助,或由政府部门直接经营。

(十二) 信用保险

这是以被保险人的信用为保险标的的一种保险。承保债权人因债务人不偿付债务而遭受的损失,如承保出口商因收不到进口商的货款而遭受损失。这里列举美国的几种信用保险。

1. 国内非常信用损失保险。美国有少数保险公司提供非常信用损失保险,对企业因客户破产、无偿付能力和过期账款所造成的财务损失进行补偿;但一般不向零售商提供这种信用保险。所谓非常信用损失是指超过正常信用损失的部分。正常信用损失是根据类似企业坏账损失数据计算,以年净销售额的一个百分比表示。保险公司根据债务人的信用级别对每个账户的信用损失赔偿规定了限额,对每个投保企业在保险期内的赔偿总额也规定了最高额度。

2. 对外信用保险。对外信用保险协会(FCIA)建立于 1961 年,它是由 50 家保险公司和再保险公司组成的一个非股份公司形式的保险组织,与作为联邦政府机构的进出口银行密切配合,专门提供出口信用保险。进出口银行向对外信用保险协会提供再保险。出口信用保险的保险责任范围包括资信报告延迟、进口商破产、无力清偿债务、违约和欺诈等。这种信用保险使出口商易于从商业银行和其他金融机构取得贷款,有助于扩大出口业务,金融机构也可以以自己的名义为国外进口商投保信用保险。

3. 信用人寿保险。商业银行、储蓄和放款协会不仅要求住宅购买者在抵押贷款发放之前购买住宅保险,而且也要求债务人取得信用人寿保险。倘若借款人身故,保险公司赔偿未偿贷款金额。放款机构既是保单所有人又是受益人,但由借款人缴付保险费。信用人寿保险一般采用定期寿险方式,保险金额受贷款金额限制,并随贷款偿还而减少。贷款全部清偿后,保险也就终止了。

4. 住宅抵押贷款保险。联邦住宅管理局提供住宅抵押贷款保险,保险费为贷款余额的0.5%。退伍军人管理局也担保向退伍军人发放的住宅抵押贷款。为了取得这类保险,住宅抵押贷款必须符合某些规定,如最高贷款金额、最高利率限额等。一些私营保险公司也经营住宅抵押贷款保险,规定的投保条件较严,最高保险金额一般为贷款金额的20%,而且只赔偿贷款发放10年以后的拖欠贷款损失。

(十三)政治风险保险

政治风险保险又称投资保险,承保投资者在国外的投资因政治变动、内战、暴乱、政府没收、汇兑限制等因素而遭受的经济损失;但也规定了不少除外责任。美国进出口银行和一些大的私营保险公司、英国劳合社均办理这项保险业务。为适应对外开放需要,中国人民保险公司也开办了这项业务。

(十四)产权证书保险

承保财产所有人因产权证明文件上的法律缺陷而遭受的经济损失。例如,一个人购买了一栋住宅的产权,但出售者欠了一个债权人大笔款项,而且这个债权人已取得了法院判决,并发出了财产扣押令。虽然购买者不知道这个判决,如果债权人行使扣押财产偿还债务的权利,这个购买者就要蒙受损失。产权证书保险能赔偿这种损失。产权证明文件上的缺陷包括不合格的留置权和抵押权、伪造契据、误述、无效的遗嘱。在美国,抵押放款机构不仅要求住宅购买者购买房主保险,而且也要求他们购买产权证书保险。这种保险有利于房地产交易和借款的顺利进行。

上述险种属于广义的财产保险。它包括了一些属于意外保险的险种,如盗窃、玻璃、锅炉和机器、信用和产权证书保险。有些是与火灾保险有关的险种,如地震保险。当然,财产保险远不止上述这些,还有许多附属险种和新险种,如应收账款保险、重要文件保险、气候保险、绑票保险、计算机犯罪保险等。汽车保险等重要险种将作为财产保险和责任保险两者相结合的险种来介绍。

二、责任保险

责任保险起源于19世纪。责任保险种类很多,大致上可分为以下几种。

(一)普通责任保险

普通责任是指由企业经营而产生的法律赔偿责任,不包括汽车驾驶、航空和雇员伤害的责任。这些责任是因企业经营场所的所有权以及维修和保养、电梯和自动楼梯、产品和工程的缺陷、合同责任、承包、环境污染、人身侵害等引起的。例如,一个顾客在商店破损的地面摔倒或因屋顶坍塌而受到伤害,商店要对此负有赔偿责任。又如,制造商和销售商要对生产和销售质量有缺陷的产品造成消费者或用户的人身伤亡和财产损失负有赔偿责任。再如,公路的承包商要对完工后留下的路坑造成过路汽车驾驶人的伤害承担法律责任。美国的综合普通责任保险单能承保企业面临的大多数责任风险。

(二)受托人责任保险

受托人是暂时占有属于他人所有财产的人。例如,洗衣店对顾客的衣服损失负有赔偿责任。受托人保险单加上不同的附属保单可以承保各种服务性企业的责任风险。

(三)职业责任保险

其指承保医生、律师、会计师、建筑设计师等专业人员因工作过失而造成他人人身伤亡和财产损失的赔偿责任。

1. 医疗责任事故保险。医疗责任事故是医疗行为的过失,它是一个理智和谨慎的医生在相同情况下不会做的,或者是应该做而没有做到的。例如,不恰当的外科手术使病人在手术后瘫痪,该外科医生要承担法律赔偿责任。医疗责任事故的伤害包括肉体、精神伤害,以及侵犯隐私权、诽谤等。这种保险的主要特征是,保险公司未经被保险人的书面同意不能理赔,因为它牵涉到医生的职业名誉。医疗责任事故保险分为内科医师、外科医师、牙科医师和医院责任保险。

2. 错误和疏忽保险。该险种承保律师、会计师、建筑设计师、工程师、房地产经纪人、证券经纪人、顾问、旅行社、保险代理人和经纪人因工作错误和失职给客户造成损失的赔偿责任。这里以一个保险代理人为例,如果保险代理人没有为一个保户续保一份财产保险单,使保单逾期,随后发生了一次财产损失,保户因不能获得赔偿而会对这个保险代理人提出要求赔偿的起诉。这种保险单就能为该保险代理人提供保障。

(四)劳工保险和雇主责任保险

根据法律规定,雇主对雇员的与工作有关的伤亡事故负有法律赔偿责任,包括医疗费、工资损失、抚恤金等,企业和公司一般通过向保险公司购买保险来履行这种法律责任。劳工保险既是一种社会保险计划,也是一种责任保险。美国的劳工保险和雇主责任保险单把保险责任分为两大部分:在第一部分劳工保险中,保险人根据州法律规定的赔偿金额给付。在第二部分雇主责任保险中,保险人赔付雇主在法律上对因工伤亡者应承担的赔偿金;但在保险人赔付之前,雇员或家属必须提出起诉,并证明雇主过失。

(五)个人责任保险

其指承保个人和家庭成员的过失行为造成他人人身伤亡和财产损失的赔偿责任,但营业、职业和汽车驾驶责任除外。在有些国家,对企业和个人的责任诉讼有时能达到巨灾损失水平,它会超过一般责任保险单的赔付限额。因此,企业和富有的个人需要购买超额责任保险单。个人超额责任保险单的保险金额范围为100万美元至1 000万美元。

三、财产和责任综合保险

现代保险业务出现综合化的趋势,使用"一揽子"保单能承保多种类型的损失风险。财产和责任综合保险就是最重要的例子。下列重要险种单独归类在财产保险或责任保险中。

(一)汽车保险

不少国家的汽车保险业务在财产和责任保险中占第一位。汽车保险根据汽车使用性质不同,可分为私人用车和商业用车两种,但保险责任基本相同。汽车保险主要分为车损险和第三者责任险两大部分,其中第三者责任险的意义更为重大。

1. 第三者责任险。承保被保险人因汽车事故对第三者的人身伤害和财产损失应负的法律赔偿责任。保险人按保险单载明的限额支付第三者人身伤害赔偿金,并提供法律辩护和支付有关费用。财产损失多半是其他汽车,也包括建筑物、电线杆等损失,保险人也按保单载明限额赔付第三者财产损失。各国对第三者责任险大多实行强制保险。

2. 车损险。承保被保险人的汽车因碰撞、偷窃和其他原因造成的损失,如火灾、爆炸、地震、洪水、暴动、与动物相撞等。它分为碰撞保险和综合保险两种。各国对车损险一般实行自愿保险。

(二)航空保险

与汽车保险一样,航空保险也分为财产险(机身险)和责任险两大部分。

1. 机身险。它分为飞行险和地面险两大类,可以同时承保这两种风险。保险公司一般以一切险为原则赔偿因飞机坠毁和碰撞等原因造成的机身损失。

2. 责任险。承保航空公司对飞机乘客人身伤亡、除了乘客以外的公众人身伤亡和第三者的财产损失这三种责任风险。此外,保险公司一般还支付事故发生后的医疗急救和事故调查费用。

航空保险的市场不限于商业客机,还包括航空货物运输、企业和个人拥有的飞机、飞行学校、飞机制造商等。航空保险种类还包括机场责任险、产品责任险、飞机库保管人员责任险等。

(三)核电站保险

核电站保险分为责任保险和财产保险两大部分。

1. 责任保险。赔偿核事故对公众的人身伤害和财产损失。核裂变过程产生的放射物的外泄会给周围地区的居民带来核污染,造成严重的人身伤害和财产损失。责任保险又分为核设施经营者保险和核材料设备供货商、运输商责任保险两种。

2. 财产保险。赔偿核危险和通常损失原因如火灾、爆炸、风灾造成的核电站在建筑安装和运转时期的财产损失,以及核材料和设备在运输过程中的损失。财产保险可分为核电站建设、经营、运输和营业中断险等。

(四)企业财产和责任综合保险

国际上越来越多地使用多种险的"一揽子"保险单来满足企业基本的保险需求。"一揽子"保险单是把多个保险合同放入一份保单,同时提供财产和责任保险。例如,美国盛行的特种多种险保单能承保大多数企业的财产和责任风险,也适用于承保教堂和学校这样的机构;但劳工保险、汽车保险和保证保险除外。该种保单有一份基本保单,再加上适当的附属保单和批单能满足企业的特殊需要。基本的保险责任分为财产保险、责任保险、犯罪保险、锅炉和机器保险四大部分,后面两部分是可供选择的。

(五)家庭财产和责任综合保险

这也是一种"一揽子"保险单,除了用于私人住宅和动产保险外,还可用于个人责任保险。该种房主保险单分为两个部分:第一部分承保住宅、其他建筑物、动产、额外生活费用支出和房租收入损失;第二部分提供个人责任保险及受害人的医疗费用保险。

四、人身保险

人身保险种类繁多,大致可分为以下几大类。

(一)人寿保险

人寿保险的必要性在于家庭中受赡养的成员要依靠有收入的户主,一旦户主过早死亡或退休,其遗属、配偶、未成年子女就会失去原来分享的收入份额。人们购买人寿保险主要是为了使自己的家庭获得一定的经济保障,一旦户主死亡或退休,人寿保险公司就会给付受益人保险金。人寿保险的基本种类如下:

1. 定期寿险。定期寿险提供确定时期的保障,如1年、5年、10年,或者到被保险人达到一个确定的年龄,如65岁或70岁。如果被保险人在保险期内死亡，保险人给付受益人保险金。如果期满后被保险人仍生存，保险人不承担给付责任。定期寿险又称死亡保险，适合于低收入或暂时需要保险的个人。

2. 终身寿险。终身寿险是提供终身保险的长期性保险，一般到 100 岁为止。如果被保险人到 100 岁时仍生存，保险人仍给付保险金。终身寿险有两种主要形式：一是普通终身寿险。这是指被保险人终身缴付保险费，保险费是均衡的，不随着年龄的增加而增加。这种保险适合于需要终身保障和乐于增加额外储蓄的个人。二是限期缴清保费终身寿险。这是指被保险人在有限时期内缴清保费，如 10 年、20 年或者在 65 岁或 70 岁时缴清。

3. 两全保险。又称储蓄保险、养老保险。如果被保险人在保险期内死亡，保险人给付受益人保险金；如果被保险人在保险期满后仍生存，保险人给付被保险人保险金。两全保险是死亡保险和生存保险的综合，与终身寿险的区别是保障有期限，而且具有投资性质，可以作为个人储蓄和退休金计划。

4. 其他寿险。大多数其他寿险是定期寿险和终身寿险两者的结合。这里列举几种新的寿险单：

(1) 变额寿险单。保险公司为保险单持有人分立账户，把资金用于股权资本投资，死亡给付金随投资收入而增减，但规定了一个保证给付的最低金额。

(2) 可调整的寿险单。允许保险单持有人把终身寿险转为定期寿险，并在一定的限额内可增减保险金额和保险费缴付，还可延长和缩短保险期。

(3) 可变保费寿险。这种寿险单主要用来对付通货膨胀。在通货膨胀加剧、利息率和投资收入增加的情况下，保险费可相应减少。

(4) 万能寿险单。这种寿险单在 1979 年首次使用。它允许保险单持有人随时改变死亡给付金、保险费及其缴付时间，保险费收入记入单独账户，利息收入根据市场利率变化加以调整，并考虑死亡率变化的因素。后来又出现把变额寿险和万能寿险加以结合的变额万能寿险。

(二) 年金保险

年金是收付款项的一种方法，在规定的时期或终身按年、季度或其他间隔时间支付款项。年金保险是用年金方法给付保险金。年金保险可定义为保险人在被保险人或年金受领者的生存期或特定时期按约定的金额作定期给付，可提供他们退休收入。

年金保险的基本种类如下：

1. 纯粹终身年金。年金受领者只有在生存期内可领取年金，死亡后停止给付，不退还没有使用的年金保费。

2. 偿还式年金。年金受领者死亡后，剩余的年金继续付给受益人。这种年金又有多种形式，如保证分期偿还年金、分期偿还式年金、一次性现金偿还年金。

3. 即期给付年金。以一次性缴费方式购入,在隔了一个给付间隔期后,如月、季、半年、一年,作第一次给付。

4. 延期给付年金。购入年金后隔一定时期或达到某年龄时开始给付年金,可以以一次缴费或分期缴费方式购买。一种广泛使用的延期给付年金是退休年金,从退休年龄开始给付,年金受领者可以选择给付方式,如纯粹终身年金、分期偿还年金、一次性现金偿还年金。

5. 联合和最后生存者年金。这是两个或两个以上的年金受领者的联合年金,如夫妇、兄弟姐妹。年金给付到最后一个年金受领者死亡为止。

6. 变额年金。这是一种终身年金,定期的给付额随着普通股的价格水平变动。这是根据长期的生活费用与普通股价格存在相应变动关系确定的。因此,这种年金能保持定期给付年金的实际购买力,以对付通货膨胀。

(三)健康保险

这是以疾病或人体伤害损失为保险标的的保险。健康保险现在一般包括意外伤害保险和医疗保险,它还可以细分为以下几种保险:

1. 住院费用保险。给付被保险人在住院期间的住院和膳食费用,以及医药费和杂费。一般规定住院保险期,并对医药费规定最高限额,或采取共同保险。

2. 外科费用保险。它可以作为住院费用保险单的一项附加险。保险金给付通常依据外科手术费用表。该表列明各种外科手术及其给付的最高金额。保险金给付的另一种办法是使用相对价值表,该表根据复杂程度对每种外科手术分配一个单位数,实际给付额等于该单位数乘上在保险单中规定的单位价值。

3. 普通医疗费用保险。只报销非外科的门诊医疗费用,一般规定门诊次数和每次门诊费用报销的最高金额。

4. 丧失工作能力的收入保险。当被保险人因疾病或伤害不能从事正常工作时,保险人给付收入保险金。大多数保险单只对完全丧失工作能力的被保险人定期给付收入保险金,并免缴保险费,甚至提供康复费用保险金。

第四节 保险的选择和购买

随着我国经济体制改革的深入发展和对外经济的开放,全社会的风险意识和保险意识不断增强,保险作为风险管理的重要方法日益受到重视。我国自从1980年恢复国内保险业务以来,保险业务得到持续、高速的发展,业务范围不断扩大,业务种类也不断增加。

一、我国企业风险的特点

我国是一个自然灾害频繁而且严重的国家,无论灾害的种类、频率、强度都是很高的。近几十年除了没有发生过火山爆发外,其他主要自然灾害都发生过。我国是世界大陆地区地震强度最大、影响面最宽的国家。我国在20世纪多次发生6级以上的地震。1976年唐山发生的7.8级大地震造成24万人死亡,16万人受伤,财产直接损失96亿元。2008年汶川8级特大地震造成8.7万多人死亡和失踪,37万多人受伤,直接经济损失8 451亿元。在我国的所有自然灾害中,洪水灾害造成的损失最大,约占自然灾害造成损失的40%。在1998年夏季的洪水灾害中,仅长江流域的社会财产损失就高达1 345亿元。2014年各类自然灾害造成直接经济损失3 373.8亿元。

随着我国经济发展和人口增加,意外事故损失呈现上升趋势。以火灾损失为例,1980~1989年全国火灾损失32.4亿元,超过前30年的总和。仅2012年全国火灾造成的直接财产损失为21.8亿元。再以交通事故为例,因道路交通事故伤亡的人数稳中有降,近年来每年死亡人数为5万人左右,机动车每万辆死亡率2.3人,大大高于日本不到1人的水平。

由于我国经济迅速发展,企业资本和规模正在不断集中和扩大。我国国有经济正在进行战略性重组,国有资产从分散走向集中,通过联合兼并,向大企业、大集团、资金技术密集型产业方向发展。到2014年,我国已出现100家能跻身世界500强的特大型企业集团,中国石化、国家电网、中国石油进入前十强,这样就会使资产的风险更为集中。与此同时,企业灾害事故的损失频率和损失程度日益增大。一次灾害事故赔款的最高金额和平均每次赔款金额都呈现上升趋势。例如,1996年全国十大商城之一的沈阳商业城因火灾获赔款9 419万元。又如,2013年9月4日韩国SK海力士无锡工厂发生火灾,最终确认保险赔款9亿美元,其中包括营业中断损失约2亿多美元。2013年雅安地震、台风"菲特",保险赔款分别是9亿元和34.59亿元。再如,2014年12月31日,对上海外滩拥挤踩踏事件,上海保险业累计赔付19位遇难者378.98万元;2015年长江"东方之星"客船翻沉事件,上海保险业已向相关67位客户家属赔付1 179.61万元;同年8月12日,天津港特别重大火灾爆炸事故造成100多人遇难,数十人失联,大批进口汽车被烧毁,公共设施和大量房屋受损,间接损失也是巨大的,保险公司赔付或创中国保险赔偿史上新高。

随着我国经济体制改革和对外开放力度的加强,我国企业所面临的风险呈现多样化。例如,我国的社会保障制度改革要求建立多层次的养老保险体系,国家基本养老金只提供最低的生活保障,其替代率要从目前的83%调整到50%左右,这就要求企业替职工安排补充养老金保险。又如,我国对外贸易额迅速扩大,每年出口产品有数十亿美元的应收账款滞留和损失在境外。再如,近年来,我国的航空市场以惊人速度发展,机场、航空公司、飞机制造企业所面临的风险明显增多。

二、企业投保决策的约束

企业风险管理人员在进行投保决策时要受到以下约束:

(一)法律约束

有些保险,如机动车辆第三者责任保险是法定保险,企业必须投保。有些保险虽不是法定保险,但是一些法规中规定如企业损害他人利益时应当承担赔偿责任的,例如产品责任、公众责任、职业责任等,企业应该根据自己所面临的风险大小作出投保决策。

(二)行政约束

目前,财政部门规定不再拨款或核销因灾害事故造成的非常损失,这样可保而没保的灾害事故损失只好在企业发展基金、利润留成中开支。行政部门的这些规定实际上是促使企业参加有关保险。

(三)其他外部约束

银行、客户、消费者的行为和合同等也影响着企业的投保决策。银行加强贷款风险管理的一个重要手段是要求借款人提供抵押品,因此银行在贷款合同中就会关心抵押品的保险问题。合资企业的外方投资者一般都关心工程项目的保险问题,进口商或购货方也会关心货物的运输保险。

(四)企业内部约束

企业内部约束包括企业领导的自身约束、企业主管部门或董事会、企业职工的约束。在现代企业制度中,企业领导对企业财产负有维护和保管的责任。而且,这同他们的职务任免、奖惩有关,这就形成了企业领导的自身约束。在股份制公司中,总经理等高级管理人员由董事会任命,他们要向董事会负责,如果经营中发生重大失误,董事会要追究他们的责任。如果企业的灾害事故损失得不到补偿,致使生产或营业中断不能及时恢复,这将影响职工的工资和福利,因此企业职工也会关心保险问题。此外,企业工会把职工家庭财产保险和人身保险作为增加职工福利的重要项目。

当然,在进行投保决策时,企业风险管理人员要按轻重缓急确定投保险种,要比较投保方案的成本和效益后确定风险自留还是保险,或者自留风险和保险相结合,或者采取其他对付风险的方法。

三、确定投保方案

决定投保之后,下一步就要考虑投保方案。对于一个特定企业来说,有些风险存在,有些风险并不存在;有些风险大,有些风险小。这就决定了企业要先进行保险需求分析,并面临一个选择保险险种的问题。有些险种是必须投保的,这包括法定保险、由合同规定的保险项目和威胁企业生存的巨灾损失保险,后者如企业财产保险。有些风险是某些企业特有的,可以选择相关的险种和附加险,例如,企业对外承包工程,可以选择履约保证保险、货物运输保险、建筑安装工程保险、施工人员人身意外伤害保险等。

大型企业或特大型企业自己承担风险的能力强,可以选择投保风险较大的险种和保险标的,并且可以自留大部分风险,使用高的免赔额或投保超额损失保险,甚至自保。例如,中国石油化工总公司专门设立了"安全生产保证基金",规定所属企业按财产价值 2‰ 提取自保基金,并制定了一套管理办法,设立了组织机构。

不同的险种有不同的保险金额确定方法,就是同一个险种有些也有不同的保险金额确定方法。例如,我国企业财产保险的固定资产和流动资产的保险金额确定方法分为账面计算法和估价计算法两类。在账面计算法中,固定资产和流动资产的保险金额确定方法不同,就是固定资产的保险金额也有按账面原值、原值加成和重置价值确定数种方法。因此,企业财产保险的保险金额应根据财产的种类、企业财务制度的健全与否采用不同的方法确定;而且,不同的保险金额确定方法应使用不同的赔款计算方法。例如,企业财产保险中固定资产的保险价值是出险时重置价值,如果保险金额低于保险价值,那么就是不足额保险,发生损失只能得到部分赔偿。所以,如何确定保险金额的问题也是制定投保方案时所要仔细考虑的重要问题。

四、选择保险公司

投保人选择保险公司的标准是多方面的,其中最重要的标准有以下几种:

1. 偿付能力。这是指保险公司支付赔款和给付保险金的能力。《中华人民共和国保险法》第一百零一条规定:"保险公司应当具有与其业务规模和风险程度相适应的最低偿付能力。保险公司的认可资产减去认可负债的差额不得低于国务院保险监督管理机构规定的数额;低于规定数额的,应当按照国务院监督管理机构的要求采取相应措施达到规定的数额。"《保险公司偿付能力管理规定》对保险公司偿付能力的管理作了专门规定,分别对财产保险、短期人身保险业务和长期人身保险业务规定了最低资本数额,对偿付能力充足率低于 100% 的保险公司可分别做出办理再保险、业务转让、增资扩股、实行接管等方式处理。2015年2月13日,保监会正式印发"偿二代"的17项监管规则以及过渡期内试运行方案,以后再修订《保险公司偿付能力管理规定》(2008)。

了解保险公司的偿付能力的另一种简便方法是查看资信评估公司对保险公司评定的级别。

2. 盈利状况。保险公司的盈利状况能够反映其财务稳定性和管理水平。保险公司的利润主要来自承保和投资业务。在国际上,财产保险公司有时会发生承保亏损,但投资利润可以弥补其亏损。人寿保险公司利润的重要来源是投资业务。一般来说,由于竞争的原因,利润高的保险公司往往会降低费率。投保人一般应选择利润高的保险公司,争取以优惠费率承保。

3. 保险费率。它是保险商品的价格,无赔款优待和浮动费率的规定也是费率的构成部分。一般来说,在其他条件相同的情况下,投保人总会选择费率低的保险公司。但是,投保人不能把费率作为选择保险公司的唯一标准或主要标准。购买保险的主要目的是为了获得经济保障,投保人还应该注意保险公司提供的保险品种和服务质量。

4. 保险品种和服务质量。各家保险公司所提供的同一险种的保险单在条款设计、保险责任范围、除外责任、附加险、免赔额规定等方面不一定都是相同的。所以,投保人要把各家保险公司的保单加以比较,选择最能满足自己保险需要的先进保险品种,如综合的或"一揽子"的财产和责任保险单、能对付通货膨胀的寿险品种。保险公司除了承担赔偿或给付责任外,还提供有关的服务,如风险管理咨询、防灾防损、理赔、诉讼、代位追偿等服务。投保人在选择保险公司时必须考虑其服务设施和业务人员或代理人的专业水平,以及服务是否全面、周到和耐心细致。各家保险公司在其长期经营中都形成了自己在保险品种和服务方面的特色。例如,有的擅长于工程保险,有的擅长于年金保险,这是选择保险公司时必须加以考虑的。

五、保险合同谈判

保险合同一般是要式合同,投保人和保险人之间毋庸商谈合同条件。但是,对大型企业或大的保险项目来说,投保人可以与保险公司就保险条款和费率进行谈判,使用特约保险单,使保险方案符合自己的需要,甚至关心保险公司在承保之前对再保险的安排。在国际上,有时这种保险合同谈判是投保人委托保险经纪公司进行的。由保险经纪人根据投保人的需要设计了投保方案,征求企业风险经理的意见并取得同意后,再由保险经纪人与保险公司商谈。作为投保人的代理人的保险经纪人,应根据客户的需要,按照偿付能力、信誉、保险责任范围、服务质量、保险费率等标准,选择最好的保险公司和保险品种。保险经纪人的佣金一般按保险费收入计收,通常由保险人支付,佣金率由保险人和保险经纪人按业务种类和所花费的劳务协商确定,一般在10%～20%的比率内。保险人也可以根据保险经纪人提供的业务质量和赔付率支付利润,分享佣金。因此,如果通过保险经纪人投保,企业也存在一个选择保险经纪人的问题。

《中华人民共和国保险法》已对保险经纪人制度做了原则性规定。近年来,为了开拓保险市场,建立和完善保险中介制度,中国人民银行在1998年2月颁发了《保险经纪人管理规定(试行)》,中国保险监督管理委员会于1999年5月15日在全国举行了首期保险经纪资格考试。在2013年5月保监会颁布了新的《保险经纪机构监管规定》。

六、我国企业保险管理的现行模式

自从1980年我国恢复国内保险业务以来,在企业中逐步形成了以下几种保险管理模式:

(一)财务部门统管保险的模式

大多数企业是由财务部门统管保险。在财务部门中指定专人管理同保险有关的活动。根据企业其他部门提供的风险信息和损失控制情况提出投保方案,交主管领导做出决策,并负责投保和索赔事务。有关保险的其他事务,如损失风险分析、防灾防损工作、编制损失清单,则由有关部门协助或负责。

(二)各部门分管保险的模式

在这种模式中,凡是属于哪个职能部门范围的风险就由哪个相关部门处理,各部门分别制定投保方案和做出投保决策。例如,运输部门负责机动车辆保险和货运险,销售部门负责产品责任保险,工会负责团体人身保险和团体家庭财产保险,人事部门负责职工补充养老保险。财务部门只负责涉及全局的保险,如企业财产保险。

(三)设立专职的保险管理部门的模式

有些企业,特别是大型企业和"三资"企业,为了对企业的各种保险进行统一和专门的管理,设立了专门部门负责管理保险,定期召开有各部门领导参加的保险会议,以明确各部门的分工,协调各部门之间的关系,制定统一投保方案,并且使保险单证也做到集中管理。

(四)设立专业自保公司的模式

中国海洋石油公司于2000年8月23日在中国香港注册成立我国第一家真正意义上的专业自保公司——中国海洋石油保险有限公司,并委托美国怡安保险经纪公司(AON)管理,为母公司及其子公司提供财产和责任保险,已获得不错的承保利润。中国海洋石油公司的自保模式为我国其他大型企业集团的风险管理提供了宝贵经验。

复习思考题

1. 试解释下列名词：补偿原则,保险利益原则,代位求偿原则,最大诚信原则,火灾保险,海洋运输保险,忠诚保证保险,信用保险,信用人寿保险,政治风险保险,职业责任保险,汽车保险,航空保险,定期寿险,终身寿险,两全保险,变额寿险,万能寿险,年金保险,健康保险,偿付能力。
2. 试解释保险的定义。
3. 概述保险的基本职能和派生职能。
4. 简述保险合同的特点。
5. 概述保险合同的基本组成部分。
6. 确实保证保险与一般保险有哪些区别？
7. 企业在进行投保决策时要受到哪些方面的约束？
8. 企业在制订投保方案时要注意哪几个主要问题？
9. 投保人按照什么标准来选择保险公司？
10. 简评我国企业现行的保险管理模式。

第九章 专业自保公司

第一节 专业自保公司的性质和种类

一、专业自保公司的性质和发展简史

专业自保公司是非传统风险转移（ART）和整体化风险管理的一个核心组成部分。设立专业自保公司实质上是建立企业的自保基金。在过去的40多年里，专业自保公司在世界范围有较迅速的发展。专业自保公司一般被定义为是由不属于保险业的母公司全部拥有的保险子公司，它主要的职能是为母公司及其子公司提供保险。

专业自保公司的起源可以追溯到中世纪的互助保险（基尔特）和19世纪的相互保险团体。现代意义上的专业自保公司是于20世纪20年代和30年代在欧洲挪威和英国产生的。截至2013年，全世界估计有6 000余家专业自保公司，其中美国有3 000余家，美国500强企业中有90%拥有专业自保公司，全球专业自保公司每年共有500亿美元毛保费收入，约占全球商业保费收入的15%。专业自保公司在美国始于20世纪50年代，从20世纪60年代后期到20世纪80年代初有了迅速的发展，这与美国财产和责任保险市场的承保周期变化和市场状况恶化有关。在20世纪80年代，由于美国取消了对专业自保公司的某些税收优惠，专业自保公司的发展势头有所减缓。然后，在20世纪90年代，由于保险和再保险市场萧条，加上企业风险管理的发展，专业自保公司又加速发展。美国的专业自保公司一般提供意外保险（casualty insurance），特别是产品责任保险和职业责任保险。在欧洲，专业自保公司在英国最为活跃，其次是在荷兰、比利时和德国。英国和欧洲的专业自保公司主要提供财产保险。美国和欧洲的专业自保公司的一个特点是：它们中有许多是设在非母公司所在地的离岸金融市场，百慕大是世界上专业自保公司最为集中之地，其专业自保公司数占全世界的

20%，保费收入占全世界的50%。其他专业自保公司的中心有开曼群岛、英属维尔京群岛、佛蒙特、巴巴多斯岛、直布罗陀、卢森堡、爱尔兰、中国香港、新加坡等地。近些年来，全球允许专业自保公司注册的国家和地区不断增加，欧美国家又取消了对离岸专业自保公司的税收优惠，使得许多专业自保公司选择在国内注册。美国已有一半以上的州允许专业自保公司注册，其中佛蒙特是美国最多的专业自保公司注册地。

在我国，1984年经国务院批准的中国石化总公司试行的"安全生产保证基金"可以说是我国大型企业第一个专业自保公司的雏形。中华联合财产保险公司的前身新疆建设兵团财产保险公司实质上也是一家专业自保公司。中海油集团最早在中国香港地区组建了专业自保公司。2013年12月11日，保监会下发了《关于自保公司监管有关问题的通知》。2013年12月24日，我国境内首家专业自保公司——中石油专属财产保险股份有限公司——获准开业。中国石化则把自保公司设在香港。2015年3月30日，境内第二家自保公司中国铁路财产保险自保有限公司正式成立。

二、专业自保公司兴起的原因及其优点

专业自保公司的大量涌现主要是因为企业对商业保险市场不满意，以及设立专业自保公司会给本企业带来一些好处。对商业保险市场不满意主要表现在以下几个方面：

1. 欧美保险市场的承保周期发生剧烈波动，保险费率和承保能力忽高忽低，使企业难以获得连续性的风险筹资安排。相比之下，设立专业自保公司可以使企业能够根据自己的损失经验数据进行保险定价，并制定一个长期的费率结构，不受商业保险市场变动的影响。

2. 不适当的保险费率结构。虽然保险的基本原理是许多被保险人分摊其中少数被保险人的损失，保险费率是根据平均损失制定的，但保险购买者不愿意长期补贴其他损失经验数据差的被保险人，特别是当保险人没有对损失经验数据好的被保险人给予回报时，他们就会退出投保行列。

3. 得不到足够的保障。一些商业保险公司在发生了产品责任和环境责任保险巨额索赔之后，不愿意提供高的保险责任限额。但一些专业自保公司却能提供超过1亿美元的责任限额。

4. 费率过高。对于诸如产品责任一类的风险，如果被保险人要获得充分的保障，承保人的费率开价过高，会迫使企业离开保险市场、另觅新径去处理这类风险。

设立专业自保公司给企业带来的好处主要有以下几个方面：

1. 保险费用减少。首先,保险公司收取的保费包括附加费率部分的费用和利润,非赔付部分一般要占到毛保费的 20%～30%。这部分开支可以减少,专业自保公司不必开支取得新业务的营销费用,其费用率一般低于 10%。其次,专业自保公司的保费是自留的,这样可以取得现金流量的好处。再次,专业自保公司可以花较低费用取得再保险,再保险通常比原保险的费率要低。

2. 风险选择。专业自保公司可以把相对可预测的损失自留,对超过自留水平的风险使用分保。对各类风险也可以根据其损失经验数据和财务能力选择投保。例如,一家石油公司可以把损失程度较低的零售店的财产风险自留,而把炼油厂投保。

3. 风险控制。专业自保公司的承保结果直接反映了其母公司的损失经验数据,这可以增强母公司对风险控制的动力。

4. 对商业保险市场的补充。专业自保公司能对商业保险市场不能提供全面保障的风险进行自保,对那些不可保的风险也可提供适当和灵活的保障。

5. 进入再保险市场。专业自保公司一般重视损失频率高、损失程度低的风险,对于这些可预测的风险进行自保乃是良策。对于难以预测的损失频率低、损失程度高的风险,专业自保公司把它们转移到再保险市场,百慕大是全球最大的离岸再保险市场。与直接保险市场相比较,再保险的费用较低,而保险金额较高,保险责任范围较广。而且,再保险公司对不寻常的风险采取较灵活的态度。

6. 税收。首先,缴付给专业自保公司的保费可以作税收扣除,但美国是一个例外。20 世纪 80 年代初美国内税局认为缴付给专业自保公司的费用在性质上不同于保险费,不允许作税收扣除。但到了 20 世纪 90 年代,又允许承保 30% 以上外界业务的专业自保公司的保险费可作税收扣除。其次,可获得较低的公司所得税率,在一些离岸金融市场,甚至可以免缴公司所得税。

7. 离岸金融市场。除了较低的公司所得税率外,离岸金融市场的监管环境较为宽松,能花较少费用迅速设立专业自保公司。例如,在百慕大,纯粹的专业自保公司的最低资本要求一般为 12 万美元。

8. 全球风险筹资战略。大型的跨国公司通常根据其财务实力自留大部分风险。专业自保公司在执行统一的全球风险筹资方针方面能发挥部分作用。使用一个保险人有利于制定全球保险规划。跨国公司的子公司在所在国的保险可以用较高的免赔额、责任限额和较广的保险责任范围的全球保单来加以补充。如果所在国的保险法规禁止不被认可的保险人经营,专业自保公司可以先把业务安排给当地保险人,然后再向自己分保。

9. 利润中心。专业自保公司的成功经营使其成为母公司的利润来源之一,持续的盈利使一些专业自保公司向外界提供保险。

三、专业自保公司的不足之处

尽管设立专业自保公司给企业带来了一些好处，但也存在不少不足之处，主要有以下几方面问题：

1. 风险组合的规模较小。特别是在专业自保公司的早期阶段，由于其损失经验数据不足，将会降低其自留风险的能力。另外，由于其风险的分散程度较低，再保险成本将会提高，以致自留风险的基金不足。

2. 开办和经营费用。要设立专业自保公司必须有法定最低资本金，以及提留法定的准备金，还有印花税、申请费和注册费、法律费用等开支。在经营期间自然会发生各种经营和管理费用。

3. 与保险人合作的费用。专业自保公司需要借助于保险人的承保和理赔力量，这些服务都需要付费。

4. 跨国公司的子公司所在国的法律限制。例如，限制向专业自保公司汇出保费金额，只准向国家再保险公司分保等。

四、专业自保公司的种类

专业自保公司可以按照其规模、所有权、经营范围、职能和地点来分类。按照其规模可以分为以下三类：

1. 账面专业自保公司（paper captive）。它们一般设在税率低和保险监管环境宽松的地方，通常由一个管理代理人负责管理，较为秘密地经营。

2. 小规模的专业自保公司。大约80%的专业自保公司都是小规模经营的，它们一般设在离岸金融市场，由专门从事专业自保公司管理的公司管理。这些管理公司是独立的公司或是由保险经纪公司拥有的公司，一家管理公司一般要管理几家专业自保公司。小规模的专业自保公司一般自留较少的风险，而把大部分风险转移给再保险市场。

3. 大规模的专业自保公司。这些专业自保公司能自留较大部分的风险。除了特大的风险外，它们对再保险市场的依赖较少。

按照所有权来分类，专业自保公司可以分为以下几种：

1. 一个母公司拥有的专业自保公司。70%的专业自保公司是由一个母公司拥有的。母公司可以决定专业自保公司的发展目标，专业自保公司能控制其事务。

2. 多个母公司拥有的专业自保公司。这种专业自保公司在美国较为普遍，它们在相互保险的基础上经营。其优点是专业自保公司的承保能力增强，风险较为分散。其主要问题是需要各个母公司之间的合作,可能发生利益冲突。

3. 协会专业自保公司。又称为团体专业自保公司。它类似于由多个母公司拥有的专业自保公司,主要区别是它们是由职业团体、行业组织设立的,如能源、航空、医疗责任等行业或职业团体组成的专业自保公司。在这种组织结构中,损失赔偿通常按照各成员所缴保费的比例来确定。

4. 租借专业自保公司和单元保障公司(rent a captive and protected cell company)。这些是近年来才出现的专业自保公司形式。它们通常由一方或多方拥有,向一大批风险不相关客户提供保险业务。在租借专业自保公司中,作为第三方的所有人委托再保险人或保险经纪人管理。在典型的交易中,一个客户向一个出面承保公司(fronting company)投保,再由出面承保公司向租借专业自保公司分保。在租借专业自保公司内,对各个客户设立账户,以记录风险和保费。虽然各个账户是独立的,但也存在资产混合的可能性,被保险企业不仅要对自己风险的承保结果负责,而且要对该自保公司和其他租借者最终经营结果(如投资业绩)负责。租借专业自保公司主要为那些没有足够资金或不愿意开设专业自保公司的企业提供服务。因为租借专业自保公司有可能出现资产混合,所以在1997年又出现了单元保障(protected cell)公司,又称为分离账户公司。在租借专业自保公司,账户分离是由合同规定的。而在单元保障公司,账户分离则是由一些离岸金融中心的法令规定的,意味着账户分离更为健全,不允许资产混合。一个典型的单元保障公司由两部分组成:核心和单元。一个独立的第三方通常是金融机构或保险人,拥有核心,它可以自己管理或委托一个专业管理机构管理。每个客户通过订约使用一个或多个单元,并向核心提供的单元付费。根据立法条款规定,一个单元的债权人仅仅能获得该单元资产。倘若资产不足,债权人对单元保障公司的所有人的非单元资产拥有追索权。因此,要求单元所有人对他们在单元中的风险提供担保,在需要的时候单元保障公司的所有人可以取得担保品。由于单元保障公司的安全性和灵活性,它的运作相当成功,可以向各种客户提供标准保险和巨灾保险保障。

按照经营范围来分类,专业自保公司可以分为纯粹专业自保公司和对外经营的专业自保公司。纯粹的专业自保公司只承保其母公司的业务,70%的专业自保公司属于这种类型。姐妹专业自保公司(sister captive)是纯粹专业自保公司的一种延伸,它是指还向母公司或控股公司的各子公司或关联企业提供保险业务的专业自保公司。对外经营的专业自保公司除了承保其母公司的业务外,还向外界提供保险。它们主要通过参加再保险集团或相互保险社来承保外界业务。再保险集团一般由承保代理机构或保险公司管理。在相互保险社,专业自保公司与其他专业自保公司和保险公司相互交换一部分风险。

按照职能来分类,专业自保公司可以分为从事直接保险业务的专业自保公司和从事再保险业务的专业自保公司。由于许多国家不准许向不被认可的保险人投保,所以专业自保公司的直接保险业务有限。大多数专业自保公司通过从所在国认可的保险人处取得分保来承保母公司在海外的子公司的业务。

按照地点来分类,专业自保公司可以分为设在离岸金融市场的专业自保公司和设在国内的专业自保公司。

五、风险自留集团

20世纪80年代初,美国出现了责任保险危机。为了解决责任险产品供给不足和费率过高的问题,一开始主要实行医疗行业职业责任保险,1981年美国国会通过了《责任风险自留法》(LRRA),允许成立"风险自留集团"。根据1986年修订的《责任风险自留法》,风险自留集团的设立需要满足三项条件:(1)所有成员必须是被保险人。(2)成员必须从风险自留集团购买保险;所有成员所在行业相同,面临相同的责任风险。(3)风险自留集团的组织形式可以是股份公司、相互保险公司或互惠合作社等。风险自留集团在美国的州注册,一旦注册后就能在其他州经营业务。与专业自保公司相比较,风险自留集团承接业务可以不通过出面承保公司,这样可以减少费用开支,而许多专业自保公司由于监管部门的限制在当地属于不认可保险人,不能直接承保业务,就需要当地认可保险人出面承保,而后向自己分保。风险自留集团类似于团体专业自保公司和相互保险公司,它从最初的医疗行业扩大到其他许多行业。

第二节 设立专业自保公司的可行性研究

母公司要设立保险子公司需要进行可行性研究,如果研究表明设立专业自保公司对母公司的纯粹风险管理不利,则可以采取其他的风险筹资方法。

一、设立专业自保公司的前提条件

设立专业自保公司的前提条件主要包括以下几个方面:
1. 母公司要具有良好的风险控制能力;
2. 对每种风险要确定自留的水平;
3. 要有足够多的保险费收入;
4. 要与直接保险市场和再保险市场合作,以及获得外界咨询服务。

二、调查损失的历史

详细调查母公司由保险人支付的赔款和自留的损失,要分析以往 5 年的责任损失数据和 10 年的财产损失数据。对历史数据必须根据通货膨胀和其他变化进行调整,以便与现在的数据比较。

三、现有保险计划

收集以往 5~10 年的各种保费、保费折扣和保险责任范围的数据和资料,并考虑母公司经营的地区,特别是子公司所在地的国别和子公司数目,以及所在国的保险法规。由于许多国家不准专业自保公司直接经营,所以需要出面承保公司提供服务。

四、现金流量

保费收入和赔付之间的时间差给专业自保公司提供获取投资收入的机会。这一机会取决于各种现金流量的时间,诸如签发保单后保费收到的时间,分保费缴付的时间,以及直接保险和再保险赔款的时间。再保险公司一般按正规的账户运作,因此这些现金流量可以预先知道。各国之间保费收到的时滞差别很大,这将会影响获得投资收入的能力。此外,可行性研究还需要确定投资方针,以及确定资金是由母公司财务部门管理还是委托外界的投资经理管理。

五、需要外界提供的服务

专业自保公司需要外界提供诸如风险控制调查、理赔和其他技术性服务,对所需要提供的服务种类及其费用要进行识别和分析。

六、地点选择

设立专业自保公司的地点可选择在国内或离岸金融市场。如果选择设在离岸金融市场,就有许多地点可供选择。一般要考虑以下因素:交通便利,通讯设施先进,对专业自保公司的监管环境宽松,资本和税收规定,可以提供管理公司和会计、法律、银行及其他服务,政治稳定。

实际上在离岸金融市场设立一家专业自保公司的手续相当简单,而且花费不多。以百慕大为例:

1. 主办方与专业顾问(保险经理、律师、审计师)协商,取得他们的技术援助。

2. 主办方与专业顾问完成设立公司的文件起草工作。

3. 向百慕大财政部申请豁免作为百慕大公司,这样就不需要遵守60%当地所有权的规定,而成为一个国际企业。

4. 向百慕大货币管理当局申请成为一个注册保险人。

5. 申请获得批准后,主办方缴存最低资本:1类纯粹专业自保公司为12万美元,2类团体专业自保公司为25万美元,3类承保至少20%外界业务的商业保险人和再保险人为100万美元。选举产生一个董事会。

6. 保险监督官颁发注册证书。

7. 开业。

开办费一般只要5万～10万美元。平均申办周期只要3～6周。

总之,可行性研究的目的是确定设立专业自保公司是否会符合其预定的目标,以及分析这些目标如何实现;最后提出建议,包括设立专业自保公司后的业绩标准。

第三节 专业自保公司的经营和管理

一、税收情况

一般来说,设立在英国、法国、德国和加拿大的专业自保公司都被允许所缴付的保费从应税收入中扣除。20世纪70年代,美国也允许向专业自保公司缴付的保费从应税收入中扣除。但是到了20世纪70年代后期、20世纪80年代初期,美国内税局开始对保费扣除提出质疑,当风险自留在经济团体内部,保费应视作一种形式的资本捐款,专业自保公司的赔款可视作红利分配。因此,缴付给纯粹专业自保公司的保费是一个自保基金筹资,它不能成为一个税收扣除项目。然后,到了20世纪90年代对这一规则出现了一些例外。1992年美国法院裁决,约有30%的业务来自非关联企业的专业自保公司可以取得税收扣除资格。2001年美国内税局废除了一个阻止姐妹专业自保公司税收扣除的"经济家族理论"。

如前所述,设在离岸金融市场的专业自保公司可以获得税收优惠,缴付的保费作为费用从应税收入中扣除,而且设在国外的保险子公司的利润不必缴纳母公司所在国的所得税。但是,要享受这些税收优惠需要符合某些条件:首先,要从应税收入中扣除,保费支出必须是本公司的保险业务,而且母公司不能代其子公司向专业自保公司缴付保费。由于保险人所支付的赔款一般作为应税收入处理,所以向专业自保公司缴付的保费所作的税收扣除只不过是递延而非免除税收。其次,为合理确定税收,要确定专业自保公司不是母公司所在国的公司身份,这不仅要考虑专业自保公司的所在地,而且更要考虑专业自保公司的实际控制和管理权是否掌握在当地的管理人员手中。最后,设在离岸金融市场的专业自保公司如果是受母公司控股的海外子公司,即母公司掌握其50%以上的股权,而且所在地公司所得税率低于母公司所在国一半以上,则母公司要按其持有股份的比例缴纳公司所得税;但另有一些例外情况。对不符合上述两项条件的专业自保公司,母公司则按其汇回的利润作为红利缴纳公司所得税。

然而,对专业自保公司的税收优惠政策正在发生变化,英国已开始对其征收所得税,百慕大将于2016年撤销税收优惠政策。

二、出面承保公司

专业自保公司一般不能从事其注册地之外的业务。如果要从事这样的业务,就必须指定一个当地认可的保险人。例如,设在一个离岸金融中心的专业自保公司只有通过认可的保险人才能从事美国的业务。由于许多国家不准许不被认可的保险人经营,致使专业自保公司不能直接向被保险人签发保单。在这种情况下,专业自保公司可以指定一个当地认可的保险人出面承保当地子公司的业务,然后再由自己分保。除了那些实行国家垄断再保险的地方以外,这种通过出面承保公司的做法都行得通。

出面承保公司一般提供签发保单、理赔、会计、损失控制等全方位服务。一般做法是,出面承保公司会承保全部风险,然后把90%的风险分保给专业自保公司,自留10%的风险和保费。此外,专业自保公司会支付3%~15%的出面承保费。有时,出面承保公司也可以为专业自保公司做出再保险安排。一些跨国的保险公司常向专业自保公司提供出面承保服务。

三、专业自保公司的管理

专业自保公司一般作为注册的保险公司或再保险公司设立,以与保险公司或再保险公司相同的方式经营,提存未到期责任准备金和赔款准备金,保持最低资本和盈余水平,向再保险市场分保,管理投资业务。专业自保公司可以聘用雇员进行内部管理,也可以委托专业化的管理公司进行管理。前者需要有足够的保费收入来抵消人员和场所等方面的开支,而使用管理公司却可以用较低的成本执行同样的任务。而且,这些管理公司都设在主要的离岸金融市场。2005年10家最大的专业自保管理公司管理了3 466家专业自保公司。它们中有一些是专门从事这方面管理的独立公司,但大部分是保险经纪公司、承保代理机构、律师事务所、会计师事务所或银行的附属机构。管理公司履行的职责由与专业自保公司及其母公司订立的管理协议书规定。管理公司一般要履行以下职责:

1. 承保服务。制定合适的保险规划和再保险规划,起草和签发保单及其他文件。

2. 会计事务。提存赔款准备金和未到期责任准备金,理赔,编制报表,监管银行账户和投资活动,保存会计记录。

3. 文秘事务。安排公司注册,遵守当地保险法规,介绍当地合格的理事人员,保存公司的其他记录。

此外,在管理协议书中还应包括:管理公司的权限、报酬、对错误和疏忽的处置,向母公司报告的规定,专业自保公司关于投资和准备金的规定。

复习思考题

1. 试解释下列名词:账面专业自保公司,协会专业自保公司,纯粹专业自保公司,租借专业自保公司,单元保障公司,出面承保公司,风险自留集团。

2. 简释专业自保公司的性质及其优缺点。

3. 分析专业自保公司兴起的原因。

4. 设立专业自保公司进行可行性研究,需要研究哪些主要项目?

5. 为什么专业自保公司一般要依靠出面承保公司经营业务?

6. 概述在国际上专业自保公司通行的经营管理方法。

7. 展望我国设立专业自保公司的前景。

第十章　保险经纪人

第一节　保险经纪人的现状和基本理论

一、保险经纪人的现状

保险经纪人在现代风险管理中起着重要的作用,他们为客户设计保险方案,选择保险人,并提供风险管理咨询服务。保险经纪人在国外已有四百多年的历史,在中国也有一百多年的历史了。最早见于1899年9月《申报》的《火险捐客公所章程》是有关保险经纪人的管理章程。1935年在上海成立的由潘垂统主办的"潘安记保险事务所"是当时比较规范的保险经纪机构之一。1936年12月6日,成立了上海市保险业经纪人公会。现在在英美等保险业发达的国家,保险经纪人在保险中介市场上都扮演着重要角色。在英国,约有60%的普通保险业务是由保险经纪人安排的;在美国,保险经纪人在财产保险中介市场上占有优势。诸如达信(Marsh)、怡安(Aon)、韦莱(Willis)等国际保险经纪公司都已成为全球性保险经纪集团,都有数万名雇员,数百个分支机构,并把业务扩展到投资管理和风险管理咨询领域,年收益数十亿美元。

在我国,保险经纪人自新中国成立后曾消失了四十多年。但是,在《保险法》1995年正式出台以前,在我国沿海地区和中心城市都陆续出现了一些保险经纪人地下活动或类似保险经纪人的组织,特别是在深圳经济特区。随着我国经济改革和对外开放,引进了大量外资,出现了许多"三资"企业,一些境外保险经纪公司也乘机进入我国保险市场,或明或暗地从事保险经纪业务,获取了大量非法的佣金收入。与其让境内外保险经纪人不规范地从事保险经纪活动,还不如尽快地让保险经纪人规范化地进入市场。在这方面,我们可以借鉴国外的成功经验,来建立符合我国保险业发展需要的保险经纪人制度。

开放我国保险市场是我国加入世贸组织的重要条件之一。我国政府已承诺有条件地开放包括保险业在内的服务业,外资保险经纪公司也属于开放之列。在1998年2月公布的《保险经纪人管理规定(试行)》总则中明确指出:"本规定适用于在中华人民共和国依法成立的中资保险经纪有限责任公司、外资保险经纪有限责任公司和中外合资保险经纪有限责任公司。"

1999年12月16日,中国保监会首批批准北京江泰、广州长城、上海东大三家全国性保险经纪公司筹建,这三家保险经纪公司分别于2000年6月、7月正式开业。中国保监会于2001年11月颁布了《保险经纪公司管理规定》。截至2012年底,已开业的保险经纪机构共434家,共实现保费收入421.06亿元。

二、保险经纪人的基本理论

(一)保险经纪人的权利和义务

与其他市场一样,保险市场包括买方和卖方,还有为保险服务的中间人。保险中间人,也称保险中介,一般包括保险代理人、保险经纪人和保险公估人。保险经纪人是指代表投保人在保险市场上选择保险人,同保险方洽谈保险合同并代办保险手续以及提供相关服务的中间人。

1. 保险经纪人的权利

(1)要求支付佣金的权利。在保险市场上,保险经纪人受保险客户的委托,代理投保业务。在完成投保手续、缴付保险费后,保险公司应从保险费中提取一定比例(即佣金)支付给保险经纪人作为报酬。

(2)拥有保单留置权。保险经纪人一旦接受委托并订立保险合同,不管被保险人是否已缴付保险费,保险经纪人都必须向保险人缴付保险费。为了防止被保险人不缴付保险费,保险经纪人在收到保险费以前,对保险单具有留置权。

2. 保险经纪人的义务

(1)提供保险信息,促成客户签订保险合同。保险经纪人在提供中介服务时,应将所知道的有关保险合同的情况和保险信息如实告知委托人(即被保险人),还应通过与保险客户进行细致、认真的讨论,确认保险客户需要保险的险别、数量及保险市场定位等方面的内容,并通过所掌握的知识和经验,为客户寻找到更好的保险条件,促成保险合同的签订。因此,保险经纪人有助于投保人规避信息不对称。

(2)监督保险合同的履行。首先,当保险经纪人收到保险单之后要仔细检查内容,看其是否反映了要求保险的内容。其次,应当向保险客户说明保险的范围和应遵守的保险条件。另外,在情况发生变化,并可能会影响到客户对保险要求的时候,保险经纪人有义务通知保险人。

(3)协助索赔。一旦发生保险合同中所保的事故,保险经纪人通常是首先的被通知者,保险经纪人随后通知保险人,并立即开始调查索赔事件。保险经纪人对事故做出详细的评估之后,填写一些必要的索赔文件,然后提交给保险公司。保险经纪人应该运用自己的知识和经验,在合法的条件下,为被保险人争取最大金额的赔偿金。

(4)损害赔偿责任。保险经纪人与投保人之间存在合同关系。若保险经纪人未妥善地履行该合同下的义务,导致被保险人承担了不合理的损失、费用,如因经纪人之过错使订立的保险合同未能较好地保护被保险人的利益,而在发生保险事故时遭保险人拒赔、少赔,或致使被保险人支付了较正常情况下为高的保险费等,保险经纪人当属违反合同,对被保险人的损失应承担相应的赔偿责任。我国《保险法》第132条规定,保险经纪人要缴存保证金或者投保职业责任保险。

(二)保险经纪合同

为了更好地维护双方的权利和义务,减少保险经纪纠纷,保险经纪人应采取合同的方式为客户服务。保险经纪人的合同行为是由保险经纪人的民事法律行为的性质决定的。由于保险经纪人的行为具有居间、委托代理和咨询的内容,因而根据《中华人民共和国合同法》,其相应规范的合同有居间合同、委托合同和咨询合同。

1. 居间合同。由于保险居间是保险经纪人根据投保人的委托,基于投保人的利益为投保人与保险人订立保险合同提供中介服务并依法收取佣金的法律行为,因而保险经纪人在接受投保人为其寻找保险人的委托时与投保人签订的合同为居间合同。保险经纪人的居间行为既具有居间合同的一般属性,同时也有其特性。在保险居间行为中,居间人的佣金是从保险人那里取得的,而非从委托人手中取得。

2. 委托合同。由于保险经纪人可为投保人办理投保手续,为被保险人或受益人代办检验、索赔,因而此时的保险经纪人实际上是委托人的代理人,此时的合同行为是委托合同行为。

3. 咨询合同。咨询是保险经纪人根据委托人的要求对特定项目提供预测、论证或者解答,并由委托人支付咨询费的行为。例如,为投保人提供防灾防损或风险评估、风险管理咨询等高附加值的服务;以订立保险合同为目的,为投保人拟订投保方案;为被保险人或受益人索赔提供咨询服务。为了使这种咨询行为规范化,以保护当事人的合法权益,保险经纪人在提供咨询服务前应与委托人签订咨询合同。

无论是哪一类保险经纪合同,其签订均必须遵守法律规定,遵循诚信、自愿、平等、公平等订立合同的一般原则,并且都具有诺成合同、非要式合同和有偿合同的特征,同时应当具有以下基本条款:项目名称,保险经纪服务的内容、方式和要求,有关的保密事项和信用事项,履行期限、地点和方式,佣金或咨询费标准及其支付方式,违约责任及其违约金或损失赔偿额的计算方法,争议的解决方法。

(三)保险经纪人的经营原则

1. 最大诚信原则。最大诚信原则不仅是对保险买卖双方的要求,是保险合同的基本原则之一,而且也是保险经纪人必须遵循的重要经营原则,只不过其具体内容的要求有所不同。对于保险经纪人来讲,主要是从以下几方面来做到最大诚信:(1)保险经纪人的广告和声明要真实,不得误导保户。(2)保险经纪人在进行提供信息、促成保险合同的签订、协助索赔等服务时,应诚实地向双方介绍对方的情况,不得为谋取个人佣金利益而违反诚信原则。(3)保险经纪人对自己在经纪活动中得知的被保险人的个人秘密和商业秘密负有保密义务,不得向他人进行泄露或者利用该秘密进行有损于被保险人利益的行为。

2. 保户至上、优质服务的原则。保险经纪人在经纪活动中应尽力满足客户的保险要求,将客户的利益放在优先考虑的地位,但应以不损害保险人的利益为前提。

3. 遵守法律规范的原则。保险经纪人从事保险经纪活动时必须要遵守国家的有关法律及行政法规;不得违反同业公会的规定,擅自降低费率,以变相给付回扣等不当手段诱使对方投保;或诱使对方终止原保险合同,改为自己介绍的保险公司。

4. 收入公开原则。佣金是保险经纪人进行经纪活动的主要收入。佣金的高低影响着保险费的升降,因此,过高的佣金往往会损害公众的利益。为了规范保险经纪人市场,使保险经纪人更好地受到社会的监督,保险经纪人有义务向保险人和保户公开自己的收入情况。

第二节 保险经纪人的运作

一、选择保险人

对于大多数客户来说,无论是个人还是大公司,对很多保险人有深刻的了解是不大可能的。如果说在一个仅有4~5家保险人的市场上可能还不十分需要保险经纪人的话,那么在承保任何一类的风险都存在很多保险人的情况下,选择保险人,并使保险人的服务满足不同客户的需求,保险经纪人可以发挥首要作用。

对一个保险人进行评估要考虑很多因素,特别是在对该保险人提供的服务综合考虑并提供建议时,恰当的评估更是具有重要意义。下面是评估时应考虑的因素:(1)服务质量;(2)承保范围;(3)灵活性;(4)信用便利;(5)承保能力;(6)地域范围;(7)理赔服务;(8)技术和销售服务;(9)技术建议条款;(10)价格;(11)勘察和风险管理;(12)互惠交易;(13)财务稳定性;(14)连续性;(15)信誉和经验。

二、处理风险

保险经纪人在处理风险时有许多不同的功能。这些功能根据风险的大小、复杂程度以及保险经纪人规模的不同而异,但是最基本的功能是一样的。根据以往经验,保险经纪人至少要做到以下几点:

1. 若有必要,保险经纪人要完成一份完整的投保单。保险经纪人可以协助客户完成投保单,但不能代替客户完成投保单。
2. 通过会议、提问等方式了解其他信息,以便必要时向承保人全面阐述风险。
3. 安排勘察。
4. 向保险人提供信息。
5. 向客户提供并解释条款。
6. 通过向保险人和被保险人提供书面意见,促使保险合同生效。
7. 安排保单批注及其他有关文件。
8. 把风险记录在保险经纪人的档案中。
9. 把客户的保费支付给保险人。
10. 同意信用条款。
11. 安排再保险。

三、理赔谈判

保险单实际上是一种承诺,即保单持有人在约定的事故发生时可以得到赔偿。保险经纪人的职责就是确保这种承诺能够得以实现。

在收到索赔通知后,保险经纪人的第一步工作就是核查他们的记录并判断损失是否属于保单的责任范围。这个程序根据索赔的性质和大小会有所不同,但无论如何,很重要的一点是保险经纪人要把索赔通知递交给保险人。除了有特殊协议以外,根据保单条件,保险经纪人收到索赔通知不能被视为保险人也收到了索赔通知。

在理赔谈判的过程中,保险经纪人有义务保证被保险人被公正地对待,以便能根据保单条款使被保险人得到真正的补偿。对于任何类型的理赔案件,保险经纪人都必须尽其所能保持密切关注,促使理赔结果的达成,并可以为双方所接受。

保险经纪人在涉及理赔案件时最基本的职责可以归纳为以下几点:

1. 迅速向保险人递交出险通知书。
2. 根据保单提醒被保险人注意自己的权利和义务。
3. 协助被保险人准备必要的文件和资料以便索赔。
4. 从保险人处收集理赔记录。
5. 当重大损失发生时,保险经纪人应与理赔人员、保险人共同参加现场会。有时保险经纪人还对客户提供额外的服务,如损后勘查,委派有处理复杂案件经验的理赔人员协助客户参与谈判等。

四、保险经纪人的佣金收入

保险经纪人的收入主要来自佣金。在保险市场上,由保险人支付佣金是一种主要的形式。保险经纪人代保险客户向保险公司投保一定险别后,保险公司从保险费中提取一定比例给保险经纪人,即佣金。保险经纪人佣金的数量取决于介绍成功的保险业务的数量和质量。保险业务数量多、质量高,佣金就多;反之就少。佣金的高低往往影响保险费的升降。大型企业的风险经理凭其实力可以与经纪人就保险佣金比例进行讨价还价,而保险经纪人为了同其他保险经纪人竞争往往会同意降低佣金比率。保险客户为了评估经纪人的服务质量,一般会要求保险经纪人公开其年度佣金收入。

有些国家,如美国,也有由保户支付劳务报酬,或者由保险方和保险客户共同支付佣金等形式。在美国,一些大中型企业的风险经理可以通过与保险经纪人的磋商,确定以劳务费的形式来支付经纪人的报酬。这些劳务报酬只是由企业支付的,可消除佣金制度中保险经纪人所固有的对降低保险费的抵触情绪,并且还使经纪人的收入不受保险业务的周期性影响。

佣金制度和劳务报酬各有利弊。近年来,在发达国家保险市场上,由于竞争激烈,保险经纪人趋向于以为客户争取最小成本的保险保障来吸引客户。为了避免由此造成佣金收入越来越少的趋势,保险经纪人倾向于以劳务报酬形式获得收入。

五、业务操作程序

保险经纪人的业务操作程序一般如图10—1所示。
1. 由市场开发部人员争取和接待客户(被保险人)。
2. 保险经纪人与客户进行业务洽谈。如洽谈成功,即与客户签订委托协议书,规定双方的权利和义务,收取客户咨询费;而后进行调查研究,设计出初步的保险方案;向数家保险公司询价,在得到报价后,选择最有利于客户的保险公司进行洽谈,再修改保险方案。待各项条款谈妥后,经客户确认办理投保手续,并

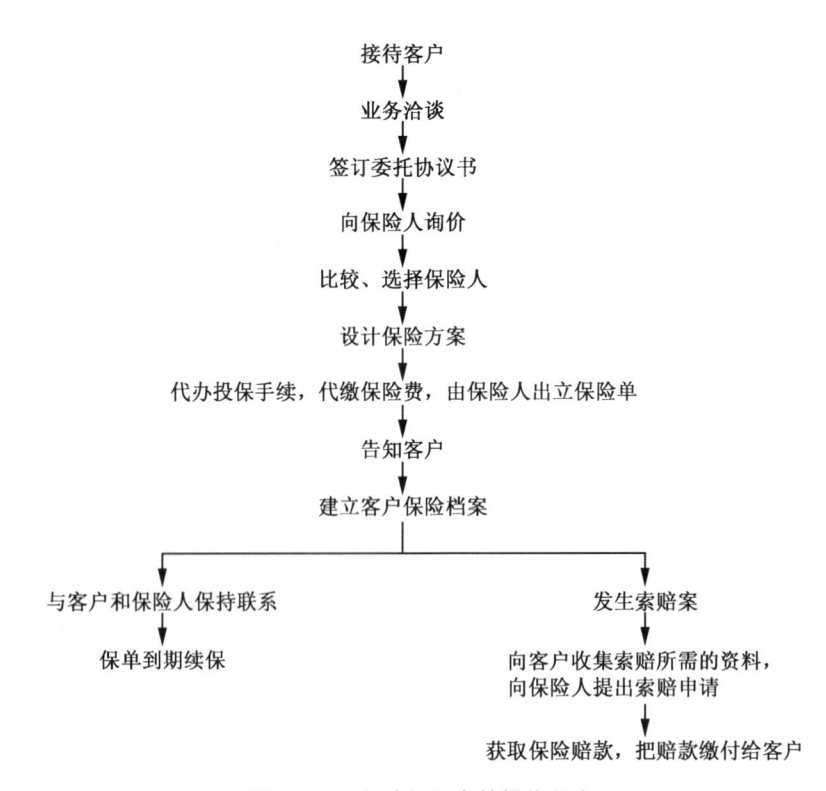

```
                    接待客户
                       ↓
                    业务洽谈
                       ↓
                  签订委托协议书
                       ↓
                  向保险人询价
                       ↓
                比较、选择保险人
                       ↓
                  设计保险方案
                       ↓
        代办投保手续，代缴保险费，由保险人出立保险单
                       ↓
                    告知客户
                       ↓
                 建立客户保险档案
                   ↙         ↘
    与客户和保险人保持联系         发生索赔案
              ↓                    ↓
         保单到期续保        向客户收集索赔所需的资料，
                            向保险人提出索赔申请
                                   ↓
                          获取保险赔款，把赔款缴付给客户
```

图 10-1 保险经纪人的操作程序

缴付保费。

3. 一俟保险合同订立，由财务部人员从保险公司处得到佣金，并通知客户有关保险合同的情况。

4. 在保险合同有效期内，保险经纪业务人员应与保险公司和客户保持联系。如果保险标的和保险合同的内容发生变更，应及时通知保险合同双方。

5. 在接到客户发生保险事故的通知后，保险经纪业务人员应及时向保险公司报案，并办理索赔手续。

6. 在保险合同期满前夕，由保险经纪人员再与保险合同双方联系续保事项。

第三节 对保险经纪人的监管

对保险经纪人的监管主要是依据法规，由法院和监管机关来执行。

一、国外对保险经纪人的监管

1977年,英国颁布了《保险经纪人(注册)法》。该法规定,所有保险经纪人必须在保险经纪人注册委员会(IBRC)注册,并规定了取得注册保险经纪人的资格条件。英国现有注册的保险经纪公司3 200家,注册的保险经纪人逾8万人。保险经纪人注册委员会根据《保险经纪人(注册)法》制定了保险经纪人《行为法》。该法规定了保险经纪人的执业标准。此外,规定英国保险人协会的《实务法》也适用于保险经纪人。除了上述法规以外,英国保险经纪人还受其他一些法规管辖,例如1982年的《保险公司法》。由此可见,英国有关保险经纪人的监管机关是保险经纪人注册委员会。不过,英国有关保险经纪人的法规和监管机关已发生变化,1997年英国成立了金融服务局,并于2000年颁布了《金融服务和市场法》,不再把普通保险的销售纳入新的金融服务管理机关的监管范围,要求保险业建立自身的监管体系。1998年由10多家行业组织发起成立的自律组织——普通保险标准委员会——将负责监管所有销售普通保险产品或提供建议的人。该委员会于2000年6月制定了财务规则,内容包括保险资金账户独立、职业责任保险和偿付能力要求三个方面。

美国对保险业的监管以州为主,各州都颁布了保险法,其中规定了保险代理人和经纪人许可证的颁发。但各州对保险经纪人的规定差别很大,也有一些州不正式承认保险经纪人。美国各州都设有一个单独的保险监管部。在大多数州,由州长任命的保险监督官负责监管州内保险事务。保险监督官通过行政裁定行使权力,有权举行听证会,发出制止令和撤销或中止营业许可证。州保险监督官是全国保险监督官协会(NAIC)的成员。该协会定期聚会,讨论需要立法和管理的保险业问题,起草各种示范性的保险法规,包括保险经纪人的示范法规,并建议州立法机构采用这些方案。大多数州会接受他们提供的方案。1996年2月,美国全国保险经纪人协会也起草了一份《保险经纪人示范法规》。

韩国的《保险法》对保险经纪人的资格条件做了规定。在《保险法执行令》中,对保险经纪人的监管做了更详尽的规定。监管由金融监督委员会执行,它有权取消对保险经纪人的许可。由此可见,韩国对保险经纪人的监管机关是金融监督委员会。

上述各主要有代表性的国家有关保险经纪人的法规,都对保险经纪人的资格认定(含资格考试制度)、组织形式、经营范围、执业行为标准、缴存保证金或投保职业责任保险、劳务报酬、财务稽核制度等做出规定,并规定了对保险经纪人监管的机关。但是,各国有关保险经纪人的法规在具体内容上存在较大差异。例如,英国对劳合社经纪人有另一套监管制度;美国人寿保险业的大多数经纪人本身就是代理人,有的州规定保险经纪人可以取得保险代理人的执照;韩国把保险经纪人分为损害保险经纪人和人身保险经纪人,并允许兼营。此外,各国对保险经纪人的监管机关也不尽相同。

在对保险经纪人的监管中,法院也起着重要作用。法院根据法律和有关保险经纪人的法规,对保险经纪人的行为和保险经纪人与保险合同当事人的争议作出判决。例如,当一个保险经纪人替投保人安排保险方案时,因疏忽没有看投保人所租一座仓库的租约,从而没有建议投保该仓库的火灾法律责任保险。不久,该仓库发生火灾,按照租约规定,承租人要赔偿出租人的损失。于是,投保人对该经纪人提起诉讼,法院做出经纪人要承担赔偿责任的判决。

最后,在对保险经纪人的监管中,也应重视行业自律的作用。在保险经纪业发达的国家,保险经纪人都有诸如保险经纪人协会的行业组织,以协调同业间的经营行为,负责与监管机关的沟通。

二、中国保险监督管理委员会监管保险经纪人的职能

保监会对我国保险经纪人监管职能实施的法律依据主要是《中华人民共和国保险法》和 2004 年 12 月颁布的新的《保险经纪机构管理规定》。

1995 年正式颁布的《中华人民共和国保险法》对保险经纪人的法律地位做出明确规定。根据《保险法》的定义,保险经纪人基于投保人的利益,为投保人与保险人订立保险合同提供中介服务,并依法收取佣金。该法同时规定,因保险经纪人在办理保险业务中的过错,给投保人、被保险人造成损失的,由保险经纪人承担赔偿责任。《保险法》中大多数对保险经纪人的规定,同时也是针对保险代理人的规定,因此《保险法》对保险经纪人的规定是原则性的。

1998 年 2 月《保险经纪人管理规定(试行)》的公布,为建立健全我国的保险经纪人制度提供了法律依据。《保险经纪人管理规定(试行)》是以《保险法》为依据的。《保险经纪人管理规定(试行)》在《保险法》对保险经纪人原则性规定的基础上,对保险经纪人员的从业资格及保险经纪公司的设立、变更、终止、执业管理、法律责任的承担等做出了详细的规定。

在《保险经纪机构管理规定》(2013)中,明确规定保险经纪人的组织形式为有限责任公司和股份有限公司,其设立必须经保监会批准,且有不少于 5 000 万元的注册资本。

在前阶段,保监会对保险经纪人监管的职能重点是拟定和完善有关保险经纪人的法规和发展规划,组织保险经纪人资格考试,批准设立保险经纪公司。在经过试点取得经验后,已逐步向各地推广,培育和发展保险经纪业,完善保险市场体系。保监会对保险经纪人监管职能的重点由此转向依法对保险经纪公司的经营活动加以监管,并进行业务指导;依法处理保险经纪人的违法违规行为,保护投保人和客户的利益,维护保险市场的秩序,促进保险经纪公司稳健经营和健康发展。

复习思考题

1. 概述保险经纪人的权利和义务。
2. 根据《中华人民共和国合同法》阐述对保险经纪人相应规范的合同内容。
3. 简释保险经纪人的经营原则。
4. 概述保险经纪人的运作程序。
5. 评析我国保险经纪人发展的状况和前景。

第十一章 风险管理决策的数理基础
——损失预测

第一节 损失预测概述

风险管理人员如何做出决策有赖于他们对将来损失的预测。这里运用数学常识来解释损失预测的一般方法,这些方法要求风险管理部门完成以下几项工作:

1. 收集过去的损失资料,这些资料可用来预测将来的损失。
2. 运用简明的方法来编制预测损失的图表。最常用的方法是概率分析和趋势分析。
3. 在预测时,决定在什么情况下运用概率分析比较合适,在什么情况下运用趋势分析比较合适。
4. 了解预测的局限性,并努力使局限性减少到最小,从而避免一些容易发生的错误,如未料到的损失。

意外损失的难以预测性可以说是风险管理中最具有挑战性的,因为它们的发生是偶然的。如果一家企业的财产损失、净收益损失、责任损失和人员损失与它的销售或产品成本一样可以测算出来,那么风险管理与一般的管理便没有什么两样。然而,成本最小化的风险管理决策的目标同其他营业决策是一样的:先算出每种决策方案的收益和成本,然后选择收益最大和成本最小的决策方案。由于预测企业销售、成本、利润的人员所面临的不确定性不会比这些预测将来损失的人所面临的不确定性小,所以在一般管理中运用的预测方法在预测将来意外损失中也适用。总之,经过相当一段时间后,这些意外损失也是可以预测的。

第二节 收集数据

预测意外损失要求风险管理人员掌握过去损失的模式,并投影到将来的损失中去。这些模式可能很简单,即是固定不变的,但更多的情况是将来的情况中有一个因素是变化的。例如,增加产量就意味着工伤事故增多,而且,如果通货膨胀持续下去,每次工伤事故的费用就会增加。当这个模式的一个因素变化时,其他一些因素是不变的。工伤事故相对于产量水平的频率可能是不变的,通货膨胀引起的工伤事故费用增长率可能是过去增长趋势的延续。这样,通过掌握过去损失的模式来预测将来损失就从决定运用这两个基本模式中的某一个开始——不变模式还是可以预测的变化模式。如果有足够的过去损失资料,风险管理人员就可以通过仔细分析资料来决定使用某种模式。

为了发现这些模式,风险管理人员就要努力以合理的成本、人力和时间去收集过去损失的资料,并要求这些数据是完整的、一致的、有关主题的和有组织的。例如,某铁路公司的风险管理人员要管理火车出轨风险,而他的第一份资料是由会计部门编制的从某年到某年由于火车出轨造成的损失数据。

一、数据是完整的

风险管理人员不仅要了解损失金额,而且还要了解每次损失的环境情况,如火车出轨的地点、时间,火车出轨时的车组人员和所载的货物等,以便于分析特定损失发生的确切原因。风险管理人员还必须运用洞察力去判断在什么情况下可能遗漏了某些重要资料。例如,当他第一次检查这份会计报告时,报告中并没有某年的损失记录,而其他各年度都有损失,这就有充分的理由认为该年也有损失。经检查发现,该年换了一名会计人员,而这位新的会计人员并不了解要将这些损失汇总到账户中去,而给这名风险管理人员的报告是从汇总账户中取得的。这样,该年的损失数据也就可以得到了。

二、数据是一致的

损失数据必须是在一致的基础上收集的。损失资料有时会掩盖在预测中很有用的模式。如果从不同的来源,用不同的方法收集资料,就会有很多不一致的数据。例如,这名风险管理人员在检查会计报告"历史损失金额"一栏时,有两个数据以 00 结尾,即是以百元的形式记录的,而其他数据是以另外两位数结尾的。这就有理由认为这两个数据是大概值,不如其他数据精确。数据的一致性要求按物价水平调整损失金额,即要消除通货膨胀的影响。例如,这里以 2009 年为基期,某年的通货膨胀率等于 2009 年的物价指数除以某年的物价指数,再把某年的损失金额乘上当年的通货膨胀率就得出某年按 2009 年水平计算的损失金额。这样的计算包含着一个假定:每年的损失都是在最后一天发生的,在调整时才可以用某一年全年的通货膨胀率。一个更合理的假设是所有的损失都是在每年中期发生的,这样就得用某年全年通货膨胀率的一半来进行调整,这还得假定全年内物价上涨是一致的。如果每月的物价指数已知,那么按月调整就更为精确。

三、数据是有关主题的

对过去的损失金额还应在与风险管理相关的基础上估计,一般以恢复损失前的费用来估计损失。财产损失是指损失发生时的修复费用或重置成本而不是财产的原始成本;责任损失不仅应包括赔偿金,还应包括调查、辩护和处理赔偿的费用;营业中断损失不仅必须包括营业中断所致的收入损失,还应包括恢复营业所需要的额外费用。

例如,上述公司的风险管理人员发现他收集的资料中的损失金额包括了每次出轨造成的所有损失,即包括了铁路财产损坏的重置费用、支付给货主的货物损失、铁路的收益损失和由于出轨造成的其他费用损失。这样,只要把这些损失数据按通货膨胀率进行调整后,就可以适用于风险管理了。如果这些数据不切题,风险管理人员就要会同会计人员和统计人员对损失金额进行调整。

四、数据是有组织的

在上述例子中,如果按日历顺序列出损失,就可能不易发现损失的模式,而如果按损失大小列出就容易发现损失模式。这种调整的损失金额是把损失金额最小的列于最后一位,把损失金额最大的列于第一位。越严重的损失在风险管理中所起的作用越大。这样调整并组织的历史损失资料,为预测将来的损失提供了一个很好的基础。下面将要讨论的是如何进行预测。这先要用概率分析方法,此时假定环境不变;再用趋势分析,此时假定环境是变化的,但这个变化是可以预测的。

第三节 概率分析

如果该公司有相当多的过去损失的资料,而且相当稳定的经营会使过去损失的模式延续到将来,那么概率分析在预测这个公司将来的意外损失时就非常有效。在这样一个不变的环境中,过去的损失可视为公司将来要遭受的损失。

一、概率的特性

概率 P 是指稳定环境下某一事件预期发生的相对频率。例如,向上抛一枚均匀的硬币许多次,出现正面和反面的次数差不多;按一张标准生命表,62 岁的男性一年内死亡的人数为总数的 2%;保险公司的资料表明某年每 132 辆汽车就有一辆被盗窃。

概率 P 可用下式表示：$0 \leqslant P \leqslant 1$。$P=0$ 表示某事确定不发生，$P=1$ 表示某事一定发生。概率可以从历史资料中计算得出，也可以从理论上推算出。从理论上可以推算出的概率叫作先验概率，如抛硬币，出现正面或反面的概率都为1/2；从经验中估计出来的概率叫作经验概率，如 62 岁男性一年内死亡的概率为2%，汽车被盗窃的概率为 1/132。经验概率会由于环境的变化，新资料的增加而变化，其精确性依赖于样本的大小和代表性。而先验概率是只要物理条件不变就不会变化的。

二、建立概率分布

概率分布是指在特定环境下，所有可能的结果及其概率以表或图的形式表示出来。因为任何一个这样的分布包括所有可能结果的概率，所以概率分布中的这些概率之和必然等于 1。概率分布的这个定义适用于先验概率和经验概率。例如，在抛硬币中，每个可能结果是正面或反面的概率都为 1/2。在某次抛硬币中，只会出现一个结果，称这两个结果为互不相容的。只会出现两个可能的结果，则这两个结果出现的概率之和为 1，这两个结果是完备的。一个正确的概率分布经常包括这些互不相容、但又完备的结果。

对经验概率可建立概率分布。以前面的火车出轨损失为例，建立概率分布如表 11-1 所示。

表 11-1　　　　　　　　火车损失概率分布

损失类别 （元）	损失 次数	占损失总次 数的比重 （%）	损失金额 （千元）	占损失总金 额的比重 （%）
0＜损失≤1 000	1	5.26	0.2	0.12
1 000＜损失≤5 000	6	31.58	17.8	10.51
5 000＜损失≤10 000	7	36.84	51.5	30.42
10 000＜损失≤20 000	3	15.79	42.9	25.34
20 000＜损失≤30 000	1	5.26	21.4	12.64
30 000＜损失	1	5.26	35.5	20.97
合　计	19	100.00	169.3	100.00

表 11-1 有两个特征：(1)第 1 栏损失类别的大小的确定带有任意性；(2)最大可能的损失是开口的，大于 30 000 元，没有上限。第 4 栏的每个金额表示落在第 1 栏相应类别范围内的总损失金额。第 5 栏表示第 4 栏每个损失金额占损失

总额169 300元的百分比。第4、5栏表明,尽管大的损失出现的频率不高,但它们占损失总金额的一个相当大的百分比。例如,10 000元＜损失≤20 000元的3次损失就占损失总金额的25.34%,超过10 000元的5次损失约占损失总金额的59%。当损失的次数越来越多,就可以运用大数法则建立更完整可靠的概率分布。当独立事件次数增多时,每个可能结果的实际相对频率就会越来越接近每个可能结果的理论预期相对频率,这就是大数法则。运用大数法则预测将来损失时,要符合以下两项要求:(1)过去和将来的风险单位基本上是一致的,同等的价值面临同等的风险;(2)有大量独立的风险单位,即一个风险单位发生损失不会同时影响另一个风险单位发生损失。但实际情况只是在一定程度上满足这两个条件,一般都是部分而不是完全满足。在收集过去的损失资料时,要收集尽可能满足这两个条件的资料。总之,用于预测的过去损失资料越多,对将来损失的预测结果就越可靠。

三、概率分布的性质

概率分布的一个重要性质是:可能的结果是互不相容,但又是完备的。概率分布也可以用以下三个性质加以描述。

(一)偏差

偏差是指一个概率分布是均衡的还是有偏差的。若概率分布是均衡的或者说是对称的,则在分布的中间有一个顶峰。若概率分布是有偏差的,则顶峰偏向一边,而另一边是一个又细又长的坡。三种一般的情况可用图11-1表示。

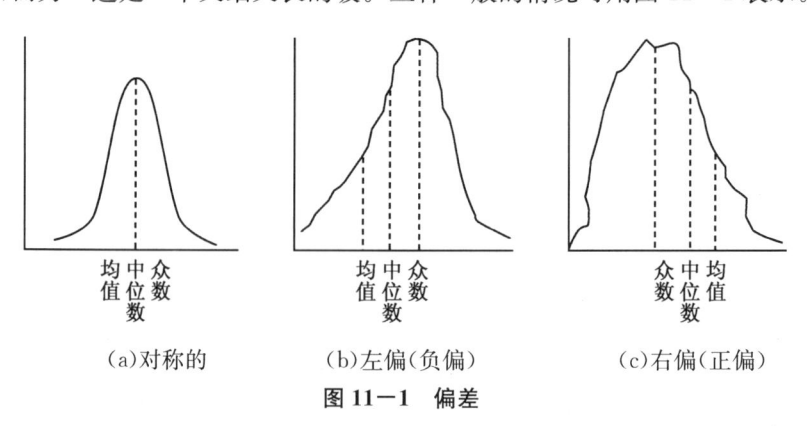

(a)对称的　　(b)左偏(负偏)　　(c)右偏(正偏)

图11-1　偏差

一种特殊的情况是正态分布,它是一种特殊的对称的分布。当独立事件足够多,影响每个可能结果的因素不变时,就可运用正态分布。在该公司中,风险管理人员为了防止出轨损失,就沿着铁轨安装电灯,提醒火车驾驶员注意晚上的危险状况。这些灯泡的使用寿命就服从正态分布。要求维修人员经常更换灯泡,使由于电灯不亮而导致火车出轨的概率相当小。假定这些灯泡平均寿命为5 000小时,但有些灯泡只能使用4 500小时或更短时间,而有些灯泡能使用5 500小时或更长时间。为了铁路的安全,维修人员该如何更换这些灯泡呢?这就必须要了解概率分布的另外两个性质。

(二)中心趋势

一个概率分布的中心趋势是指这个分布中最有代表性的那个结果。一般有三种应用得最多的方法来确认哪一个是最有代表性的结果:算术平均数、中位数和众数。对任何一个概率分布,这三者的关系,以及与顶峰的关系取决于分布的偏差。

1. 算术平均数 $\bar{X}$。用公式表示 $\bar{X} = \sum_{i=1}^{n} P_i X_i$,$P_i$ 为结果 X_i 出现的概率。如该公司1991年到1994年间每年出轨的平均次数为 $1/4×4+1/4×4+1/4×5+1/4×6=4.75$(次),1993年每次的平均损失为 $1/5×5 500+1/5×8 300+1/5×4 000+1/5×13 700+1/5×13 600=9 020$(元),同样可计算出该年间每次的平均损失为 $1/19×9 800+1/19×2 900+1/19×45 100+1/19×81 500=7 331.57$(元)。

2. 中位数和累积概率。中位数是在一系列数据或概率分布的数据中中间数的值,使低于这个值的观察次数与高于这个值的观察次数相等。假定中位数是6 800元,位于第10位,则9次损失比它小,9次损失比它大。当总数为偶数时,中位数是中间两个的算术平均数。概率分布的中位数可通过计算累积概率来得到,累积概率达到50%的那个值是中位数。表11-2是表11-1的累积概率分布。

表11-2　　　　　出轨损失不超过某一金额的累积概率

损失类别(元)	占总损失次数的百分比(%)	累积的不超过某类的百分比(%)	占总损失金额的百分比(%)	累积的不超过某类损失的百分比(%)
0<损失≤1 000	5.26	5.26	0.12	0.12
1 000<损失≤5 000	31.58	36.84	10.51	10.63
5 000<损失≤10 000	36.84	73.68	30.42	41.05
10 000<损失≤20 000	15.79	89.47	25.34	66.39
20 000<损失≤30 000	5.26	94.73	12.64	79.03
30 000<损失	5.26	100.00	20.97	100.00
	100.00		100.00	

在表11-2中第3栏的累积概率表明这个分布的中位数位于5 000元至10 000元之间,因为到这一类,损失次数达到了50%的累积概率。如果风险管理人员决定投保,并规定每次出轨损失的免赔额为5 000元,那么这个铁路部门每三次损失就有一次要自己承担全部的损失,因为在表11-2第3栏说明有36.84%的损失不超过5 000元。此外,该公司还能自担每次大的损失中的5 000元,这样,它一共自担了5 000×12+200+17 800=78 000(元),占损失总金额169 300元中的46%。同样,如果采用了10 000元的免赔额,那它一共自担了10 000×5+200+17 800+51 500=119 500(元),占损失总金额的70%。因此,风险管理人员在投保时,可根据自己公司的实力,适当选取免赔额,以降低费率,达到风险管理成本最小化的目的。

3. 众数。它是指概率分布中最可能发生的那个结果。在上例中,众数是5 000<损失≤10 000,因为落在这个范围内的损失一共发生了7次,次数是最多的。众数与中位数落在同一个区域里即5 000元至10 000元之间,但这并不表示众数和中位数是同一个数,没有一个特殊的金额可以说是众数。

(三)方差

方差描述的是分布对均值的离散程度。方差越小,实际值落在均值的一个范围内的可能性就越大,预测就越准确。常用于测度方差的方法有两种:标准差和变动系数。

1. 标准差(方差的算术平方根)。标准差 $S.D.$ 用公式表示为:

$$S.D. = \sqrt{\sum_{i=1}^{n} P_i (X_i - \overline{X})^2}$$

式中:P_i 为结果 X_i 的概率,$\overline{X} = \frac{1}{n}\sum_{i=1}^{n} X_i$,一共有 n 次观察结果。

为了计算上例的标准差,先要假定:(1)在给定的损失类别内,所有的损失金额都被认为是这个范围的中点,如在1 000<损失≤5 000范围内的损失,每次损失金额都被认为是3 000元。(2)在无上限的范围内,即损失>30 000的范围内,要认为中点是所有实际损失的均值,这里即为35 500元。表11-3显示了计算标准差的过程。

表11-3 出轨损失标准差计算过程表

损失类别(元)	中点 X(元)	概率 P	$X-\overline{X}$	$(X-\overline{X})^2$	$P(X-\overline{X})^2$
0<损失≤1 000	500	0.052 6	−8 400	70 560 000	3 711 000
1 000<损失≤5 000	3 000	0.315 8	−5 900	34 810 000	10 993 000
5 000<损失≤10 000	7 500	0.368 4	−1 400	1 960 000	722 000

续表

损失类别(元)	中点 X(元)	概率 P	$X-\bar{X}$	$(X-\bar{X})^2$	$P(X-\bar{X})^2$
10 000＜损失≤20 000	15 000	0.157 9	6 100	37 210 000	5 875 000
20 000＜损失≤30 000	25 000	0.052 6	16 100	259 210 000	13 634 000
30 000＜损失	35 500	0.052 6	26 600	709 560 000	<u>37 218 000</u>
					72 153 000

假定：$\bar{X}=8\,911\approx 8\,900$

$S.D.=\sqrt{72\,153\,000}=8\,494(元)$

标准差相对于均值来说太大了，$\dfrac{S.D.}{\bar{X}}=0.95$，很难用概率分析来预测将来的损失。

标准差对正态分布来说是很有意义的。在理论上，$P\{\bar{X}-S.D.<X<\bar{X}+S.D.\}=68.26\%$，$P\{\bar{X}-2S.D.<X<\bar{X}+2S.D.\}=95.44\%$，$P\{\bar{X}-3S.D.<X<\bar{X}+3S.D.\}=99.74\%$。其含义是指有68.26%的结果落在均值左右的1个标准差范围内，有95.44%的结果落在均值左右的2个标准差范围内，有99.74%的结果落在均值左右的3个标准差范围内。因此，在更换灯泡的那个例子中，假定灯泡的平均使用寿命为5 000小时，标准差为300小时，如果每只灯泡使用4 700小时后更换，则有15.87%的灯泡在更换前就坏了。如果使用4 400小时后更换，则有2.28%的灯泡在更换前坏了。如果使用4 100小时后更换，则有0.13%的灯泡在更换前坏了。公司可以根据需要保证更换前90%或95%的灯泡是好的。因为$P\{X>\bar{X}-1.65S.D.\}=90\%$，$P\{X>\bar{X}-1.96S.D.\}=95\%$，所以公司若要保证90%的灯泡在更换前是好的，则应该在使用5 000－300×1.65＝4 505小时后更换。若是95%，则应在使用5 000－300×1.96＝4 412小时后更换。

2. 变动系数。给定两个分布，如果它们的均值相等，那么标准差越大，这个分布的变动性就越大。如果它们的均值不相等，就要引入变动系数来比较它们的变动性。变动系数$=\dfrac{S.D.}{XT}$，标准差与损失平均数的比值越大，分布的变动性越大，预测就越困难。

在比较稳定的情况下，可以使用概率分析预测，如灯泡更换问题。但碰到不稳定的情况，如火车出轨的损失问题，就无法用概率分析来得到一个较为精确的预测，这时就要采用趋势分析。

第四节 趋势分析

趋势分析和概率分析一样都是为了寻找过去损失的模式,然后将它投影到将来。但它与概率分析的不同之处是,趋势分析是寻找变化的模式,也就是说,损失频数和损失程度的变化与其他一些可以精确预测的变量(如产量)的变化是一致的。概率分析是对静态情况的分析,而事实情况并不是静态的,将来情况不会仅仅是过去的重复。为了更精确地预测,许多风险管理人员就采用趋势分析来调整用于预测的损失资料。一个最简单的例子就是前面的例子中的消除通货膨胀因素,按 2009 年的物价水平来调整损失的金额。对于不断变化的环境,使用趋势分析的结果比概率分析的结果更为现实。

一、直觉趋势

有些损失趋势可以直觉判断。例如,图 11-2 所示的是某公司 7 年内每百万工时的工伤情况。图内每一点表示某一年内事故的频数或比率。从直觉上看,这个向下倾斜的趋势说明公司的工伤情况有所好转。最普通的方法就是画根直线,使直线尽可能靠近每个点。将直线延伸到将来,就可以预测将来的工伤情况。这根直线向下倾斜表明每年的工伤事故率在稳步下降。然而,在许多情况下,线性趋势是不现实的。就如这个例子中,过了一定年份后,该线性趋势表明工伤事故不会发生,但事实上并不是这样。在这种情况下,运用一根光滑的曲线来描述过去的损失并预测将来的损失就显得更为合理,如图 11-2 中用那根曲线来预测就会比用直线更为精确。风险管理人员可把过去的损失画在一张散点图上,然后根据直觉确定用直线还是曲线来预测将来的损失。

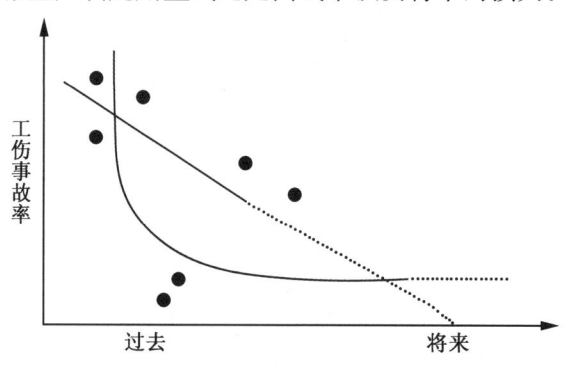

图 11-2 某公司 7 年工伤趋势

二、数学趋势方法

在数学上计算曲线较为复杂,因此风险管理人员一般使用直线来进行预测。表 11-4 的数据就适用于直线趋势,它所示的是该公司每年的损失次数和货物运输的吨公里数。这些数据可以用来揭示出轨次数与时间和每吨公里的关系。

表 11-4　　　　　　　　　　出轨损失的直线趋势

年　份	每年损失次数	吨公里(10 万)
1991	4	35
1992	4	60
1993	5	72
1994	6	95
合　计	19	262

(一)出轨次数与时间的关系

先画散点图。X 轴表示年份,Y 轴表示每年的出轨次数。假设两者之间的关系为 $Y=a+bX$,根据数学公式可求出 b 和 a 的值：

$$b=\frac{\sum_{i=1}^{n}(X_i-\overline{X})(Y_i-\overline{Y})}{\sum_{i=1}^{n}(X_i-\overline{X})^2}$$

$$a=\overline{Y}-b\overline{X}$$

在本例中,

$$b=\frac{\sum_{i=1}^{4}(X_i-2.5)(Y_i-4.75)}{\sum_{i=1}^{4}(X_i-2.5)^2}=0.7$$

$a=\overline{Y}-0.7\overline{X}=4.75-0.7\times2.5=3$

由此得出出轨次数与时间之间的关系为 $Y=3+0.7X$。运用这个公式估计 1990 年的出轨次数为 3,此时 $X=0$,$Y=3+0.7\times0=3$。$b=0.7$ 说明估计每年的出轨次数增加 0.7 次。如果这个趋势持续下去,那就可以预测到 1995 年的出轨次数为 $3+5\times0.7=6.5$ 次,1996 年为 $3+6\times0.7=7.2$ 次,见图 11-3。

(二)出轨次数与每年运输吨公里的关系

与前面一样,先画散点图。$Y=a+bX$,求得 $b=0.035$,$a=2.46$。所以 $Y=$

图 11-3 出轨损失直线趋势

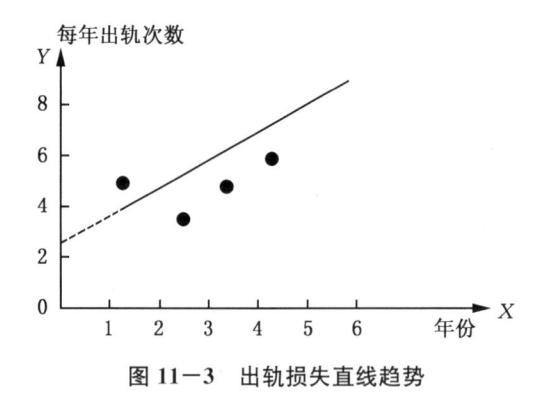

$2.46+0.035X$。说明该公司每增加 10 万吨公里的运输,出轨次数就增加 0.035 次,$1/0.035=28.57$,表示公司增加 $28.57\times100\,000=2\,857\,000$ 吨公里的运输,出轨次数就可能增加 1 次。风险管理人员若假定公司将在 1995 年运输 100 万吨公里的货物,则可预测 1995 年出轨次数为 $Y=2.46+100\times0.035=5.96$ 次,见图 11-4。

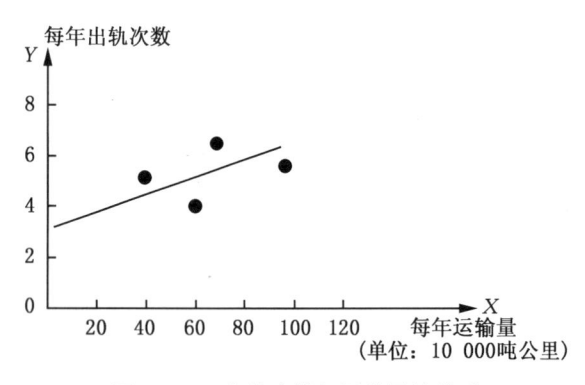

图 11-4 出轨次数与运输量的关系

影响火车出轨的因素很多,对其他因素也可以用同样的方法来进行预测。用直线进行预测时,有两点会引起混淆:其一,当直线到达水平线 X 轴时,预测就不正确,因为按这个预测,损失将为 0,而事实并非如此,如图 11-2 所示;其二,用公式估计出来的过去损失与实际损失会不相符,因为这根直线在平均意义上是确切的,相对每一个点并不确切,实际值与估计值之间有一个差距,并且每一点的差距并不相同。

概率分析与趋势分析都是预测中很有用的工具,但要小心运用,分清它们适用的条件。对它们的预测结果应该作出合理的解释,而不可以盲目接受。特别在数据资料少的时候,对预测结果应抱谨慎的态度,增加新的数据资料会使预测更精确。在预测时,一方面要在可供资料的基础上作出试探性结论,另一方面要在增加资料时做出修改。概率分析帮助风险管理人员认清什么是不变的,尽管意外事件的发生有明显的随机性,而趋势分析帮助风险管理人员认清将来的变化是怎样的。

第五节 预测在风险管理中的应用

本节讲述怎样运用概率分析和趋势分析来预测损失所会面临的比前面所述更为复杂的情形,并把它们细分,这样就可以做出更为精确的预测。这个过程要求风险管理人员做到下列几件事:

1. 运用概率分析计算以下概率:(1)多项损失的联合概率或任何给定总损失在给定期间内可能发生的概率;(2)在给定期间内,任何一种损失发生的概率。

2. 综合几个独立的趋势影响来进行趋势分析,每个独立的趋势都对将来损失频数和程度有影响。

3. 运用基本的概念和概率、趋势分析的逻辑总结出在形成预测模型时有用的统计技术和其他方法。

一、一些有关概率的进一步计算

前面说明的两种基本的预测工具概率分析和趋势分析都是分析单个事件。对多个事件的分析就需要进行进一步的计算。

(一)基本概念

概率计算一般用一些标记来表示,$P(\ )$表示括号内事件发生的概率。$P(A)$表示事件 A 发生的概率,$P(A\text{ 或 }B)$表示事件 A 或 B 或两者同时发生的概率。括号内的内容不同,这个概率的含义也就不同。n 用来表示用于计算概率的独立事件数,m 表示某事件发生的次数。例如,前述的那家公司从 1991~1994 年一共营运了 2 万次火车运输,发生 19 次出轨事故,则 $n=20\,000$,$m=19$,概率 $P(\text{出轨})=m/n=19/20\,000=0.000\,95$。此外,$n$ 可以通过预测表示 1995 年公司的营运次数,而每次营运出轨的概率为 $P=0.000\,95$,则 nP 就表示 1995 年公司可能遭受的出轨次数。假定预测到该公司营运 7 000 次,则预测的出轨次数为 $7\,000\times0.000\,95=6.65$ 次,这并不表示实际会发生 6.65 次出轨,而是从长期平均来看可能会发生 6.65 次。用 $E(\ )$来表示长期内的期望值,若用 D 表示该公司某年的出轨次数,则 $E(D)=nP$,即出轨次数的期望值等于运输次数乘上每次运输出轨的概率。

为了避免错误,应先弄清楚概率计算依赖的两个假设。第一个假设是概率 P 相当稳定,并在计算将来事件发生次数时有效。不管 P 是经验概率还是先验概率,这个假设都是正确的。换言之,产生这个 P 值的环境是不变的。第二个假设是一个事件要么发生,要么不发生,没有其他可能性。一个事件发生或不发生是互不相容并且完备的,因此一个事件发生的概率 $P(A)$ 加上不发生的概率 $P(A 不发生)$ 等于 1。例如,每次运输出轨的概率为 0.000 95,则不出轨的概率为 0.999 05。一般等式是:$P(A)+P(A 不发生)=1$,即 $P(A)=1-P(A 不发生)$,$P(A 不发生)=1-P(A)$。这些等式中的 A 可以是一个事件,也可以是一系列事件。当 A 发生的概率不知道或很难直接计算时,这一等式就很有用,此时用 1 减去 A 不发生的概率就得到 A 发生的概率。这些基本概念适用于所有概率分析。

(二)联合概率

在风险管理中,两个最有用处的概率是联合概率和两个或多个事件中一个发生的概率。联合概率是指两个或多个事件在给定期间内同时发生的概率,两个或多个事件中一个发生的概率是指给定期间内两个或多个事件只有一个事件发生的概率。联合概率也称复合概率。在计算联合概率时,先要确定这些事件是否相互独立。两个事件 A 和 B,如果一个事件的发生或不发生不影响另一个事件发生的概率,那么这两个事件是相互独立的。也就是说,如果 A 和 B 相互独立,则 B 发生或不发生,A 发生的概率不变;反之亦然。例如,两列相距很远的火车发生火灾是相互独立的,因为一列火车着火并不会引起另一列火车着火。然而,如果两列火车相距很近,一列火车着火后会燃烧到另一列火车上,那么这两列火车发生火灾就不是相互独立的。假定每列火车每年发生火灾的概率为 2‰,如果这两列火车相距很近,一列火车着火会引起另一列火车着火的概率就会上升。

1. 独立事件。两个事件如果相互独立,则联合概率就是各个事件概率的乘积。这样两列相距很远的火车一年内都发生火灾的概率 $P(2 次火灾)$ 等于一列火车着火的概率 $P(F1)$ 乘上另一列火车着火的概率 $P(F2)$,即:

$P(2 次火灾)=P(F1) \cdot P(F2)=0.02 \times 0.02=0.000 4$

2. 不相互独立的事件。如果两列火车相距很近,一列着火会引起另一列着火,则两列火车都着火的联合概率是一列火车发生火灾的概率乘上在第一列火车着火的条件下第二列火车发生火灾的概率。第二列火车发生火灾的概率称为条件概率,因为这个概率是以第一列火车发生火灾为条件的。换言之,B 的概率若是以 A 为条件,则称 A 条件下 B 的概率,记作 $P(B|A)$。假定上述两列火车靠得很近,火能从一列火车燃到另一列火车,或外界的火能同时引起两列火车着火。再假定,经过几年的观察,一列火车着火后另一列火车着火的概率为 40%,

即 $P(F1)=0.02, P(F2|F1)=0.4$,则两列火车都发生火灾的联合概率为：
$P(F1) \times P(F2|F1) = 0.02 \times 0.4 = 0.008$

3. 一般情况。在处理不独立事件时,确定事件发生的先后顺序很重要,因为 $P(A|B)$ 与 $P(B|A)$ 一般不一样;而在处理独立事件时,事件发生的顺序并不重要。不管事件是否独立,都有一个计算联合概率的公式：$P(B$ 跟随 A 发生$)=P(A)P(B|A)$。在 A、B 独立时,$P(B|A)=P(B)$。这个公式可以扩展到任意多个事件联合概率的计算,但这个公式就会变得很长。关键的一点是,以条件概率计算或以非条件概率计算联合概率依赖于这些事件是否独立。

4. 联合概率的其他计算。例如,一个火车仓库发生火灾的概率 $P(F)=0.005$,发生火灾时被抢劫的概率 $P(L|F)=0.6$,这样火车仓库发生火灾,随之被抢劫的概率 P(抢劫跟随火灾而发生)$=P(F) \times P(L|F) = 0.005 \times 0.6 = 0.003$。注意,这是火灾后发生抢劫的概率,而不是抢劫后发生火灾的概率或将火灾、抢劫当作不相互独立事件而发生的概率。上面提供的数据不能用来计算后两者的概率。联合概率也可用于计算不遭受损失的概率。例如,该公司火车运输一次出轨的概率为 0.000 95,则到达目的地的概率为 0.999 05。假定一列火车出轨不影响另一列,则两列火车没有出轨的概率为 $0.999\ 05^2=0.998\ 101$。当火车运输次数增多时,没有火车出轨的概率就下降了。当火车运输达到 2 423 次时,不出轨的概率就降到 10% 以下,因为 $0.999\ 05^{2\ 423}<0.1$,说明公司会遭受出轨损失的概率为 90%。这个例子说明了两个基本观点：其一,当风险单位增多时,一些可能的损失就会变成实际的确定损失。其二,每次损失的概率越小,要在某一概率水平上表明损失会发生所需的风险单位数就越多。一年内一定数量的风险单位发生损失的概率的计算,同样适用于一个风险单位几年内发生损失的概率。例如,假设该公司一条重要运输线冬天被大雪封锁至少一次的概率为 1/8,则这条运输线 4 年内没有被大雪封锁的概率为 P(4 年内没被大雪封锁)$=(1-0.125)^4=0.586$,10 年内没被封锁的概率为 $(1-0.125)^{10}=0.263$,即 10 年内,这条运输线至少被大雪封锁一次的概率为 $1-0.263=0.737$。这个概率越高,该公司在这条运输线上就应该考虑安排更多的扫雪机。

(三) 两个或多个事件中一个发生的概率

简称为择一概率,是指给定期间内两个或多个事件中一个发生的概率。计算择一概率先要确定这些事件是不是互不相容的。两个或多个事件互不相容是指一个事件发生,则另外的事件就不可能发生。

1. 互不相容的事件。对互不相容事件,一般来说,所有互不相容事件的概率之和为 1。对那些是由一个原因而不是多个原因同时引起的损失,风险管理人员采用互不相容事件的概率就很合适。例如,该公司有可能会因为火灾或洪水而损失一辆机车,而不是同时因为火灾和洪水引起这一损失。假定一辆机车由于火灾而被毁的概率为0.04,由于洪水而被毁的概率为0.06。这样,一辆机车由于火灾或洪水而被毁的概率P(火灾或洪水)$=0.04+0.06=0.1$。这个计算假定洪水和火灾是相互独立的,洪水的发生不会影响火灾发生的概率;反之亦然。

2. 相容事件。两个或多个事件在特定时间内发生,但它们并不一定是互不相容的,至少发生一个的概率是它们各个概率之和减去它们的联合概率。对于不止两个事件的相容事件的概率计算很复杂,因此这里只讨论两个相容事件的概率计算。例如,从一副没有王牌的扑克中抽出一张是 5 的概率为 1/13,是◇的概率为1/4,是◇5的概率为1/52,因此抽出一张是 5 或是◇的概率P(5 或◇)$=1/13+1/4-1/52=4/13$。这里减去联合概率是为了避免概率的重复计算,如重复计算◇5 的概率。计算择一概率即两个事件只有一个发生的概率,涉及三个步骤:(1)辨别事件以互不相容的方式发生;(2)计算每种方式的概率;(3)把所得概率相加。例如,某地区的天气情况就是这样的。给定一天中午下雨的概率为 50%,中午气温超过 30 摄氏度(称为天热)的概率为 80%,则择一概率等于天热但不下雨的概率加上下雨但不热的概率。这两种情况是天热或下雨但不是同时天热和下雨的唯一的两种方式。既然下雨的概率为 0.5,天热的概率为 0.8,则择一事件发生的概率为:P(下雨但天不热)$=0.5\times(1-0.8)=0.1$,P(天热但不下雨)$=0.8\times(1-0.5)=0.4$,所以 P(天热或下雨但不是同时天热和下雨)$=0.1+0.4=0.5$。

在风险管理中,当处理两个或多个原因中的任何一个都会导致损失时,就会产生相容事件的择一概率。例如,该公司火车内的货物会遭受洪水或偷窃的损失,一批货物由于偷窃导致损失的概率为 0.09,因洪水受损的概率为 0.06,则货物因偷窃或洪水而受损失的概率为:

P(偷窃或洪水)$=0.09+0.06-0.09\times0.06=0.144\ 6$。因洪水或偷窃的择一概率为:$P$(偷窃但不是洪水)$=0.09\times(1-0.06)=0.084\ 6$,$P$(洪水但不是偷窃)$=0.06\times(1-0.09)=0.054\ 6$,则 P(偷窃或洪水但不是同时两者)$=0.084\ 6+0.054\ 6=0.139\ 2$。

两种损失中的任何一种但不同时是两种损失的概率小于两种损失中的任何一种或同时是两种的概率,因为前者除去了两种损失同时发生的概率。

二、进一步的趋势分析

概率分析假定环境是稳定的,趋势分析假定环境是变化的,但变化趋势是可以预测的。当损失是作为几种趋势的联合结果时,风险管理人员一般用趋势分析法来找到联合的净结果。例如,一名自留汽车车损险的公司的风险管理人员认为,每年的车身损失是三种趋势的联合结果:(1)公司经营的车辆数;(2)每百辆汽车的损失频率;(3)给定次数车身损失的修理费用。把三个趋势联合起来预测和分别预测比直接判断更为精确。

联合预测所涉及的方法实际上是加法,将几个趋势按它们的应用顺序来结合。在上文铁路公司的例子中,由于出轨而每年遭受损失是两个趋势的结果:第一个趋势是每年损失与其产出(吨公里的运输)之间的关系,第二个趋势是每吨公里货物价格的趋势。在这个例子中,第一步是按某一年物价水平通过产出来预测损失。运输的吨公里数作为自变量,损失数作为因变量。第二步是对损失按货物价格水平做相应的调整。预测这两个趋势的联合结果要有一个重要的假定:两个趋势是相互独立的,否则按顺序联合趋势的分析方法将是无效的。

(一)定义模型

经济预测中经常使用图形、公式或其他一些描述关系的方法。在预测时,一个模型能辨别和描述相关原因对被预测变量的影响。这里所要说明的基本模型是假定有两个自变量:运输的吨公里数和货物价格水平,因变量是损失。这是最基本的模型,其他一些重要因素,如天气、维修费用、工程师和员工的经验、最后一次大的出轨事件距现在的时间等都忽略不计了。其中有一些因素可以合理地作为预测因子来预测由于出轨造成的损失,假定这些预测因子本身是可以预测的,但为了了解联合趋势分析的过程,两个自变量就够了。

(二)第一个预测因子:吨公里

我们可以很合理地认为,一家铁路公司出轨次数和出轨造成的损失总额随着运输的增加或减少而增加或减少。表11—5列示了该公司从1991年到1994年每年的出轨损失和年运输吨公里之间的关系。在这个表里,吨公里数是自变量X,每年的出轨损失是应变量Y。所得的结果表明:每增加10万吨公里运输,损失就增加1 156.39元。$a=-35.61$错误地描述了当公司停止营业时损失就会小于0,这是由于直线预测在端点引起的曲解。

表11—5　　　　　　　　年出轨损失与年运输量的关系

	吨公里 X (10万吨公里)	损失 Y (1 000元)	XY	X^2
	35	9.8	343.0	1 225
	60	32.9	1 974.0	3 600
	72	45.1	3 247.2	5 184
	95	82.0	7 790.0	9 025
合计	262	169.8	13 354.2	19 304

$$b=\frac{\sum_{i=1}^{4}(X_i-\overline{X})(Y_i-\overline{Y})}{\sum_{i=1}^{4}(X_i-\overline{X})^2}=\frac{4\sum X_iY_i-\sum X_i\sum Y_i}{4\sum X_i^2-(\sum X_i)^2}$$

$$=\frac{4\times 13\,354.2-262\times 169.8}{4\times 19\,034-262^2}=1.192$$

$$a=\overline{Y}-b\overline{X}=\frac{169.8}{4}-1.192\times\frac{262}{4}=-35.61$$

$$Y=-35.61+1.192X$$

损失 $=-35.61+1.192\times 1\,000=1\,156.39$(元)

这个公式适用的范围是从 350 万到 950 万吨公里。预测表明,每增加或减少 10 万吨公里的运输会增加或减少 1 156.39 元的损失,这只是在可供数据和假定模型是直线的情况下的一个最好估计。在某种程度上,这个假定可能是不正确的,因为还有其他因素被忽略了,所以预测的精度就受到限制。

(三)第二个预测因子:货物的价格变化

价格水平的变化一般是通过时间序列来预测的。表 11-6 计算从 1991～1994 年货物价格变化的线性趋势。结果表明,从 1991～1994 年,若经济条件不变,价格水平按线性变化,则每年的价格指数增加 11.45 个指数点。其他许多预测模型都假定价格水平的变化是以一个固定的曲线比率增加,而不是以固定的一个指数点增加,这样就产生曲线趋势而不是直线趋势。随着时间的推移,任何正的或向上的变化率意味着每年增加额越来越大,而负的或向下的变化率意味着每年下降越来越快。既然变化率是可变的,用不变比率的曲线趋势在多年以后会导致不现实的结果。表 11-7 列明用直线趋势和曲线趋势预测得到的不同结果,特别是多年后,结果相差很远。在直线趋势中,每年比上年增加 11.45 个指数点,在曲线趋势中每年比上一年增加 8.86%。年份增多以后,每年以 8.86% 的比率增加比每年增加 11.45 个指数点要快得多。两种方法预测会导致很不同的结果,长期预测变得很不精确。为了提高精确度,长期和短期预测都要做到以下几点:

1. 获得尽可能多的相关数据,尤其是目前的数据,它在做短期预测时很重要。

2. 试验直线和曲线预测技术,然后选择更适合过去实际数据和用来预测将来的技术。最简单的试验方法是画散点图。

3. 在增加资料时,重新画散点图,并重新计算趋势线。如果条件变化,早期一些数据不再反映现在的条件,则要删去这部分不适用的数据。

以上这些步骤有助于增加数据或在情况变化时重新确定预测模型。这些讨论的目的是为了说明使用一个模型预测的基本要求。下面再用一个很简单的模型作为例子来予以说明。

(四)一个说明性的预测

一种用来预测该铁路公司每年出轨损失的技术是在以下的基础上进行预测:

1. 出轨损失与吨公里数之间的关系。

表 11-6　　货物价格计算表

年份	指数 Y	XY	X^2
1	115.2	115.2	1
2	125.9	251.8	4
3	140.2	420.6	9
4	148.6	594.4	16
合计 10	529.9	1 382.0	30

$$b = \frac{\sum_{i=1}^{4}(X_i - \overline{X})(Y_i - \overline{Y})}{\sum(X_i - \overline{X})^2}$$

$$= \frac{4\sum X_i Y_i - \sum X_i \sum Y_i}{4\sum X_i^2 - (\sum X_i)^2}$$

$$= \frac{4 \times 1\,382.0 - 10 \times 529.9}{4 \times 30 - 10^2}$$

$$= 11.45$$

$a = \overline{Y} - b\overline{X} = 103.85$

指数 $Y = 103.85 + 11.45 \times$ 年份

表 11-7　　直线趋势和曲线趋势预测比较

年份	直线预测 11.45 点/年	曲线预测 8.86%/年
1994	148.60	148.60
1995	160.05	161.76
1996	171.50	176.10
1997	182.95	181.70
1998	194.40	208.69
1999	205.85	227.17
2000	217.30	247.30
2001	228.75	269.21
2002	240.20	293.07
2003	250.65	319.03

2. 该公司高级管理人员预测,由于经济收缩,所以 1995 年、1996 年、1997 年公司营运的吨公里数分别为 800 万、550 万和 430 万。

3. 铁路公司的财务部门预测 1995 年的货物价格水平将保持在 8.86% 的增长水平,1996 年水平比 1995 年增长 7.00%,而 1997 年水平会比 1996 年下降 5.00%。

在上面 2 和 3 的基础上进行预测会增加风险管理人员预测的精确度。如果没有其他部门的信息,风险管理人员只能以直线或曲线趋势来预测将来公司的运输吨公里数和货物的价格水平。

以下是具体计算和预测。

假定:

1995年

1. 吨公里数＝8 000 000
2. 货物价格水平比1994年上升了8.86%

1996年

1. 吨公里数＝5 500 000
2. 货物价格水平比1995年上升了7.00%

1997年

1. 吨公里数＝4 300 000
2. 货物价格水平比1996年下降了5.00%

计算:(1 000元、100 000吨公里)

1995年

1. 按1994年水平的损失＝－35.61＋1.192×80＝59.75
2. 调整:按1995年水平的损失＝59.75×(1＋0.088 6)
    ＝65.04

1996年

1. 按1994年水平的损失＝－35.61＋1.192×55＝29.95
2. 调整: 按1996年水平的损失＝29.95×(1＋0.088 6)×(1＋0.07)
    ＝34.89

1997年

1. 按1994年水平的损失＝－35.61＋1.192×43＝15.65
2. 调整: 按1997年水平的损失＝15.65×(1＋0.088 6)×(1＋0.07)
    ×(1－0.05)
    ＝17.32

上述计算扼要地概括了对计算的假定和计算过程。这些计算涉及两个步骤:第一步是从吨公里数中预测出按1994年价格水平的损失。三年的计算公式都是一样的,只是用不同年份的吨公里数代入 X,得到不同年份的损失。第二步是将按1994年价格水平的损失调整成反映各年份物价水平的损失。

复习思考题

1. 试解释下列名词:先验概率,经验概率,概率分布,中心趋势,中位数,众数,方差,标准差,变动系数,联合概率,条件概率,择一概率。

2. 举例说明概率分析和趋势分析在损失预测中分别适用哪种情况。
3. 在损失预测中收集数据应注意哪些要求?
4. 使用下表数据预测下一年度道路交通事故死亡人数,并画出直线趋势图。

年份	道路交通事故死亡人数(人)
2001	74 362
2002	79 899
2003	85 643
2004	99 457
合计	339 361

5. 两个距离很远的仓库一年内发生火灾的联合概率是0.000 6,已知仓库A的火灾概率为0.02,仓库B的火灾概率是多少?

6. 一幢建筑物因火灾受损的概率为0.003,由于盗窃导致损失的概率为0.006,则该幢建筑物因火灾或盗窃而受损的概率是多少?

第十二章 现金流量分析

第一节 以现金流量分析作为决策标准

选择风险管理方法或方法组合的标准是风险管理决策的重要内容。这套标准将一企业拥有的风险管理资源配置到最符合成本和效益原则的地方,使该企业面临的潜在和实际的损失最小化。它要求该企业的长期税后净现金流量最大化。大多数企业就是根据这一相同的标准来做出合理决策的。

具体来说,风险管理人员在应用现金流量分析时需按以下步骤进行工作:

1. 分析每一方案,包括提出的每一项风险管理方法是怎样影响该企业现金的流入和流出的。

2. 计算方案的净现金流量的现值,即净现值(NPV)。

3. 根据各自的净现值和收益率评价方案的优劣。

一、现金流量的重要性

一家企业某一时期的净现金流量是该时期的现金收入减去现金支出,或者现金流入减去现金流出。现金收入大于现金支出,则净现金流量为正;反之,则为负。

(一)对资源的要求权

现金,更确切地说是购买力,它也包括信用。它通常是实现其他目的的手段之一。一家企业的净现金流量越多,意味着实现目标的能力越强;反之则越弱。这样,净现金流量(NCF)的大小成为衡量一个企业力量强弱的晴雨表。

用净现金流量来衡量一个企业的能力比用会计利润来计量更好。利润通常受会计的应收、应付款项或其他账户(如折旧)的影响,而净现金流量则可衡量企业购买或得到所需资源的能力。

(二)在资本投资评价中的应用

在选择方案时,经验丰富的专家会优先考虑能使企业得到最大的净现值的方案。这种简化了的决策规则通常在某些情况下会复杂化,即该方案需要即时的现金支出;而现金的流入则预计在将来的某一时期,即方案的现金支出或收入需跨越若干个会计周期。在这样的情况下,最好通过资本预算来处理。资本预算是通过进行长期资本投资来达到企业目标的计划;而资本预算的决策,是在涉及不同的资本投资方案时,根据其现金流出和流入而进行的决策过程。

二、货币的时间价值

货币的时间价值的存在是因为投资的货币经过若干时期后能产生更多的货币。这种额外的货币被称为货币的时间价值。一笔将来货币的现值的计算需结合货币的时间价值。

(一)现值的概念

一笔给定金额的货币的现值是由两个因素决定的,即利息率和时间长度。

利息率是货币的使用成本,通常是用每年的百分比来表示的。货币的时间价值是一种隐含成本或机会成本。为一笔货币指定某种用途通常意味着丧失了投资其他项目的机会。基于机会成本的考虑,企业的财务人员通常需确定一个最小收益率,它必须是所有可接受的方案都能满足或达到的。

时间长度是货币时间价值的第二个决定因素,它是由货币投资的年数或其他时间单位来表示的。

(二)现值的计算

现值的计算涉及下列四种情形:

1. 现时支付。现时支付的现值就是应支付额。它不需要对支付额进行任何形式的贴现。实际上,这种情况的时间长度为零。

2. 单一的将来支付。复利现值表列出了不同期限和不同利息率情况下的1元的现值(即现值系数)。该现值系数表明在给定的利率和给定年数的条件下,在给定的年数后能得到1元,现在必须投资的货币数量(用复利计算)。值得注意的是,现值系数与投资的年数呈相反关系。投资年数越长,现值系数越小。同样,现值系数与利息率也呈相反关系,利息率越高,现值系数也越小。

3. 等额年金。年金现值表列出了等额年金的现值系数。等额年金的现值系数等于每年单一支付的现值系数之和。

4. 不等额年金。不等额年金的现值必须根据每年的现金流入或流出分别计算其现值,然后加总得出。

第二节　现金流量的评价方法

资本预算决策通过下列两种方法进行现金流量分析：净现值方法和内部收益率法。在介绍这两种方法后，还可以得出盈利能力指数对净现值为正的方案进行排序。

对成功运用这些评价有两个条件是必不可少的。第一，与特定的投资项目相联系的收益和成本必须是能用货币计量的，不能用货币计量的项目不能用这些方法来评价。第二，与不可预计性相关的不确定性，通常一个投资项目的预计使用寿命越长，其投资收益率的预计将越困难，项目的风险将越高。因此，长期投资项目有很高的风险。

在评价投资方案以前，必须对下列各项进行预测：(1)初始投资量；(2)能够接受的最低投资量，用初始投资的百分比表示；(3)估计项目的使用年限，即能产生现金流量的年数；(4)与项目有关的每年税后净现金流量。

一、净现值法

使用净现值法的前提条件是必须有一个预先决定的最小投资收益率。这一给定的收益率对与方案有关的所有现金流入和流出都是适用的。按照净现值法，如果方案的现金流入量的现值大于现金流出量的现值，即净现值为正，则该方案的收益率高于给定的收益率，那么该方案是可以接受的；反之，则低于给定的收益率，该方案是不能接受的。

二、内部收益率法

与净现值法所不同的是，内部收益率法(IRR)不需要有给定的投资收益率。内部收益率是净现值等于零的收益率。对不同的方案进行比较时，内部收益率最高的方案是最优的方案；而净现值法并不能对净现值大于零的方案进行优劣比较，也就是说，净现值最大的并不见得就是最优的方案。为了弥补这一缺陷，就设计出盈利能力指数指标。

三、盈利能力指数

盈利能力指数是每年现金流入量的现值之和与每年现金流出量现值之和的比率。盈利能力指数最大的方案是最优的方案。值得注意的是，用给定的最小收益率来衡量一可行方案的盈利能力指数必须大于1。若该指数小于1，则意味着净现值小于零，按照净现值法，该方案是不能被接受的。

四、税后净现金流量的计算

在任何一年,每一方案的净现金流量等于方案的现金流入减去现金流出。对营利性组织而言,所得税与其他现金支出一样,必须从现金收入中扣除,从而计算出净现值。所得税问题的复杂性在于:它是按应纳税收入的一定百分比来计算的,而不是按净现金流量的一定百分比来计算的。应纳税收入的计算必须考虑非现金收入与费用项目。而对非营利性组织而言,这些非现金项目可以不予考虑,这些就大大简化了现金流量的计算。

在资本预算决策中,影响所得税的最主要的非现金项目是固定资产的折旧。在资产的使用期间,折旧费进入了成本,从而降低了盈利水平,但并未造成组织的现金流出。在下一节的举例中,固定资产的折旧均是按直线法来计提的。在没有特别指明的情况下,残值为零。

第三节 通过现金流量分析进行风险管理决策

本节借助于传统的现金流量决策框架来考虑风险管理方法,以及各种不同的方法可能对企业现金流量和投资收益率的影响,并据此选出最好的风险管理方法。本节将举例说明每一种风险控制和筹资方法应用于对付某企业所面临的特定风险——发生在该企业内某幢建筑物的火灾损失。

一、风险管理方法的现金流量分析

传统的现金流量分析不考虑风险管理方面的影响,项目预计产生的每年税后净现金流量被假定为可以预计到的。除非在很危险的情况下,很少考虑这样的可能性:一个项目预计有 10 年的使用寿命,但它在使用 3 年后毁于一场大火。

同样,大多数现金流量分析并没有明确认识到,实施某种风险管理方法的一次性成本应该加到该项目的初始投资中,而其他持续的风险管理费用应从预计的净现金流量中扣除。大多数更为复杂的现金流量分析承认净现金流量的预计只是一种概率分布,而不是固定的流量。但就是这样的分析,也假定每年净现金流量的差异来自于系统风险(市场条件的变化),而不是意外损失的风险。

下面的例子只包含一种风险控制或风险筹资方法。某幢建筑物建于 4 年前,为研究所的人员所使用。他们与厂方签订了为期 10 年的合同,研究人员同意在厂方的资助下开展研究工作,但所得收入归厂方。厂方预计其每年的收入为 6 万元,作为交换条件,厂方提供 20 万元资助建立研究所,获得必需的设备。在过去的 4 年里,因火灾而花在该建筑物维修方面的费用每年平均为 1.6 万元,厂方不负责建筑物内部设备的火灾损失。

由于该研究所导致建筑物火灾损失的风险很大,厂方的风险管理人员一直研究各种不同的风险管理方法来处理火灾损失风险。

(一)不考虑风险管理的税后现金流量

如表12-1所示,该企业必须缴纳所得税。在不考虑由于偶发事件给该幢建筑物造成损失的情况下,该项目的净现值为48 600元,内部收益率为17.7%,对于厂方而言,该项目似乎是有利可图的。

(二)确认预期损失

正确的现金流量分析应考虑偶发事件的损失和相关的风险管理费用对现金支出的影响。通过选择风险管理的方法,影响净现金流量能改变项目的收益率,并最终影响资产和行为的选择。

为了说明这一问题,风险管理人员根据过去4年的情况描述该幢建筑物火灾损失的概率分布,如表12-2所示。

表12-1　　　　　　不考虑风险管理的税后现金流量分析　　　　　　单位:元

净现金流量(NCF)的计算	
每年的现金收入	60 000
减:每年的现金支出(除所得税外)	0
税前净现金流量	60 000
减:每年所得税	
每年税前NCF	60 000
减:每年的折旧费(200 000/10)	20 000
应税收入	40 000
所得税(40%)	16 000
税后NCF	44 000
净现金流量的评价	
要素:	
初始投资	200 000
项目使用年限	10年
每年税后NCF	44 000
最小投资收益率	12%
(一)用净现值法评价	

续表

NCF 的现值(44 000×5.650)	248 600
减:初始投资的现值	200 000
净现值(NPV)	48 600

(二)用内部收益率评价

初始投资/每年 NCF(税后)=200 000/44 000=4.545=年金现值系数

用内插法求内部收益率(r)

投资收益率	年金现值系数	年金现值系数
16%	4.833	4.833
r		4.545
18%	4.494	
差额:2%	0.339	0.288

$r = 16\% + \dfrac{0.288}{0.339} \times 2\% = 16\% + 1.70\% = 17.7\%$

每年的火灾损失期望值是 1.6 万元,如把该损失考虑进去的话,与表 12-1 相比较,预计火灾损失为 1.6 万元,而不是 0,这样税后净现金流量为 3.44 万元,净现值为-5 640 元,内部收益率为 11.34%。

表 12-2　　　　　　　建筑物过去 4 年火灾损失概率分布　　　　　　　单位:元

概　率	每年火灾损失	期望值
0.8	0	0
0.1	30 000	3 000
0.07	100 000	7 000
0.03	200 000	6 000
1.0		16 000

二、风险控制方法

对该企业来说,有数种风险控制方法可供选择。这些方法包括降低损失发生概率、减少损失发生程度、通过合同把风险转移给第三者等。

(一)防止或减少损失风险

假如该企业对每年 1.6 万元的火灾预期损失不满意,在与研究人员订立合同之时，就安装了一套价值1万元的自动喷水灭火系统，该系统需要每年400元的维护费用。风险管理人员估计该系统会减少火灾损失的程度。每年火灾损失的概率分布如表12—3所示。

表12—3　　　　　　　建筑物每年火灾损失概率分布　　　　　　　单位：元

概　率	每年火灾损失	期望值
0.8	0	0
0.1	5 000	500
0.07	1 000	700
0.03	100 000	3 000
1.0		4 200

与没有安装自动喷水灭火系统的企业相比较，有三个区别：

1. 自动喷水灭火系统减少了火灾损失的期望值，从每年1.6万元降到4 200元。

2. 安装自动喷水灭火系统的成本应进入初始投资，从20万元增为21万元。

3. 在计算应纳税收入时，自动喷水灭火系统的折旧费每年1 000元和维护费用每年400元应考虑进去。

经过以上的调整，在12%的复利贴现下，其每年税后净现金流量为41 640元，净现值为－25 266元，内部收益率为14.88%。其指标均高于上例中相应的数据。

(二)通过合同转移风险

作为风险控制的一种办法，通过合同转移风险是指通过财产控制权的改变或一项作业的转包，从而把损失风险转移给第三者。例如，该企业可以通过租赁或将法律责任转移给第三者的形式把该幢建筑物的火灾损失风险转移给研究所。假如租赁费为10万元，另加上20万元的资助金，厂方的初始投资增加到30万元。但税法规定，每年摊销金额3万元可作为费用在税前列支。这样每年的税后净现金流量为4.8万元，初始投资30万元，其净现值为－28 800元，内部收益率为9.63%。

这种租赁安排得到相对低的净现值和内部收益率，因为年收入没有增长，需要的投资却提高了。当然，这并不是说租赁不是处理损失风险的有效方法，而且本例中的程序并不能运用到所有的转移风险的合同中去。

（三）避免风险

当一个企业选择避免风险的方法时，它也就放弃了该项经营活动所产生的利润。如果选择了这一策略，该企业就明确认为从该研究所获取的潜在收益不值得冒风险。更准确地说，该研究所的净现值或内部收益率(在扣除应用最佳的风险管理方法来处理意外损失的成本后)低于其他方案的相应指标。在这种情况下，避免风险不失为明智的策略。当然，该企业的高层管理人员认为该研究所提供研究成果是重要的，那么采取避免风险来处理火灾风险就不会是一种可行的风险管理方法的选择。

三、风险筹资方法

除非另有说明，下面对风险的筹资方法的分析都是假定潜在损失的总额是通过一种风险筹资方法来处理的，而不考虑任何风险控制方面的措施。实际上，一些风险筹资方法通常要与一些风险控制方法结合运用。

（一）列作当前支出的自担损失

除了预计的该幢建筑物的火灾损失作为当期费用和一些额外的现金支出（如管理费用）2 000元以外，为了尽快在火灾后让该研究所恢复研究工作，厂方还需预计每年支付特别费用用于建筑物修复。正因为还有这笔额外的现金开支，每年税后净现金流量为33 200元，计算得到的净现值为－12 420元，内部收益率为10.49%，均低于前面"确认预期损失"中的例子的相应指标。

把当前损失计入当前费用是较不规范的风险筹资方法。但在以下条件下也可能是耗费较少的方法：(1)实际损失未超过该企业能合理开支费用的水平；(2)该企业自己能有效完成通常由保险公司承担的补偿任务。在损失发生前，这种方法通常很有吸引力，但实际情况往往证明其他风险筹资方法的筹资成本更小。

（二）通过提留准备金

建立这种准备金意味着初始投资的增加。尽管增加了初始投资，然而准备金的运用并不改变现金流出量，甚至有可能增加了现金的流入。如果准备金的收益水平低于把这些资金应用于该企业正常生产活动的收益率，则这种情况将导致整体收益率的降低。假定初始投资为40万元，准备金为20万元，获取的收益为16 000元（200 000×8%），则税后净现金流量为44 000元，净现值为－151 400元，内部收益率为1.78%。

（三）通过借入资金自担损失

或许，一个企业借入所需资金来补偿其意外损失，其目的是让自有资金用于正常的生产经营活动。若该企业通过投资使自身的经营获得的收益比它借入资金的成本还要多,则不论是支付损失还是用于其他目的,借入资金能增加现金流量。但有一点需注意,借入资金不应该被视作是现金流入,因为任何用于意外损失的借入资金都会被开支掉。

假定该企业在某年初从银行借入16 000元,利率为16.67%,在年末需归还18 667元(16 000元本金和2 667元利息)。企业计划用这笔借入资金支付全年内可能发生的损失。这样,自己本来用于支付损失的16 000元可用于经营中。如果自有资金能产生12%的税后收益率,由于需支付40%的所得税,其税前收益率为20%[即12%/(1−40%)]。在这种情况下,借入资金能产生320元的税后收益。当然,如果内部收益率低于税后借入资金利率,通常不会用借入资金来支付损失,除非由于严重的损失导致现金短缺,才会使借入资金成为必要。

上述分析表明,借入资金被认为是自担风险而不是转移风险,因为借入资金并不涉及风险的转移。

(四)通过自保为损失筹资

大公司可以建立一个保险子公司来为其部分或全部损失风险提供保险保障。自保公司可以由一家母公司或多家母公司拥有。建立自保公司主要是基于税收和监管部门的考虑。对母公司而言,它是否构成风险自担或转移还存在相当多的争论。如果自保安排被认为是自担风险,则母公司付给自保公司的保险费不能在税前扣除。对母公司而言,其现金流量如表12−1所示,其每年的税后净现金流量为44 000元减去支付的保费。如果自保安排被认为是风险的转移,则保险费支付后形成的现金流量等同于通过保险公司的风险筹资。

(五)通过保险公司为风险筹资

一个企业可借助于外部资金来补偿其损失,以达到风险转移的目的,最常见的转移风险的形式是保险。作为获得保险费的代价,保险公司赔付所投保财产在保险合同责任范围内的损失。在这种安排之下,保险费取代预期损失作为投保企业当年的现金开支。此外,保险费是实际的现金流出。在其他方面,其净现值的计算与前面的例子相同。

投保企业支付的保险费要大于其损失的期望值,这是因为对保险公司而言,保费收入不仅要赔付损失,而且要包括保险公司的管理费用,以及合理的利润。例如,该企业为研究所建筑物购买了保险金额为20万元的火灾保险,而当时保险公司的毛利润为40%,该建筑物的预计损失为1.6万元,则需支付的保险费为 $P=16\ 000 \div 60\% = 26\ 667$(元)。

保险费是税前列支的费用。若把预计损失作为自担风险的唯一成本,保险往往只能得到较低的净现值和内部收益率,这是因为保险费往往大于被保险损失的期望值。大多数企业购买保险的主要目的是消除不确定性。与自担风险的形式相比较,保险形式的投资收益率的高低取决于:(1)保险公司的毛利水平;(2)自担风险的额外费用;(3)每年损失剧烈波动的不确定性所形成的无形成本。

四、现金流量分析作为风险管理决策标准的局限性

现金流量分析中的净现值和内部收益率可以用作选择风险管理方法的决策标准。基于这一目的,净现值法可以重新表述如下:一个企业应优先考虑有望带来最高净现值的风险管理方法。同样,内部收益率法也可以表述如下:一个企业应选择有望获得最高内部收益率的风险管理方法。然而,这些也有其局限性。

(一)现金流量分析应用于风险管理决策中的优缺点

应用现金流量分析来选择风险管理方法的主要好处在于,其决策过程把风险管理决策放在与其他利润最大化决策相同的立足点上。从理论上说,净现值法和内部收益率法对追求利润最大化的企业是适合的,对努力提高运营效率的非营利组织来说也是最好的选择。

现金流量分析的不足之处在于其假设上的缺陷。首先,从上述例子来看,每一种风险管理方法都单独使用,忽视了所有可能的组合方法。实际上,至少一种风险控制和一种风险筹资方法应同时应用于每一种重大的损失风险的处理。风险控制方法对不能完全排除的风险需要得到风险筹资的支持,缺少有效的风险控制方法的支持,会导致用风险筹资方法变得较昂贵。

第二个假设是对应用的每一种特定方法没有程度上的差别。该假设会导致过分简单化的是与非的决策,而不是更详尽的分析。

第三个假设认为火灾造成的损失是唯一涉及的损失,而实际上还可能由于其他事故造成财产、净收入和人员的损失。

第四个假设是把预期损失作为实际发生损失的一种计量值,而不管将来的不可预计性。

最后,现金流量分析假定:企业的唯一目的是利润最大化,对社会效益未加以考虑。

(二)对不确定性加以调整的现金流量分析

上面讨论的决策程序都不切实际地假定:每年发生的意外损失等于其期望值。某种程度的不确定性对每一种风险管理方法是不可避免的。这些不确定性的成本在评价风险管理方法选择时需加以适当考虑。

忧虑因素法把隐含的税后成本给每类不确定性赋值。一旦确定,该成本就视同其他成本作为现金流出。忧虑因素法的第一步是把忧虑成本赋值给每一种可供选择的风险管理方法,该成本应反映与该风险管理方法相联系的不确定性,给高层管理人员带来的不安程度。随着潜在损失的增加,焦虑因素会增加。因此,足额保险通常有很小的忧虑系数。该方法的第二步是把忧虑成本从每年税后净现金流入量中扣除。忧虑成本在税后扣除是因为它只是隐含的费用。

忧虑因素法为运用现金流量分析法提供了一种相当简便、易懂的方法。该方法使不确定性的成本清晰化,而且随高层管理人员的态度而变化,尽管它有些随意性,但由于其直截了当而受到人们的重视。

复习思考题

1. 试解释下列名词:净现金流量,货币的时间价值,现值,净现值法,内部收益率法,盈利能力指数。

2. 简述应用现金流量分析方法进行风险管理决策的基本步骤。

3. 根据表 12-1 计算每年火灾损失期望值是 1.6 万元的税后净现金流量、净现值和内部收益率。

4. 概述将现金流量分析作为风险管理决策标准的局限性。

第十三章　风险管理决策的预期效用法

第一节　预期效用法概述

在不确定情况下进行决策的一种重要方法是预期效用法。它可以用来选择恰当的风险管理方法,目的是把预期的效用损失减少到最低限度。预期效用损失计算与货币损失计算的一个区别是,以效用指数代替货币金额。这里使用的效用概念反映决策者对风险的态度以及对财富某种增加或减少满意程度的变化。借用美国一位管理权威的话来说,这种效用反映了"在特定情况下对风险、利润和损失态度的一种不可分解的混合"①。

一个人对风险的态度实际上是他的效用函数形状的基本决定因素,该函数以图 13－1 表示。

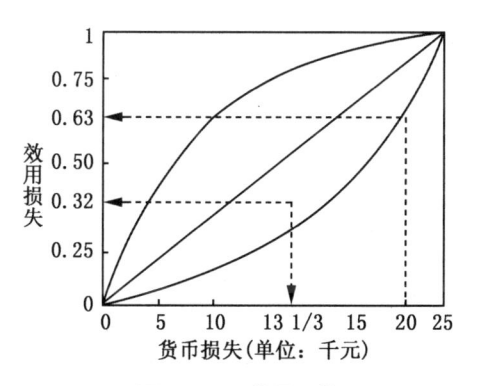

图 13－1　效用函数

横轴是潜在的货币损失,纵轴是效用损失。一条凹向上的曲线表示风险回

---

① 罗伯特·施莱夫:《企业决策的概率论和统计学》,麦克劳—希尔出版公司 1959 年版,第 42 页。

避者,即这个人为了避免风险宁愿支付多于预期货币损失的金额。例如,对这个风险回避者来说,将会发生20 000元损失的概率是0.5,不会发生损失的概率也是0.5,预期的货币损失是10 000元。使用该图计算预期的效用损失:

0.5×0元的效用损失+0.5×20 000元的效用损失
　　=0.5×0+0.5×0.63=0.315

这一效用损失相当于13 333元损失。因此,根据这一模型,这个人的不确定状况等于13 333元损失。换言之,这个风险回避者宁愿支付超过预期的货币损失,但最多不超过13 333元的金额来把风险转移给其他人。一个具有线性效用函数的人(对风险态度是中性的人)会至多支付预期的货币损失10 000元金额来消除这不确定性,一个有凹下函数的人(敢于冒风险者)会保留不确定性。除非转移风险的费用小于某个值,这个值肯定小于预期的货币损失。实际的效用函数要比上述三种情况复杂。

第二节　预期效用法的应用

为了应用预期效用方法,需要进行下列工作:

1. 以下列方法得出一个人的效用函数:
(1)不论决策如何,对可能发生的最大损失确定负效用指数为1[①]。
(2)不论决策如何,对可能发生的最好情况确定效用指数为0。
(3)问这个人为了转移概率为0.5的最大损失风险所愿支付的最高金额,另外只有一种没有损失的结果。由于这一定的支付金额具有与不确定状况期望值相同的效用指数,所以它的效用指数是:

0.5×最大损失的效用指数+0.5×没有损失的效用指数
　　=0.5×1+0.5×0=0.5

(4)再问这个人为了转移概率为0.5的上面所答应支付金额的风险所愿支付的最高金额,另外只有一种没有损失的结果。这个支付金额的效用指数是:

0.5×0.5+0.5×0=0.25

(5)继续问这个人为了转移概率为0.5的上面所答应支付金额的风险所愿支付的最高金额,另外只有一种没有损失的结果。这个支付金额的效用指数是:

0.5×0.25+0.5×0=0.125

(6)继续询问下去,直到这个人的回答提供了足够得出其效用函数的点。一般而言,该最后回答的金额应该接近最低的保险费或货币损失。

---

① 后面省略"负"字,但要注意,这里所讨论的效用指数实际上是指效用指数的丧失。

(7)把这些点画成曲线图。

2. 对研究中的每种风险管理方法列出可能的货币损失及其概率。

3. 使用曲线图把每种方法可能的货币损失变换为效用指数值。

4. 计算预期的效用损失。

5. 选择预期效用损失最小的风险管理方法。

再举例说明这种方法如何应用。假定一个风险管理人员有一栋建筑物,其最大可保的损失是10万元,没有不可保的损失。这个风险管理人员必须在以下三种方法中做出选择:

1. 自担风险。

2. 部分保险。至多赔偿该建筑物一半价值的损失,保险费是640元。

3. 全部保险。保险费是710元。

上述可供选择的方法、可能的建筑物损失,以及可能使用的方法和可能的建筑物损失合计给企业带来的损失总额可以矩阵形式汇总,见表13-1。

表13-1　　　　　　　　　建筑物损失　　　　　　　　　单位:元

金额	0	500	1 000	10 000	50 000	100 000
概率	0.800	0.100	0.080	0.017	0.002	0.001
自担风险	0	500	1 000	10 000	50 000	100 000
部分保险	640	640	640	640	640	640
全部保险	710	710	710	710	710	710

根据这些数据,应用预期效用法得出下列结果:

1. 得出效用函数。

(1)设100 000元损失的效用指数是1。

(2)设没有损失的效用指数是0。

(3)问这个风险管理人员为了转移概率为0.5的100 000元损失风险所愿支付的最高金额。假定回答是60 000元。因此,这60 000元的效用指数是0.5。

(4)再问这个风险管理人员为了转移概率为0.5的60 000元损失风险所愿支付的最高金额。假定回答是35 000元。因此,这35 000元的效用指数是0.25。

(5)继续问这个风险管理人员为了转移概率为0.5的35 000元损失风险所愿支付的最高金额。假定回答是20 000元。因此,这20 000元的效用指数是0.125。

(6)假定继续询问得出以下结果,见表13-2。

表 13—2

① 可能损失	② 概率	③ 最大转移费用	④ 最大转移费用的效用指数
100 000	0.5	60 000	0.5
60 000	0.5	35 000	0.25
35 000	0.5	20 000	0.125
20 000	0.5	11 000	0.062 5
11 000	0.5	6 000	0.031 2
6 000	0.5	3 500	0.015 6
3 500	0.5	2 000	0.007 8
2 000	0.5	1 100	0.003 9
1 100	0.5	600	0.002 0
600	0.5	350	0.001 0

(7) 从上面③和④栏得出的效用函数如图 13—2 所示。

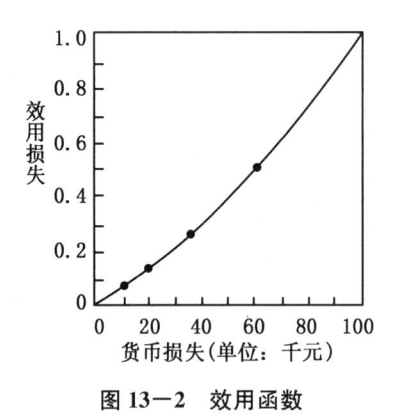

图 13—2 效用函数

2. 对每种方法列出可能的损失金额。再使用上面的效用函数把每种损失金额变换为效用指数值。这里使用线性插值法。例如，500 元的效用指数是 350 元的效用指数加上 350 元和 600 元效用指数之间差额的 $\frac{15}{25}$，即 $0.001\,0 + \frac{15}{25} \times (0.002\,0 - 0.001\,0) = 0.001\,6$。最后计算每种可供选择方法的预期效用损失，见表 13—3、13—4、13—5。

表 13—3　　　　　　　　　　　　　自担风险

可能损失	效用指数	概率	预期效用损失	预期货币损失
0	0.000 0	0.800	0.000 00	0
500	0.001 6	0.100	0.000 16	50
1 000	0.003 5	0.080	0.000 28	80
10 000	0.056 3	0.017	0.009 57	170
50 000	0.400 0	0.002	0.000 80	100
100 000	1.000 0	0.001	0.001 00	100
			0.011 81	500

表 13—4　　　　　　　　　　　　　部分保险

可能损失	效用指数	概率	预期效用损失	预期货币损失
640	0.002 2	0.999	0.002 20	640
640+(100 000－50 000)	0.406 4	0.001	0.000 41	51
			0.002 61	691

表 13—5　　　　　　　　　　　　　全部保险

可能损失	效用指数	概率	预期效用损失	预期货币损失
710	0.002 4	1.0	0.002 40	710

3. 选择预期效用损失最小的方法。在这个例子中，购买全部保险是最佳决策。这不是一种按照最低预期货币损失的决策。如果按照这个标准，风险管理人员应该不购买保险。购买全部保险的预期货币损失之所以高是因为保险人在估计预期损失时必须加入费用开支和利润。预期效用法认识到被保险人愿意支付高于预期损失的金额来转移风险。

由于不能很精确地确定效用函数，风险管理人员在预期效用损失差别小的情况下，不应该过多地依靠这种方法做出风险管理决策。预期效用法也不限于使用在保险和自担风险之间的选择，也可以把非保险方式的转移风险和损失管理包括在可供选择的方法中，而且还能考虑选择混合方案，如损失管理和自担风险、损失管理和保险。

此外,在美国风险管理决策理论中还流行一种担忧法(worry method),用来解释企业和个人为什么明知保险费包括了附加费用、利润和意外准备金,高于长期平均的损失,而愿意以购买保险来代替自担风险。其主要原因是保险能为企业和个人解除后顾之忧。担忧法把保险方法的担忧值设为零,而把其他风险管理方法的担忧值设为不等的数值,通过计算和比较得出有利于保险人的风险管理决策,即购买保险。担忧法和预期效用法一样充满主观心理因素,在风险管理的实践中难以具体使用。

复习思考题

1. 试解释下列名词:风险回避者,冒风险者,担忧法。
2. 应用预期效用法要进行哪些工作?
3. 为什么说预期效用法在风险管理的实践中难以具体使用?

第十四章　跨国公司的风险管理

第一节　跨国公司概述

跨国公司是一种国际企业组织。在第二次世界大战以后,特别是从20世纪60年代以来,随着主要资本主义国家对外经济扩张,跨国公司得到迅速发展。到2013年,全球约有80 000家跨国公司,控制了800 000家外国子公司,90%的跨国公司是由发达国家建立的,而三分之二的子公司是设在发展中国家。跨国公司通过对外直接投资和技术转让等多种经营方式,逐渐形成了全球性的经营体系,对国际生产、贸易、金融有着广泛的影响。因此,有必要对跨国公司的风险管理作一番介绍。

一、跨国公司的定义及其对外投资的特征

(一)跨国公司的定义

跨国公司(multinational corporations)主要是指一些以本国为基地,通过对外直接投资和技术转让的方式,在其他国家设立分支机构或子公司,从事国际化生产和经营活动的组织。至于对什么样的公司可以称为跨国公司有着不同的说法:有的以在国外经营的国家数为标准,也有的以在国外设立分支机构或子公司数为标准,还有的以在国外经营部分所占的比重为标准。从20世纪80年代中期以来,又出现了一种所谓全球性公司(global corporations),它专指那些在国外市场的收益已超过其在国内市场收益的跨国公司。

(二)跨国公司对外投资的特征

跨国公司的对外投资具有以下几个特征:

1. 跨国公司在外国进行直接投资,即"所有权"投资,而不是间接的债权投资,如对外的证券投资。因此,它必须控制和参与分支机构或子公司的管理活动。跨国公司对外直接投资的目的主要是获取廉价的原材料、劳动力、技术等资

源和占有外国市场,以取得比国内更高的利润。

2. 跨国公司的对外投资不是国际贸易,而是国际之间的资金、技术和设备的转移。

3. 跨国公司的对外投资除了面临与国内投资相同的风险以外,还面临独特的汇率、信用和政治等风险。

二、跨国公司的种类

(一)按跨国公司对外直接投资的形式分类

跨国公司的对外直接投资主要有以下三种形式:

1. 设立子公司。子公司是跨国公司拥有或控制的公司。跨国公司可以拥有子公司100%的股权,一般认为拥有公司51%以上的股权就可称之为子公司。但是,有些国家的法律规定本国的合资方必须拥有大多数股权,所以跨国公司拥有51%以下股权的公司也可以称为子公司。拥有全部股权的子公司是跨国公司的独资企业。跨国公司在子公司中持有的股权比例愈高,就愈能控制子公司的经营活动。

2. 合资企业。这一般是指跨国公司并非拥有全部股权的企业。在合资企业中,跨国公司可以拥有多数股权,也可以只占有少数股权。合资各方共同享有所有权,共同管理企业。

3. 合作企业。这是一种合伙关系和合同式经营,合作双方在合同中明确双方的权利和义务。它与合资企业的区别是,合作企业中的投资不折成股份,而是按合同中规定的比例来分享收益。

(二)按跨国公司非股权参与的形式分类

跨国公司非股权参与的形式主要有以下三种:

1. 许可证合同。这种形式属于技术贸易的范畴,又称为许可证贸易,即跨国公司按一定的价格把某种技术转让给东道国。

2. 特许权(专营权)。这是指跨国公司向东道国企业转让提供其产品的权利。受让人须支付转让人特许权的使用费,但转让人要提供培训、技术、设备、广告和促销方面的服务。

3. 管理合同。它分为全面的管理和技术管理两类,其特点是跨国公司不投资只管理,按合同规定分享收益。

(三)按跨国公司的管理模式分类

跨国公司的管理模式主要分为以下三类:

1. 集权式控制模式。这是跨国公司的传统管理模式,母公司掌握子公司的决策权,子公司人员待遇比母公司低,由母公司选派子公司的高级管理人才。

2. 多中心管理模式。子公司掌握决策权,子公司的人员待遇与母公司不发生直接联系,子公司选用人才以当地人才为主要对象。

3. 以全球为中心的管理模式。集权和分权的管理模式对跨国公司都存在缺陷,于是产生了集权和分权相结合的管理模式。母公司根据实际情况授予子公司决策权,子公司人员的待遇要兼顾母公司和其他子公司,子公司选用人才要具有全球眼光,不能任人唯亲。

第二节　跨国公司的独特风险

跨国公司对外投资除了面临与国内投资相同的灾害事故以外,还面临独特的汇率、信用和政治等风险。

一、汇率风险

跨国公司在对外投资决策中,除了考虑公司的发展战略以外,还必须考虑汇率风险,即考虑汇率对公司的收入和成本的影响。浮动汇率使国际经营产生了新的风险因素,但汇率风险不属于纯粹风险。此外,有些国家不实行外汇管制,但其他一些国家对资本流动加以限制。例如,对不同的交易使用不同的汇率,对设备进口给予税收优惠,而对汇向母公司的利润课以重税或加以比例限制。

跨国公司对汇率风险的管理是其财务管理中的一个重要方面,因为汇率的变动会影响公司交易的金额、现金流量、资产、债务和收益。对汇率风险的管理主要包括建立风险评估制度,区分汇率风险的类型,制定风险管理的策略。例如,在跨国公司内部,可以提前或推迟支付或采取外汇远期交易,对不能自由汇兑风险可采用政治风险保险。

二、信用风险

跨国公司无论是内部之间进行交易,还是与其他公司进行交易,都需要取得融资。在进出口信贷方面主要有卖方信贷和买方信贷两大类:卖方信贷是指出口方从当地金融机构处取得向进口方提供货物或设备的信贷;买方信贷是指出口方当地金融机构直接向外国进口方提供的信贷。卖方信贷通常是短期信贷,有些是中期的;买方信贷是大额的中期和长期信贷,它主要用于资本货物的购买。卖方信贷是为了便于出口方以延期付款或赊销的方式向进口方出口货物或设备,但面临着通货膨胀、贸易保护、信用和政治风险。为了鼓励出口,许多国家实行出口信用保险,如果进口方不能如期偿付货款,由保险公司或政府出口信贷担保机构赔偿出口方损失。对出口方来说,取得出口信用保险或政府担保便于筹资，而且筹资成本也比较低。买方信贷也是为了便于扩大本国出口，同样存在着信用风险，在买方信贷协议中要规定信用保险事项。

三、政治风险

对政治风险尚未有一个公认的定义，但一般是指东道国的政府机构的行为和其他政治因素对跨国公司的经济环境、利润和其他目标产生剧烈的影响。政治风险的发生不局限于经济不发达国家曾经实行的国有化、没收和征用，它也发生在经济发达国家。例如，1980年加拿大实行了新的能源政策，把外国在本国能源工业方面的参与率从75%降到50%，这是对本国能源工业的保护和对外国投资者的抵制。

支配政府机构决策的力量不仅是政治原因，也可能是纯粹的经济原因，因此，政治风险也包括了货币不可兑换和汇兑限制风险。战争、暴动、社会动乱、罢工、恐怖主义行为、政府否认合同有效、不公正的监管环境等也属于政治风险，其产生的原因涉及政治、经济、法律、宗教、种族等方面，它不仅影响跨国公司的经营，也影响本国企业的经营。但是，跨国公司的政治风险主要还是东道国政府对外国投资企业实行国有化、没收和征用。从20世纪70年代中期以后，这方面的风险明显减少，主要投资国政府与许多东道国政府签订了投资双边保护协定，并且对私人投资者对外直接投资提供了政治风险保险。

第三节　跨国公司风险管理的策略

风险管理的原理同样适用于跨国公司。但是，对国外子公司的风险管理与国内母公司的风险管理还是有所区别的。跨国公司的风险管理要做到集中化取决于许多条件，诸如是否设有全球事务管理的部门，母公司对其海外子公司的控制程度，子公司所在国与母公司所在国在政治、经济、法律、自然、社会环境等方面的差别，等等。如果跨国公司较好地满足了以上条件，就可以实行全球性的风险管理计划；但是跨国公司风险管理的集中化程度还是不高的。这首先是因为损失风险存在差异，虽然在国外的子公司所面临的风险也分为财产损失风险、净收入损失风险、责任风险和人员损失风险，但其损失频率和损失程度存在差异。例如，有些国家或地区更容易遭受地震、洪水、暴风、暴雨等自然灾害，有些国家对消防安全和保卫工作重视不够，多数国家对责任事故赔偿金额的裁决没有美国那么高，由于死亡、疾病和丧失工作能力造成的收入减少、医疗费用也没有美国那么高，各国的社会保障计划和员工福利计划也存在较大差异。其次，跨国公司的风险管理还要考虑子公司所在国独特的汇率风险、信用风险和政治风险。

最后，子公司的风险管理决策有可能是合资各方共同制定的。

跨国公司的风险管理除了采用通常识别风险、衡量风险和选择对付风险的方法等以外，在选择保险方法时还有一些专门策略。

一、认可和不认可保险

认可保险是指经东道国政府批准（有营业许可证和执照），在当地经营的保险公司的保险业务。不认可保险则是指未经东道国政府批准，在当地经营的保险公司的保险业务。跨国公司的风险经理在投保时要作出采用认可保险还是不认可保险的决策。

(一) 不认可保险的优缺点

英美等西方国家跨国公司的风险经理一般倾向于购买不认可保险，他们认为有以下优点：

1. 由美国或英国保险人起草，保险合同用英文写成，反映了他们的惯例，无语言障碍。

2. 保险费和赔偿用美元支付，费率有可能较低，保险人的偿付能力不成问题。

3. 保险责任范围较宽，可以使用多种险或"一揽子"保单。

4. 便于实行全球性的集中化风险管理。

然而，采用不认可保险也存在以下缺点：

1. 在不少国家，不认可保险是非法的，不遵守当地法律的保险人和被保险人都要受到严厉制裁。

2. 所缴保险费不能享受税前扣除，赔款有可能要缴纳所得税。

3. 在禁止不认可保险的国家里，不认可保险的保险人无法提供理赔服务。

(二) 认可保险的优缺点

认可保险的主要优点是：

1. 遵守当地的法律。

2. 所缴保险费可以享受税前扣除，保险费和赔款均以当地货币支付。

3. 保险费比较正确地反映了风险水平，损失赔偿处理简便，保险成本自动分摊到各子公司。

对英美等国跨国公司的风险管理经理来说，认可保险的缺点主要是它不具有不认可保险的那些优点。在实际做法上，大多数跨国公司采用了认可保险和不认可保险相结合的策略。例如，对东道国强制性保险采用认可保险，对认可保险和不认可保险条件上的差异险、超额财产险和超额责任险采用不认可保险。一些国际保险的经纪人通常为跨国公司提供这类中介服务。

二、自留风险和免赔额

如同国内风险管理一样，跨国公司在对付国外风险时也常采用自留风险和免赔额方法，以降低风险管理成本。部分跨国公司在调查了子公司所面临的主要风险之后，经常自留某种或数种风险，如地震、洪水、暴乱、经营责任、产品责任风险，或者提高自己财产保险中的免赔额，通常把免赔额定为数十万美元。在保险计划中，使用免赔额条款具有消除小额索赔、降低费率和促进防损工作等作用。确定除外责任和免赔额与费率的高低是保险合同洽谈的重要内容之一。

三、专业自保公司

建立专业自保公司是风险管理中自留风险的一种最高组织形式。对于大型的跨国公司来说，有近一半拥有或参加了专业自保公司。与国内风险管理相比较，专业自保公司对跨国公司的风险管理起了更大作用。跨国公司的风险分散于全球范围，它可以借助于专业自保公司里的专家制定全球性的风险管理计划。在禁止不认可保险的国家里，专业自保公司可以出面与当地认可保险人谈判跨国公司在当地的子公司的保险计划。通过这种谈判，当地子公司往往会自留较多风险，取得优惠条件，并且造成了子公司参加当地认可保险的印象。有时，专业自保公司会对一些有利可图的风险设法安排当地认可保险人作为出面承保公司，然后再对子公司在当地的认可保险进行全部或部分再保险，因为东道国对国际再保险的限制一般较松。

复习思考题

1. 试解释下列名词：跨国公司，特许权，买方信贷，卖方信贷，政治风险，认可保险，不认可保险，出面承保公司。
2. 分析跨国公司所面临的风险。
3. 概述认可保险与不认可保险的优缺点。
4. 跨国公司的风险管理采用哪些专门策略？

第十五章 非传统风险转移和整体化风险管理

第一节 非传统风险转移市场和参与者

一、非传统风险转移的定义

非传统风险转移(alternative risk transfer)是创新的保险市场和资本市场相结合的风险管理方法,它是为实现风险管理目标,在保险市场和资本市场之间转移风险的产品、渠道和方案。为了制订最优的基于非传统风险转移的风险管理计划,经常结合使用多种产品、工具和方案。

(一)产品

它包括下列产品:

1. 保险与再保险产品;
2. 多风险产品;
3. 保险连接证券;
4. 应急资本工具;
5. 保险衍生品。

(二)工具

它包括下列工具:

1. 专业自保公司和风险自留集团;
2. 特殊目的再保险人;
3. 百慕大变换人;
4. 保险人拥有的资本市场子公司。

(三)方案

在整合的基础上使用多种工具管理风险的广泛计划,就是企业风险管理计划(enterprise risk management program)。

以上的三个部分形成了风险管理的核心。

二、非传统风险转移的起源和背景

一般认为,在 20 世纪 60 年代末期和 70 年代初期愈来愈多地使用自保基金、风险自留和专业自保公司这些技术和工具,标志着使用非传统风险转移方法的开始。那时,许多大公司的风险经理已建立风险自留和自保公司计划,新的风险转移和风险筹资的技术开始出现。在 20 世纪 80 和 90 年代,风险筹资产品注重风险和现金流量的时间选择而不是转移,各种有限风险计划(finite risk programs)迅速出现。到了 20 世纪 90 年代中后期和 21 世纪,风险管理技术又掀起了新的浪潮,多风险产品、应急资本工具、证券化和保险连接的衍生品不断涌现,这些推进了企业风险管理。非传统风险转移市场的未来在很大程度上取决于风险管理进一步推广使用整体化方法。

如上所述,非传统风险转移的演化经历了几个阶段,促使其成长和不断创新的因素包括市场周期和能力、税收和监管与放松监管等。为了使企业实现价值最大化而管理公司的风险比以前任何时候都变得重要,能提供有效成本的风险管理方案成为公司决策的重要组成部分。事实上,某些市场环境变化似乎在加速这一成长过程,这些变化包括破产、信用市场扩张和新的风险来源。例如,公司破产与 20 世纪末和 21 世纪初的公司丑闻导致大量责任诉讼案。在有些案件中,投资者要求公司、董事会和高级管理人员赔偿,提供保险的保险人和再保险人已不得不做出赔付。这些情况在将来会更多地出现,公司和风险经理需要对董事和高级管理人员的违约、欺诈、环境责任等调整提供保险的机制。又如,石棉沉着病索赔仍然是美国保险业所困惑的一个大问题,巨额的索赔表明保险准备金最终可能短缺 500 亿美元,有时保险公司不得不采用现收现付制。信用工具(贷款、债券、证券化工具和衍生品)市场的扩张已表明信用风险管理朝着更活跃和动态的方向发展,对非传统风险转移市场和参与者提出了新的要求。新的风险来源出现改变了风险管理的前景,公司正在要求提供一系列新的保险保障,那些曾经公认为不可保的风险,如知识产权、恐怖主义、难以理解的财务指标、复杂的责任诉讼、电子计算机犯罪等,有待非传统风险转移市场提供解决方案。不能处理新的风险来源的传统保险和再保险提供者可能会输给那些具有更复杂分析能力和更大风险欲望的中介机构。因此,非传统风险转移市场在将来会继续变化。

有些非传统风险转移方法在性质上是很全球化的,而另一些则锁定在某些国家或地区。例如,风险自留集团和多触发条件产品(multi-trigger products)在美国特别流行,但在欧洲和亚洲却十分罕见。相反,专业自保公司则在全球普及,在多个地方设有向专业自保公司提供专门服务的税收优惠的管辖区。保险连接证券同样如此,从20世纪90年代末就有全球发行人在各地积极活动。

非传统风险转移的产品和方案以量身定做为特征,旨在实现很特殊的风险管理目标,因此有时定做该产品和方案是一个耗费时日的过程。与其他金融和保险产品不同,非传统风险转移的产品和方案一般不适用于长期使用的商品,它是为满足每位客户和风险筹资供应方以及地方法规的特定要求而定制的。只有当取得大量经验后,特定产品和服务才可能较为标准化,由为数众多的中介机构提供给大批终端用户,即使到那时,仍将保留明显的量身定做的特征。

三、市场参与者

(一)保险人和再保险人

他们是非传统风险转移市场的重要参与者。保险人和再保险人设计和销售非传统风险转移产品,通过非传统风险转移的机制管理其自身的风险,把保单持有人的基金投资于一系列同非传统风险转移有关的资产,如巨灾债券、信用风险转移工具,通过非传统风险转移工具提供特定的分保层。在信用风险转移市场上,有些保险人通过财务担保来承保信用风险。一些保险人已建立了资本市场子公司,以提供一系列与金融和保险相关的衍生品,进入了传统的银行和证券领域。作为投资者和资产经理的保险人已经招聘了大量从事金融工具分析和交易的专业人才。保险人是信用工具的重要投资者,购买资产抵押证券,销售各种抵押债务(证券化的信用集合基金)的信用保障。有些财产和意外保险人销售多种股票指数的长期期权。人寿保险人销售利息率和外汇指数期权,他们也是掉期期权的主要购买者。再保险人也在扩展其业务范围,有些正以综合的金融机构面貌出现。近年来再保险人收购了不少金融机构,他们在风险和投资管理方面被认为是高手。这些企业从事大范围的传统保险和非传统风险转移业务。例如,他们向保险人提供保证年金的套期保值,也通过其资本市场上的子公司买卖金融衍生品。保险人和再保险人参与非传统风险转移市场,部分是为了使其收入多元化,这有助于消除收益的剧烈波动。

(二)投资银行、商业银行和综合银行

大多数银行仍从事其传统的核心业务,但它们也已进入保险领域,从事与风险有关的保险业务。如同保险人,金融机构也在与本身无关的领域寻找机会,以使其收入增加和多元化,包括在保险和非传统风险转移领域。例如,若干家大的投资银行和综合银行已处在同保险有关的资本市场证券业务的第一线,如巨灾债券、应急资本工具。其他一些银行则通过其再保险子公司、专业自保公司、百慕大变换人把资本市场风险转移到再保险市场,从事与保险有关的衍生品交易。而且,一些世界上最大的银行拥有保险子公司,为其客户承保某些人寿和年金保险业务,作为其财富管理平台的一部分。除了收入多元化目的之外,金融机构也为了内部风险管理目的积极参与非传统风险转移。事实上,近些年在转移信用风险方面,银行与保险人积极合作,保险人向公司信用风险集合基金提供多种保险,银行则设立抵押债务的交易柜台。值得指出的是,自从20世纪90年代中期以来,发生许多国内和跨国的金融机构并购案,有些金融机构和保险公司已合并经营,成为能提供保险、再保险和银行产品的金融联合企业。

(三)公司终端用户

虽然许多行业和地区的公司从传统市场取得风险管理服务,如保险和金融衍生品,但也有一些公司已转向非传统风险转移市场,使用有限风险计划、风险自留技术、专业自保公司、应急资本工具等。一些美国和欧洲的大公司已积极组建了专业自保公司和其他自保组织,有些也使用与保险有关的衍生品和整体化风险管理计划。汽车、原材料、石化、交通、航空、食品、医院、媒体、娱乐等大多数行业已利用非传统风险转移方法。大型的全球公司注重风险自留和自保,而对一些曾经被认为是不可保的特殊风险却需要保险,这些公司特别注重企业或整体化风险管理方案。然而,许多小企业不参与非传统风险转移市场,仍然使用传统的工具和服务,没有意识到使用非传统风险转移方法可减少其风险管理费用,并使其企业价值最大化。经纪人和中介机构通常是把大公司作为优先客户,没有对小企业给予足够的注意。

(四)投资者和资本提供者

投资者在非传统风险转移市场上异常活跃。投资者一般是大的机构,通过提供不同形式的资本获得适当报酬。投资者包括保险人、再保险人、银行、投资基金(共同基金、单位信托)、养老金基金、套期保值基金。保险人和再保险人多年来是活跃的信用投资者,购买贷款和债券。套期保值基金和其他投资基金是信用风险、巨灾风险和气温风险的投资资本的重要供应商。大银行是巨灾债券的主要购买者。投资者也是应急资本工具的购买者。

(五)保险经纪人

有些保险经纪人已在非传统风险转移市场上扮演重要角色,帮助客户分析复杂的风险,制定适当的方案。他们在企业风险管理计划和综合保单方面提供有价值的咨询服务,包括跨越保险的金融领域内的风险保障。

非传统风险转移市场的参与者还包括提供资信评级和精算模型的机构。

第二节 保险和再保险合同

一、风险自留

风险可以通过一些不同的方式自留,包括自保基金、风险自留集团和专业自保公司(这些方式在前面有关章节中已作过论述),以下我们讨论部分保险、损失灵敏型合同和有限风险计划等自留风险方式。

(一)部分保险

部分保险是一种风险自留的常用方式,这种保险合同的设计使得被保险人自留较多的风险,转移较少的风险。通过改变免赔额、保单限额、共同保险比例和保险责任范围与除外责任,可达到部分保险的目的。

1. 免赔额。免赔额愈高,自留风险愈多。保险人通常不喜欢使用高的免赔额的保单,这是因为其保险定价困难,还损失了减少保费的投资收入。

2. 保单限额。保单限额愈低,自留风险愈多。与免赔额相同,保单限额也可以以每次事故或累计为基础。

3. 共同保险。共同保险指保险人和被保险人共同分摊损失金额。被保险人分摊的比例愈高,自留风险愈多。

4. 保险责任范围与除外责任。保单包含的除外责任愈多,自留风险也愈多。保险人会把一些不可保风险除外,这迫使被保险人自留,寻找其他方案。被保险人要识别那些愿意自留的风险并把它们列为除外责任。

总之,部分保险是企业自留一定数量和类别风险的有效途径,它是风险自留和风险转移的混合方案。

(二)损失灵敏型合同

损失灵敏型合同(loss-sensitive contracts)的保费一般取决于损失经验,它包括经验费率保单、高免赔额保单、追溯费率保单和投资信用计划。损失灵敏型保单有别于常规的固定保费合同,其保费取决于一定时期的损失,要经过一段时期后才能确定保费支出,允许被保险人自留较多的风险。在损失灵敏型合同中,通常保险人在确定和收到保费之前赔付全部损失,因而它具有较多的风险筹资因素。事实上保险人是向被保险人发放一笔贷款的,保险人经常要求被保险人提供抵押品,以便减少或消除信用风险。

1. 经验费率保单。保险人收取的保费直接与被保险人过去的损失经验挂钩,过去的损失大,收取的保费就多。这可以减少道德危险因素和预期将来损失的失误。虽然经验费率保单较下列其他合同具有较少的风险自留和筹资色彩,但由于其将来的保费取决于其过去的损失经验,所以仍把它视作一种损失灵敏型合同。

2. 高免赔额保单。顾名思义,它是以比一般固定保费合同高得多的免赔额为特征,被保险人自留很大金额的风险,因此缴付给保险人较少的保费。使用这种保单的基本目的是自留风险和风险筹资,而不是转移风险。

3. 追溯费率保单。它要求被保险人缴付初始保费,在将来某时根据已发生的损失,补缴保费或者返还保费,也就是通过"追溯"损失经验来调整实际保费支出,另设最高保费上限和最低保费下限。追溯保费在损失发生之前不能确定,使它具有风险自留和风险筹资的特征。追溯费率保单分为两种形式:一种是已付赔款追溯保单,当保险人做出实际赔付后才调整保费;另一种是已发生损失追溯保单,根据保险人的估计损失(实际损失加上对将来损失的估计)调整保费。相比之下,已付赔款追溯保单具有较明显的风险筹资性质,它不要求先调整保费。这一性质使得保险人经常要求被保险人提供抵押品。

4. 投资信用计划。根据该种计划,被保险人支付保险人一笔相当于合理免赔额的金额,旨在赔付预期损失,保险人把这些资金存放在一种信托账户中,只有当损失发生时才能用来赔付。假如信托账户发生赤字,则被保险人缴付附加保费,假如信托账户出现盈余,则全部返还给被保险人。由于资金存放在信托账户,所以不要求提供抵押品,其投资收益也可以免税。

(三)有限风险计划

有限风险计划在20世纪80年代就开始出现,用来填补传统保险市场的空缺。它主要用来自留、管理风险和风险筹资,而不是转移风险。有限风险计划有多种形式,最为常见的有追溯有限风险计划和预期有限风险计划。有限风险计划可以是原保险,也可以是再保险,再保险的有限风险计划在后面的再保险产品部分加以讨论。

有限风险计划用来管理与损失风险或应计损失率相关的风险,主要作为现金流量的时间选择工具,而不是损失转移工具,因此它提供资产负债表和现金流量的保障,而不是资本保障。有限风险计划注重多年期的损失、投资收入和应计准备金之间的时间选择风险。此外,有限风险计划作为保险合同也符合有关风险转移的某种标准。当传统保险市场不景气时,有限风险计划在经济上具有吸引力。由于它转移较少的风险,所以较全部保险的费率要低得多。

兹举例说明有限风险计划。某家公司决定投保一种3年期的有限风险计划,每年缴付2 000万元保费,其账户余额的利息收益率是5%,而该公司的所得税率是34%。这每年2 000万元的保费是该公司可预见的现金支出。为了使这一计划得到管理,该公司还必须向保险公司缴付相当于10%的保费的年费。损失由该账户中的资金弥补。在这3年时期内,该账户中的资金短缺90%由该公司支付,保险公司支付其余的10%,保险公司在3年期内支付的限额是3 000万元。在这3年期内,实际的损失分别是1 000万元、2 000万元和5 000万元。表15—1显示了该有限风险计划对该公司现金流量的影响。

表15—1　　　　　　　　　　　有限风险计划　　　　　　　　　　单位:万元

项目	第一年	第二年	第三年
上年余额	0	860	747
保费存入	2 000	2 000	2 000
年费	−200	−200	−200
期初余额	1 800	2 660	2 547
索赔	−1 000	−2 000	−5 000
税后利息	60	87	85
期末余额	860	747	−2 368

既然在第三年末账户已出现将近2 400万元的赤字,该公司将要支付2 131.2万元弥补赤字,保险公司支付其余的236.8万元。为了继续减少现金流量的剧烈波动,允许该公司在今后的3年期内分期支付,这也是建立有限风险计划的基本目标。由此可见,通过使用有限风险计划,使该公司的现金流量减少了波动。在这3年期内该公司不是分别面临1 000万元、2 000万元、5 000万元的损失,若不考虑年费和税后利息收入的话,应每年制订一个稳定的2 000万元现金支出的预算,并再安排延长该计划来消除赤字。

有限风险计划和全部保险是两种截然不同的风险管理方案。首先,全部保险一般是一份一年期的合同,而有限风险计划一般是多年期的合同,这样就提供了跨年度的分散时间风险。其次,全部保险导致风险转移,保险人规定了一个高的赔偿限额,而有限风险计划则主要是风险筹资,保险人规定了一个很低的赔偿限额,转移给保险人的风险是有限的。再次,全部保险由保险人保留全部保费来承担风险,而有限风险计划则由被保险人和保险人分担风险、筹资和分享投资所获得的利润。最后,全部保险的保费很大程度上取决于预期的损失经验和承保成本,而有限风险计划的保费则主要取决于投资收入。

为了满足会计和监管方面关于保险的要求,有限风险计划必须包含一些风险转移。有限风险计划的毛保费相当高,但它包含了被保险人和保险人之间分享的利润,这表明其净保费相对其他保险是比较低的。从长期来看,有限风险计划较其他风险转移工具更廉价,因为它与被保险人的损失经验直接挂钩。有限风险计划总的实现成本(净有效保费)最终是实际损失经验的一个函数。如果损失小,被保险人得到保费返还,如果损失大,被保险人则必须增加缴费。在会计核算上,保费和投资收入贷记账户,损失和年费借记账户,净余额由被保险人和保险人在合同终止时按预定比例分享。如果损失经验大于原先估计的,被保险人按事先与保险人的损失分摊协议规定以"保费"形式缴付附加资金。由于有限风险合同的一般保单金额有限,所以保险人面临的风险也有限。保单限额可以按累计、每次事故或每年等方式规定。此外,大多数有限风险合同规定免赔额,要求被保险人承担第一损失风险。

(四)追溯有限风险保单

追溯有限风险保单是一种管理已存在负债或已发生损失的时间选择风险的有限合同(又称为事后筹资保单)。例如,一家涉及并购的公司可以使用追溯有限风险保单来为已发生但尚未报告的负债筹资,这增加了并购过程的透明度,使评估更为容易。虽然存在多种追溯有限风险保单,但我们以下集中讨论其中三种,它们按相似原则运作,只是在影响风险筹资和转移(时间选择风险和承保风险)方面稍微存在一些差别。

1. 损失未满期责任转移。它允许一家公司以全部未满期业务形式分出先前负债中的未索赔损失,分出人向保险人支付一笔费用,即相当于保费和净准备金的现值,用来承保现有未满期业务的责任。可以转移的时间选择风险的程度一般通过总计损失限额和事先规定的除外责任来加以限制。因此,损失未满期责任转移(loss portfolio transfer)把不确定的总的负债转为确定的负债,即等于未实现损失的净现值。分出人可有效地转移比预期更为迅速发生的损失风险。如果实际损失的发生较预期的缓慢,分出人和保险人可以分享现金流量和投资利润。如同保险人的已发生损失,分出人的付费是免税的。因此,损失未满期责任转移消除了过去负债对现金流量的不确定性,因为保险人承担了分出人未预料到的大量理赔的风险,它特别适合对付长尾巴风险。事实上,近年来损失未满期责任转移在保险人中流行,再保险人则积极为保险人管理追溯有限风险保单的未索赔损失的准备金,接手承担了保险人的责任,以便其继续承保原保险业务。在追溯有限风险保单中,损失未满期责任转移是以较多时间选择风险转移为特征的。

2. 逆进展保险。它是类似于损失未满期责任转移的一种有限风险合同,与把不确定的总的损失转变为确定损失的动机相同,但它的范围更广。分出人通过一份逆进展保险(adverse development cover),设法转移已发生的损失的时间选择(如同损失未满期责任转移),而且也可以包括已发生尚未报告的损失。与损失未满期责任转移不同的是,逆进展保险并不涉及责任和索赔准备金的转移,分出人仅仅支付转移超过已经提存准备金水平以上损失的保费。这意味着是对超过准备金以上现存负债的筹资,保险人仅仅对超过该点以上的损失提供补偿。如同损失未满期责任转移,逆进展保险一般被规定限额,但分出人可寻求多层保险。如果把损失未满期责任转移表示为损失在时间上的直线函数,逆进展保险则可被视为超过该点的增函数。由于逆进展保险转移较多的承保风险,其保费一般要比损失未满期责任转移高。其保单期限较长,作为一种追溯超赔保险形式,常在巨灾再保险市场上使用。在追溯保单群中,逆进展保险以较多地转移承保风险为特征。

3. 追溯的总计损失保险。它类似于损失未满期责任转移,但以一笔固定付款取代,为未知负债建立准备金。分出人为现有损失和已发生但尚未报告的损失筹资。如同损失未满期责任转移,通过支付相当于准备金价值的一笔保费,把负债分给保险人。然而,分出人必须赔付超过一定金额以上的已发生损失,因此自留了一些时间选择风险。如同逆进展保险,追溯的总计损失保险(retrospective aggregate loss cover)对承保风险提供了一些超赔保障,因此较之损失未满期责任转移,其较多地转移了承保风险,但不如逆进展保险转移那么多。在追溯保单群中,追溯总计损失保险属于同时转移时间选择风险和承保风险。

图15—1显示了上述三种追溯保单之间承保风险和时间选择风险转移的情况。

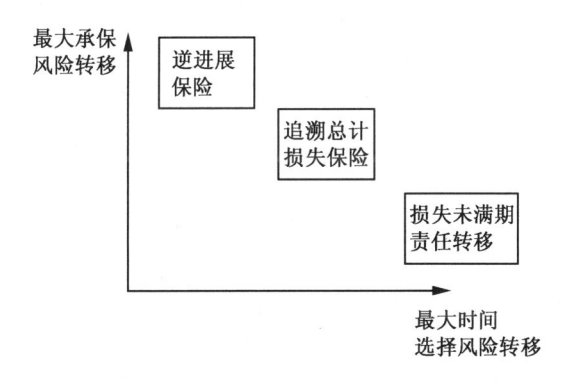

图15—1 追溯保单:时间选择风险和承保风险

(五)预期有限保单

预期有限保单(prospective finite policy)承保与将来或预期负债相关的时间选择风险,而不是已发生的损失。预期有限保单可以安排为保险或再保险,我们将在后面讨论两种形式的预期有限再保险。

二、分层保险

在风险管理中,被保险人为了以最合理的价格取得最优的保险组合,通常是采用分层保险(layered insurance coverage)。分层保险也允许被保险人对不同的风险种类和程度使用不同的保单,在建立整体化风险管理计划时它作为一种重要手段。以其最简单的形式在原保险基础上的分层保险要求保险人提供适合其风险承受、业务组合和专长的损失补偿。一些保险人宁可接受规模较小但容易导致损失的风险。这些保险人喜欢接近损失分布平均数的风险,这可被视为第一损失保险,在被保险人承担了免赔额之后支付第一损失,尽管他们支付第一损失,但该损失较可预测和管理。此外,保险人提供第一损失保险的保费收入一般较多。有些保险人则宁可承保较大且不容易导致损失的风险,他们喜欢远离损失分布平均数的风险,即提供超赔保险。处在这种地位的保险人负责第二、第三或更高层数的保险。被保险人可以从不同的保险人管理风险的专长中获得价格上的好处。

兹举一个简单例子说明分层保险。某家公司自留100万元风险,向A公司投保超过免赔额的500万元(即保险限额为600万元)。如果发生1 000万元损失,A保险公司赔偿500万元,该公司自己也承担500万元损失。假如该公司并不想自己承担超额损失,而A保险公司也不想承担超过限额的损失,一种替代方案是,A保险公司承保全部风险,把不想承保的部分在再保险市场分保给有兴趣承保超赔保险的保险人。尽管这对被保险人的经济影响是相同的,但要发生分保佣金和增加税收。假如发生1 000万元损失,超赔保险公司要支付400万元赔款。如果发生1 100万元损失,则被保险人要承担200万元,而两个保险人则照旧支付500万元和400万元赔款。

三、有限再保险

如前面所述,有限风险计划可以在原保险人和再保险人之间安排。有限再保险一般称为财务再保险,它是一种再保险人向保险人提供有限风险转移的筹资工具。保险人向经验账户支付保费,一旦损失超过基金额,保险人获得损失补偿,但设有预定的最高限额。在有限再保险中也具有利润分享因素。对保险人而言,有限再保险是廉价保险,而对再保险人来说,它降低所面临的损失风险的程度。有限再保险可以以多种追溯和预期形式取得,包括分散损失、有限成数、损失未满期责任转移、逆进展保险、基金的超赔协议、总计停止损失协议等形式。在这些形式中许多是再保险的变种,这里仅讨论其中的两种预期的有限再保险产品:分散损失和有限成数。

(一)分散损失协议

分散损失协议规定,保险人(分出人)在一个多年合同期的每年向经验账户支付一笔保费,该经验账户按约定比率赔付发生的损失。如果在年末账户出现赤字,保险人通过附加缴费来弥补赤字。如果账户出现盈余,则盈余部分返还保险人。如果分散损失账户在合同期末出现盈余,则由保险人和再保险人按预定比率分享利润。在规定的年度再保险人以保险人的名义赔付所发生的损失,这表明它是一种预期的而非追溯的有限再保险产品。事实上,再保险人在年度限额和总限额下事先赔付损失,因此保险人能在一个较长时期内分散损失。虽然这种方法分散风险的金额相当小,但在美国许多司法管辖区,分散损失协议被认定为合格的再保险合同。

(二)有限成数协议

在有限成数协议下,再保险人在保险人发生损失时按一个固定或可变的比率赔付损失和损失理算费用,这表明它也是一种预期的再保险产品。分保佣金和准备金的投资收入一般用来赔偿实际损失,如果不足以弥补损失,则由再保险人填补资金,在合同期内向保险人收回该差额。在典型的有限成数协议中,不论基本的保险合同是否有限额,再保险人的责任是明显受到限制的。

虽然上述有些工具如有限风险计划被单独认为是非传统风险转移产品,但有些如全部保险和部分保险必须与其他产品结合在一起才被认为是非传统风险转移市场的一部分。

四、多风险产品

多风险产品(multi-risk products)是非传统风险转移市场上一种创新的、灵活的并逐渐流行的产品。顾名思义,多风险产品是把多种风险结合到一个合同中,向企业提供一种有效的对付风险的方案。既然多风险产品根据多种损失事件的发生提供损后筹资,这种联合概率的效应一般使其提供的风险保障较分别投保各种风险更为廉价。多风险产品被认为是企业风险管理或整体化风险管理的一个组成部分。尽管整体化风险管理通常以承保多风险为特征,但多风险产品也把风险转移的特征放入单个合同中。在下面我们主要介绍两大类多风险产品。

(一)多种损失原因产品

多种损失原因产品(multiple-peril products)对多种相关的或无关的损失原因提供保险,又称为多险种或一揽子产品。它作为风险合并方案,把一家企业中所有指定的风险集合到一个具有总计保费、免赔额、保险限额的多年期保单。因为编制这种综合保险计划投入的时间和精力颇多,所以这种合同的期限大多数为3~7年。多种损失原因合同具有低保费和较少超额保险机会的好处。为了防止出现不足额保险问题,这种综合保单通常包括一种复效条款,允许在保险期满之前已用完保险限额的情况下恢复保险限额。多种损失原因产品出现在保险市场上已有许多年,它包括多险种保单、商业普通责任保单和商业超额损失保单等。试图获得多种损失原因保障的企业通常使用多险种保单(multi-line policy),它也称为商业一揽子保单。这一揽子保单的责任范围包括商业财产、营业中断、普通责任、设备、内陆运输、汽车等。

(二)多触发条件产品

与多种损失原因产品不同,多触发条件产品只有当多种事件发生时,如巨灾事件和财务事件同时发生,才会提供补偿。如果只有其中一个事件发生,保险人不向被保险人赔付。

双重触发条件合同要求两个事件同时发生才会赔付,三重触发条件合同则要求三个事件同时发生。既然多触发条件产品要求当第二个或第三个事件也发生时才赔付,其赔付的概率要低于类似的多种损失原因产品,这意味着被保险人获得更廉价的保障。例如,发电厂遭受物质损失的概率是10%,油价上涨的概率也是10%,两者同时发生的概率只有1%。较低的赔付概率意味着那些曾经被认为是不可保的风险变为可保,这对非传统风险转移市场至关重要。事实上,保险人和再保险人积极承保这类业务。多触发条件产品也是多年期保险合同,并可以每年重新安排触发条件。

触发条件的性质和水准是由保险双方进行专门协商的,为了避免道德危险因素,触发条件之一一般是根据一个外界标准来确定的。然而,这一外界触发条件必须与被保险人的风险相互关联。事实上,一个触发条件可以是一种财务事件或非保险事件,而另一种是特定的保险风险。财务触发条件可以是股票指数水平、利息率、经济增长率、气温指数或电力价格,而保险风险触发条件是营业中断损失、财产损失、环境责任等,也可以考虑两个财务触发条件和两个非财务触发条件。然而,在任何情况下,为了使多触发条件产品被认定为是保险产品,被保险人必须具有可保利益。

兹举两个简单例子加以说明。

一家制造厂家会因高的工伤索赔而受到财务损失(第一个触发条件),其产品价格下跌也使其财务受到影响(第二个触发条件),然而对其中一个事件的发生在财务上是可以承受的,但如果这两个事件同时发生,则会威胁到该厂家生存,因此宜采用双重触发条件保险合同。

一家加工厂当其核心业务经营业绩差的时候会担心其营业中断损失。可以安排这样的双重触发条件保险合同:当其主要财务指标明显低于行业平均数(第一个触发条件),并且营业中断损失超过一定金额(第二个触发条件)时,由保险人提供补偿。

虽然在理论上对事件的保险责任范围非常广,但实际上这种交易大多发生在能源部门,由于供求关系、气候、能源价格上涨等原因共同造成大量损失。美国数家大的保险公司建立了专门的能源风险小组,研究这类损失不可测事件。

第三节 资本市场证券和证券化

当资本市场工具和战略应用于可保风险,非传统风险转移市场就从该市场独特的广度和深度中受益匪浅。我们可把资本市场的产品和服务分为三类:资本市场证券和证券化,应急资本工具和保险衍生品。

一、保险连接证券

银行在20世纪90年代中期开始采用证券化技术发行同保险事件有关的债券。这种保险连接证券是为了转移风险和增加承保风险能力而发行的注明保险风险的证券。早期的尝试是立足于把同飓风、地震有关的风险证券化。虽然这些仍然是保险连接证券业务的核心,但近年来还出现了一些其他风险证券化,包括气温、残值、人寿保险单取得新业务的成本、汽车保险、劳工赔偿等。

保险公司或再保险公司发行这类证券,投资银行是主要的安排者,根据指定保险事件造成的损失来偿付利息和本金。如果损失超过预定的限额,保险人或再保险人毋须支付投资者利息。如果按照无本金保障方式安排,一部分或所有本金也能推迟支付甚至取消,这样证券发行人就把风险转嫁给资本市场上的投资者。这一机制的重要性在于为保险与资本市场搭桥,使得保险人或再保险人轻易获得投资者的巨额资本供给。这一市场的资金供给方仍主要集中在机构投资者,但近年来,某些相互基金也开始向小的投资者提供保险连接证券。据瑞士再保险公司Sigma2015年3月发布的报告称,2014年全球因巨灾损失1 100亿美元,其中保险损失350亿美元,而2005年的保险损失达到1 200亿美元,为历史最高水平。大多数保险连接证券的发行者是保险人和再保险人,他们急于使用另一种手段来管理其风险业务。保险连接证券业务显示了稳定增长的趋势。

保险风险证券化使分出公司(通常是保险人)、投资者和中介人均受益。例如,在再保险市场不景气的时候,保险连接证券是一个有吸引力的再保险替代品,保险人不必再担心再保险人的信用风险。投资者购买这类证券的风险与其他风险资产无关,即飓风或地震这类巨灾风险与债券收益率或股票市场的波动这样的金融市场风险无关,意味着实现资产多样化,即分散投资者的资产组合风险,并有机会获得高的收益率。在20世纪90年代后期,大多数这类证券的收益率超过类似资信级别的公司债券,通常以高三到四个百分点的收益定价。中介人则可从安排和销售这类证券中获得服务费和佣金收入。

保险连接证券市场可以根据指数、补偿和参数触发条件分为巨灾和非巨灾风险证券两大类。巨灾债券可以按照飓风、地震和其他低损失频率、高损失程度的自然灾害细分,每种巨灾债券或份额又可以根据单种或多种损失原因而细分。非巨灾风险证券可以按照气温、残值、抵押贷款违约、贸易信用等细分。

二、结构特点

保险连接证券已出现多年,它已形成了若干结构特点,对证券发行已有一套标准化运作方法。以下就发行工具、触发条件和份额(trenches)这几个方面论述其共同特点。

(一)发行工具

风险的纯粹证券化并不有助于分出公司符合其法定资本盈余要求,因此一些风险必须向特殊目的再保险人(SPR)分保。这使得风险首先被再保险,然后再证券化,以缓解资本压力。因此,发行保险连接证券一般都通过设立一个特殊目的再保险公司来进行。这个特殊目的再保险人负责与分出公司签订再保险合同,并取得再保险保费。既然向分出公司提供的保障是再保险合同形式而不是衍生品,特殊目的再保险人必须作为注册再保险公司而设立。为了使分出的保险人的风险转移,分出的保险人不能直接拥有特殊目的再保险人。事实上,为了遵守这一"独立性"要求,慈善基金组织主办了大多数特殊目的再保险公司。除了签订再保险合同,特殊目的再保险人也向投资者发行证券,把再保险保费收入转交给受托人投资,并安排必须支付投资者的息票支付掉期。特殊目的再保险人的结构如图 15-2 所示。

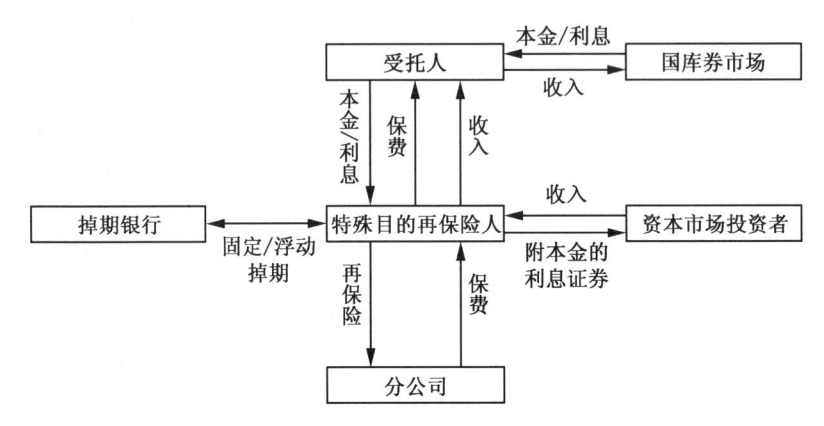

图 15-2 特殊目的再保险人作为发行保险连接证券的工具

在有些情况下,另外一个再保险人会介入分出公司与特殊目的再保险人之间,这意味着该合同成为转分保合同而不是再保险合同,由该再保险人转分保给特殊目的再保险人。

由于保险连接证券在理论上必须被征收双重税收,即对所产生的收入和支付的利息必须征税,所以许多特殊目的再保险人都设在百慕大、开曼群岛这样的离岸金融市场、税收优惠地区,以债务形式而不是股权形式发行证券。债务证券可以直接销售或公开销售。直接销售市场是机构投资者的专业市场,其特点是交易额大,但流动性低,而且证券不必经过资信评级公司评级。

(二)触发条件

每种保险连接证券都有一种决定分出公司可中止利息和本金支付(暂时中止或永久中止)的触发条件。一般而言,一个触发条件可以根据单个或多个事件来确定。触发条件可以采取下列形式之一:

1. 补偿触发条件。当保险人在预定的业务部分遭受的实际损失达到一定水平时,中止利息和本金支付。

2. 指数触发条件。当一个认可的第三方指数(行业损失指数)达到某种界限时中止利息和本金支付。

3. 参数触发条件。当特定的损失参数如地震的震级、飓风的风速达到某一标准时中止利息和本金支付。

补偿触发条件债券是根据分出保险人业务的实际账面数字,因此它会引起道德危险因素。分出公司知道保险连接证券的触发条件(补偿)是根据实际损失经验,那么他在承保风险或实施损失控制方面就会不那么谨慎。然而,由于是完全与损失经验对应的,所以分出保险人的基本风险也被消除了。此外,补偿触发条件要求分出公司详细披露有关风险信息,投资者则要详细了解分出公司的经营管理情况。

指数和参数触发条件债券去除了道德危险因素,因为中止利息和本金支付是取决于第三方表定的外部事件或标准。这一替换自然增加了分出公司的基本风险,其实际损失不太可能与指数和参数触发条件匹配,分出公司就必须判定一种指数或参数标准是否足以与实际风险相互关联,从而使交易可行。当使用指数或参数触发条件时,其成本较低,因为分出公司承担了较多的基本风险,并不要求其公布保险业务的详情细节。事实上投资者对分出公司的特定风险无所谓,他们只需简单审查一下分析方法和指数编制。指数或参数触发条件证券也比较具有流动性和交易性,因为它们是根据所有投资者都能评估的透明标准来设计的。早期的保险连接证券市场的交易多数使用的是补偿和指数触发条件,只有一小部分是参数触发条件。近年来,该市场转向大部分采用指数交易。这与投资者的偏好一致,许多投资者偏好指数交易是因为其透明度高,并不需要详细评估分出公司基本的风险。

(三) 份额

保险连接证券以多种份额发行,允许投资者选择他们认为最合适的风险和回报水平。例如,套期保值基金可以购买低信用级别和高风险的份额,而投资基金、银行和保险公司的投资账户偏好较高信用级别的份额。可以以组合方式安排份额,以反映不同水平的利息和本金的延迟支付。每种无担保的份额都存在风险,即除非由第三方提供担保,否则无本金和利息保障。本金和利息无保证的份额风险大,自然其回报也高,通常其利率比伦敦银行同业拆放利率(LIBOR)高 250 到 750 个基点。为了提高资信级别和扩大销售,有一些份额可以由担保人提供信用担保。表 15-2 说明了典型的保险连接证券中份额的例子。

表 15-2 保险连接证券中的份额

份额	风 险	资信级别
A	信用担保	
	无利息支付和本金偿还损失	最高
B	利息支付损失	高
C	利息支付损失	
	中等本金偿还延迟	
D	利息支付损失	
	低本金偿还部分损失	
E	利息支付损失	
	最低本金偿还损失	

从表 15-2 可见,经由保险人或银行信用证提供信用担保的份额 A 可以被评级为 AAA 或 AA。具有利息支付损失可能的份额 B 通常被评级为 A 或 BBB 类。具有完全本金利息损失可能的份额 E 则属于 BB 级别的证券。

虽然每个份额规定了最终期限,但实际期限可能在保险事件发生之后被延长,因为索赔可能缓慢地进展,因此规定的期限和实际期限可以不同。在实际操作中,分出公司偏好长的损失进展期,因为它们允许累积较大的索赔金额,这样有助于减少本金和利息的偿付。反之,投资者无疑偏好较短的期限,这样使他们收到并再投资其本金和利息。虽然许多保险连接证券是多份额和多年期的,但它们仍规定在最终期限之前有可能突破的限额。因此,如果一种 5 年期的日本地震债券有 2.5 亿美元的限额,在第 2 年发生 3 亿美元的损失事件,该债券仍有 3 年多的有效期,损失进展期可以是 6 个月至 1 年。

三、巨灾债券

第一只巨灾债券在 1994 年由汉诺威再保险公司发起,在 1997 年有 5 个巨灾债券交易完成。截至 2007 年底,共发行了 116 只巨灾债券,已发行但尚未到期的债券总额达到 138 亿美元。到 2013 年底,已发行的巨灾债券有 202 亿美元。2014 年总共发行 42 只巨灾债券,达 76.43 亿美元,创历史新高。预计到 2016 年,巨灾债券市场规模将增至 500 亿美元。巨灾债券仍然是保险连接证券发行市场上的主要形式,而且其保险责任范围在不断扩大,表 15-3 列示了巨灾债券的主要巨灾风险类别。

表 15-3　　　　　　　　　保险连接证券的巨灾风险类别

风险类别	地　域
地震	加利福尼亚 美国中西部 日本 法国和摩纳哥
飓风	美国东北部和大西洋地区 美国墨西哥湾 波多黎各 夏威夷 日本
风暴	欧洲
雹灾	欧洲

为了便于解释保险连接证券的实际运用,我们举几个近年来出现的巨灾债券的例子。

(一)飓风

飓风造成的破坏是巨大的,保险人通过再保险或诸如巨灾债券一类的替代品来转移风险。1989 年的雨果飓风和 1992 年的安德鲁飓风就造成 220 亿美元损失,致使 15 家财产保险公司破产。在 20 世纪 90 年代中期飓风巨灾债券首先出现,以后其每年的新发行量持续增长。大多数飓风巨灾债券承保美国东北部和大西洋地区、墨西哥湾沿海和夏威夷以及日本的飓风。飓风巨灾债券以补偿、参数和指数触发机制安排。以下举一个早期例子予以说明。

USAA 公司是一家经营个人业务的财产保险公司,早在 1992 年就开始考虑巨灾债券。安德鲁飓风造成 179 亿美元损失,由于 USAA 公司的风险集中在佛罗里达,致使其本身遭受了 6.2 亿美元损失。USAA 公司在 1994 年进行了飓风债券初步框架研究之后,于 1995 年向 9 家投资银行提出建议,在 1996 年初选择了其中 3 家。经与 AIR 咨询公司合作,USAA 公司评估了方案,并委托美林公司作为中介人。

由于飓风连接债券的理念是创新的,所以其基础工作很复杂。1996年,大部分时间花费在解决债券结构、法律和监管方面的问题,并提请潜在投资者和资信评级机构关注,解答他们的问题。直到1997年初,一切才准备就绪,USAA公司又增加了两家投资银行作为包销辛迪加的成员。

该债券向保险人安排超过10亿美元的超额损失保险,最高限额为5亿美元,共同保险比例为80%,这等于是4亿美元的再保险保障。建立一家设在开曼群岛的居住再保险公司作为发行工具,即其作为特殊目的再保险人与USAA公司签订再保险合同,并向投资者发行三种份额的两类证券:A-1类评级为AAA,份额为7 700万美元本金有保证证券和8 700万美元本金无保证证券;A-2类评级为BB,份额为3.13亿美元本金无保证证券。该笔业务是建立在单一发生3级、4级或5级飓风基础上的,其最终净损失正如USAA公司证券所规定的在所列21个州发生,由现有、续保和新保单承保。10亿美元以下的损失由USAA公司自留。超过10亿美元损失时,则停止向投资者支付利息或本金,先用A-1类债券弥补,不足时再由A-2类债券的利息和本金来弥补,但设有最高限额。因此,该种债券是一种多份额、补偿触发条件的单一事件债券。这一笔创新业务使监管当局确认投资者实际购买的是债券,而不是签订再保险合同,监管当局最后同意给予投资者资本市场待遇。三家投资银行组成的包销辛迪加发行了该债券,并实现了销售目标。事实上,定价很具有吸引力,A-1类债券利息率为LIBOR+2.73%,A-2类债券利息率为LIBOR+5.7%,而一般的BB级公司债券的平均利息率为LIBOR+2%左右,因此获得大批投资者青睐,保证销售取得成功。因此,这一飓风债券发行的成功替其他保险人开辟了途径。USAA公司确信该巨灾债券为风险管理的有效工具,1997~2007年,USAA公司每年都发行一次巨灾债券,成为最大发行者。图15-3和15-4总结了A-1类和A-2类证券。

(二)地震

地震如同飓风一样是企业和保险人在管理财产和意外风险时所关心的一个巨灾风险,这意味着地震的保险连接证券也是企业风险管理的一种重要工具。经验表明地震造成的财务损失是巨大的,一些专家估计一场在美国新马德里发生的8.5里克特震级的断层线可导致直接和间接损失1 150亿美元。因此,在过去几年里发行地震的保险连接证券变得相当热门。这些地震债券承保加利福尼亚、美国中西部和日本的地震,以补偿、指数和参数为触发条件。以下就是几个地震债券例子。

1. 瑞士再保险公司SR地震基金:指数触发条件。1997年瑞士再保险公司

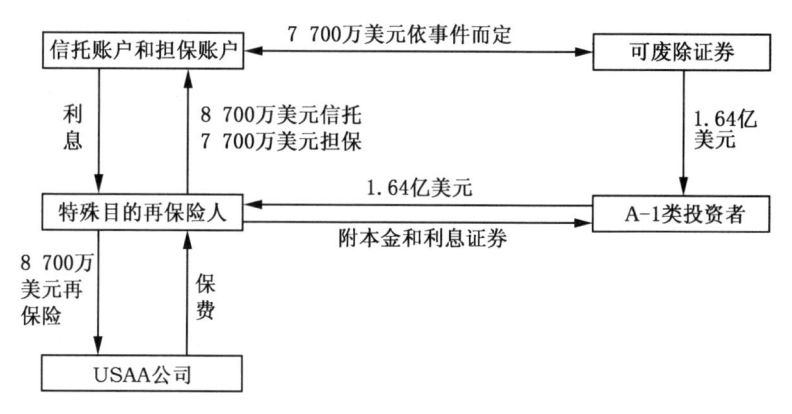

图 15－3　A-1 类飓风债券

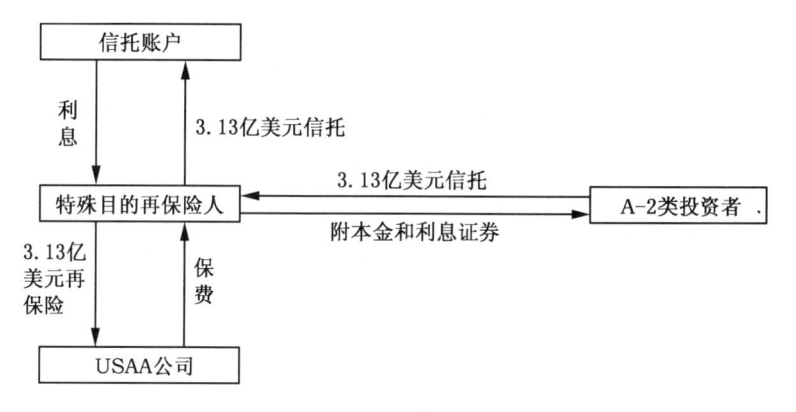

图 15－4　A-2 类飓风债券

建立了 SR 地震基金，它是一种偿付同加利福尼亚地震有关的 1.37 亿美元的多份额债券，由设在开曼群岛的一家再保险公司发行。这笔交易旨在作为保险人已签订的转分保合同的套期交易，它是根据在一个 2 年期内（一年损失进展期）因加利福尼亚地震遭受巨大可保损失，由财产索赔事务所（PCS）指数确定。按照 PCS 指数反映的损失规模减少份额的本金，损失超过 185 亿美元，减少 33% 份额的本金，损失超过 210 亿美元不到 240 亿美元，减少 66% 份额的本金，损失超过 240 亿美元，份额的本金全部丧失。头两个份额中，一个是 40% 的本金有保证的，另一个是本金无保证的。第三个份额是次投资级别，其 100% 的本金有风险。第四个份额没有被评级，如果 PCS 指数损失超过 120 亿美元，其本金将完全丧失。

2. 东京海上保险公司：参数触发条件。1997 年东京海上保险公司与某再保险公司为保险人在东京地区面临的同地震有关的财产和意外风险建立了一种特殊的风险保障机制。具体来说,这两家公司设计了一种与东京地区地震规模和场所有关的多份额参数触发条件证券,划分了该城市周围的内外格网,以规定潜在事件的场所,配上地震的规模(按日本气象局规定的级别而定),被看作是适当的参数,它会消除道德危险因素,取消损失进展期的需要。根据规定的条件,一场在城市外部格网的7.4级的地震将会延迟偿付44%的债券本金,在城市内部格网则会延迟偿付70%的债券本金。

3. 迪士尼乐园:参数触发条件。在东京郊区的迪士尼乐园是在1983年建设的,是迪士尼在海外的第一个主题公园。当该主题公园开始运行时,其所有人和经营人没有设法取得对地震可能造成的财产和意外损失提供保障的保险产品,而是关心地震对其业务的经济影响。到1999年,东京迪士尼乐园的所有人和经营人才发现通过保险连接债券市场是一个好的方案,因而成为第一个发行地震债券的公司发行人。在1999年5月,在一家投资银行的帮助下发行了2亿美元的两个份额参数触发条件债券。第一个份额旨在对东京迪士尼乐园附近的地震造成的营业中断带来的经济损失提供保障,第二个份额则为损后重建提供资金。第一个份额的金额为1亿美元,是由一家特殊目的再保险公司发行的5年期浮动利率债券,不论对该主题公园造成损失的金额是多少,都依据与地震级别和场所有关的参数来决定赔付金额。第二个份额也是金额为1亿美元的5年期浮动利率债券,用于提供灾后重建资金。该债券的销售非常成功,向东京迪士尼乐园的所有人和经营人提供了其渴望的保障。

4. 墨西哥政府在拉丁美洲地区首次发行地震债券:参数触发条件。2006年5月,墨西哥政府发行的地震债券对易受地震侵袭的科库斯西南及中部地区以及墨西哥城外围地区提供地震风险保障。两个份额的金额分别是2.9亿美元与1.6亿美元,触发条件为震级和震源深度。两个份额的触发条件分别是8级地震、震源距地面200公里与7.5级地震、震源离地面150公里。

5. 中国第一只巨灾债券:补偿触发条件。2015年7月1日,以地震风险为保障对象的巨灾债券在境外市场成功发行。该债券由中再产险作为发起人,发行机构是设在百慕大的特殊目的机构Panda Re,募集金额5 000万美元。中再产险是以再保险转分形式将其所承保的部分中国大陆地区地震风险分保给Panda Re,再由它在境外资本市场发行巨灾债券融资。

(三)多种巨灾损失原因保险连接证券和按份额区分损失原因的保险连接证券

在有些情况下,安排保险连接证券来处理多种巨灾损失,例如发生在世界不同地区的地震和飓风。这类多种损失原因保险连接证券不必进行每种指定损失原因的单独交易,从而给分出公司带来最大的灵活性和效用。虽然这类证券对分出公司具有吸引力,但对一些投资者来说,评估这样复杂的一揽子风险却显得困难重重。多种损失原因保险连接证券以补偿、指数或参数触发条件和单个或多个份额的方式发行。最早的多种损失原因保险连接证券出现在1999年,后来其发行规模在增长。例如,瑞士再保险公司发行 SR 风灾债券,承保法国的风暴和佛罗里达及波多黎各的飓风。它通过两种单独但又相互连接的证券来承保:如果一个损失原因发生,那么对另一损失原因的赔偿限额可以转移补偿已经发生的损失原因所造成的损失。法国保险人 AGF 发行了一种债券承保欧洲风暴和法国地震。承保欧洲这两种事件所造成的损失,以 65% 的成数分保;承保第一种损失事件风暴造成的损失,以 35% 的成数分保。2009 年 10 月,墨西哥政府在世界银行协助下成功发行了 2.9 亿美元多种损失原因的巨灾债券,承保风险除地震外还包括飓风,承保期限 3 年。将飓风中心气压作为触发条件,并调低了地震的触发震级。

多种损失原因保险连接证券有别于承保独特损失原因的多种份额债券。如前所述,在多种损失原因保险连接证券中,投资者购买的是单一证券。在多种份额债券中,投资者购买的是注明一个特定损失原因的证券,即是按份额区分损失原因,因此,其风险不混合,投资者毋须评估多种损失原因证券的复杂的风险。图 15-5 显示了这两种债券在结构上的区别。

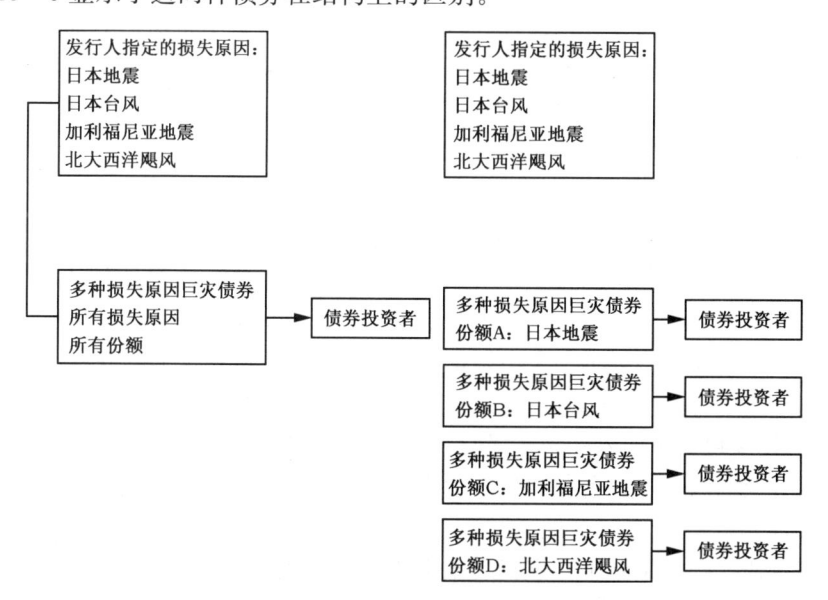

图 15-5 多种损失原因证券和按份额区分损失原因的证券

第四节　应急资本工具

在本节中我们将讨论损后筹资的产品应急资本这一工具,它是合同约定的在企业损失事件发生后提供筹资的工具。如同其他资本市场的产品,应急资本工具是在保险相关事件发生后通过从资本市场提供者和投资者那里筹措资金,从而把保险市场和金融市场连接起来。与保险连接证券不同,应急资本工具严格上说是筹资和银行工具或证券交易,而不具有保险连接证券的那些保险、再保险合同和证券的色彩。虽然应急资本工具在非传统风险转移市场上并不像保险连接证券那么流行,但是制订广泛的风险管理计划的企业必须重视它作为损后筹资工具的用途。应急资本工具可以分为两类:应急债务和应急股票。

一、损后筹资产品

企业在损失发生后出现的资本不足将会造成财务困难,提供损后补偿是风险管理的一个主要目的。应急资本工具使一家企业在特定损失事件发生后在一个规定的承诺期内筹措到资本。既然这些工具都是在损失之前安排好的,那么其成本并不反映风险保费。

一般的应急资本工具要求企业识别在其遭受损失的情况下所希望筹措到的资本金额,确定会造成该损失的事件,以及其为了筹措资本将发行的证券的特定形式。倘若损失事件发生,资本提供者以预定价格取得该企业发行的证券来提供资金。作为回报,该企业支付资本提供者定期的不可退还的承诺费(不论证券是否已发行都要支付)加上一笔包销费(只有当证券发行时才支付)。虽然提供资金的法律承诺取决于资本提供者,但实际上资本提供者肯定会把证券分销给一批机构投资者。不过,如果资本提供者不能把证券销售给机构投资者,资本提供者仍必须向该企业提供资金。期权(option)是在将来的某个时点以某种约定价格买卖某种资产的权利。我们也能以期权这个术语来表达这一过程,企业是从资本提供者那里购买了一个出售期权,该结算价格和名义上的规模等于发行价格和在执行时取得的收益。在执行时,该企业行使其向资本提供者销售证券的权利,以取得资本收入。当然,执行期权取决于指定损失事件的发生,它不能任意执行或期满执行。企业支付的承诺费可以被视为期权买方向期权卖方支付的期权费。

应急资本产品是基于一定损失水平所形成的触发条件。为了使企业风险与特定损失事件相匹配,或者使其基于广泛使用的市场指数,触发条件应定制。当触发条件是补偿的,企业可减少其基本风险,但会增加道德危险因素,一般在筹集应急资本时会有较高的成本。如果触发条件是参数或指数的,道德危险因素和相关成本减少,但基本风险增加。有关该证券的条件是由企业与资本提供者事先协商的,其条件差异很大。该证券可以作为普通股、优先股或债券发行。如果是股票,必须考虑股权收益减损问题。如果是优先股或债券,有关财务杠杆作用、优先原则、期限、息票或红利、赎回权、分红处理等问题必须解决。最具灵活性的交易允许在证券中包含任何种类的期权结构,包括期限延长、筹资延长、转换等。

诸如应急资本这样的损后筹资产品可以与传统保险或财务套期保值连接起来使用。既然应急资本主要适用于低损失频率的灾害事件,而不是高损失频率和低损失程度的保险损失事件,那就意味着它可以补充而不是替换其他形式的风险转移和筹资方法,即企业可以使用保险单承保接近平均数的风险,把应急资本工具用来补偿较高层数的风险。应急资本产品也使企业具有管理不能通过其他手段解决的风险能力。实际上许多行业的企业可以使用这种方法。例如,一家银行可以安排一种应急资本工具,以未预料到的大额信用损失为触发条件,一旦触发事件发生,可使用注入的资金来补充资本和准备金。又如,保险人或再保险人可以使用应急资本在巨灾损失事件中提供额外筹资,这可以作为任何其他保险连接证券或超额损失保险的补充。再如,一家企业担心,如果发生经济衰退,引起生产和销售大幅度下降,它就可以安排一种应急资本方案,允许该企业在经济衰退时以现在决定的利率借入资金,该企业将不会面临经济衰退发生时较高的借款成本。在这一例子中触发条件是基于宏观经济指数的,如国内生产总值。

最后,需说明的是,应急资本工具并不是保险,而是对资产负债表和现金流量的一种安排,在结构上与各种有限风险计划有些相似,所以它并不提供收益保障。而且,应急资本工具依赖于资本提供者提供资金的能力,因此企业要承担资本提供者的信用风险。信用风险问题是应急资本工具的核心问题,这需要企业风险管理部门加以注意。

二、应急债务

(一)承诺资本约定

承诺资本约定(committed capital facilities)是应急资本工具中最普通的形式之一,在损失发生之前安排提供资本方案,当两个触发事件发生时才取得资本。在典型的承诺资本约定中,企业制定一个筹资计划,规定当触发事件发生时发行特定的债券,内容包括优先权、期限、偿还明细表和息票。作为资本提供者的保险人和再保险人在触发事件发生时取得该企业所发行的债券来提供资金。

第一个触发条件是隐含的,除非该期权具有价值,否则不会执行。事实上,只有当一次损失发生,而且该企业不能从其他来源获得更廉价的筹资时,该期权才具有价值。第二个触发条件一般与企业所面临的风险有关,但这个特定的触发事件是该企业不可能控制的。

如同其他的应急资本工具,承诺资本约定一般有一个固定的期限日期,其目的是作为一种筹资形式,而不是风险转移。其价格大致等同于期权费和附加费用,如果该期权没有执行,一部分期权费要返还。承诺资本约定包含一些用来保障双方权益的惯例,包括重大逆变化条款、控制权变化、财务实力和比率等。其目的是确保当执行这个约定时提供资金的保险人和再保险人的地位不次于其他银行放款人。在更复杂的安排中,签订应急期权协议的保险人和再保险人可以让一家银行或银团提供资金,这会减轻保险人和再保险人的筹资负担,让更适合的金融机构分担。然后由银行选择持有这项筹资工具或者销售给机构投资者。

兹举一个例子加以说明。一家银行为了保障其在贷款业务中因低损失频率、高损失程度的信用损失造成其准备金水平下降,便请一个保险人安排承诺资本约定。根据这个约定,如果该银行的贷款业务遭受异常的信用损失,就通过发行至多 7.5 亿美元的优先股(性质上属于债券而不是股票)来获得额外资金。这一做法使得该银行可补充其所需的准备金,不必持有较多的准备金,使其资产负债表管理更为有效。因为该银行的信贷业务是很分散的,所以选用跨行业和跨国信用的外部贷款指数作为参考触发条件,这有助于消除发生道德危险因素的可能性。

(二)应急盈余票据

应急盈余票据(contingent surplus notes)是另一种形式的应急债务筹资,常由保险公司和再保险公司发行,对其业务中的异常损失提供保障。在典型的应急盈余票据中,保险人与一家金融中介机构签订一份投资信托的合同,它是通过发行支付增额收益的信托票据,由外部投资者来提供资本。该信托机构把收入投资在高级别的债券上。如果保险人发生了预定的损失事件,就向该信托机构发行应急盈余票据。该信托机构把高级别债券变现,把现金交给保险人。作为提供最初承诺和应急资本的回报,投资者取得高于类似级别公司债券的总括收益。保险人事先以一个合理价格获得损后筹资承诺,保险人支付给该信托机构的承诺费可被视为期权费。图15—6显示了应急盈余票据的结构。

兹举一个例子加以说明。一家保险公司安排一种金额为5亿美元、为期5年的应急盈余票据,在以后两年里当其财产和意外险业务损失超过5亿美元时发行。承办的银行物色了数个机构投资者,事先筹集了一笔金额为5亿美元的

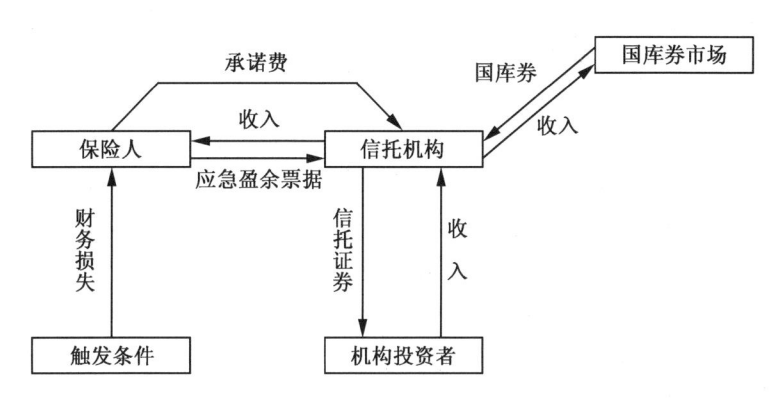

第十五章　非传统风险转移和整体化风险管理

图 15-6　应急盈余票据结构

信托资金,作为回报,该信托机构取得等于承诺费加上 5 年国库券收益的总括收益。这 5 亿美元的事先筹资收入用来购买国库券,投资者收到具有增额息票的信托票据。假定一年后损失超过 5 亿美元,触发条件发生,保险公司便向该信托机构发行金额为 5 亿美元、为期 5 年的应急盈余票据,该信托机构就把其持有的国库券变现,用此笔收入来获得应急盈余票据。该信托机构现在持有保险公司的应急盈余票据,保险公司把收到的 5 亿美元现金用来改善其财务状况,机构投资者继续获得所发行信托票据的增额收益。

(三) 应急贷款

应急贷款(contingency loan)是承诺资本约定的一个变种,它是银行的一种信贷业务,在损失发生之前安排,只有损失事件发生才发放贷款。与传统的信贷业务不同,只有当规定的损失事件发生时,才可以用应急贷款来弥补损失。既然发放此种贷款的概率很小,企业支付银行的费用也较传统的信贷业务要少,而且可以取得大的借款金额。如同承诺资本约定,应急贷款也事先规定了最高金额、固定利率或浮动利率、期限、偿还明细表、触发条件等条款。

兹举一个例子加以说明。一家美国的汽车制造厂家想安排一笔应急贷款,在经济增长下降时期可以使用。经过仔细研究,该企业了解其收入水平对经济增长率下降非常灵敏,它会导致收入损失、筹资成本增加。于是该汽车制造厂家与银行商谈了在经济增长率下降至某一水平时发放 5 亿美元的多年期应急贷款,用经济平均增长率这个外部指数作为触发条件。

三、应急股票

并非所有的应急资本工具都是用举债来筹资的。在有些情况下,一家企业可以以普通股或优先股形式筹资。这样可以使企业的损后筹资不增加其债务负担,对财务杠杆比率不会发生消极影响。然而,新的股票发行会导致股权收益减少,而且股权资本筹资较债务资本筹资的费用开支更大。以下介绍一种形式的应急股票。

损失股票出售期权(loss equity put)有时称为巨灾股票出售期权,在预定的触发条件发生时发行新的股票。典型的损失股票出售期权的机制类似于前述的承诺资本约定,但它是股票而不是债务。一家企业向一个中介机构购买股票出售期权,在合同期内当一个特定的损失触发条件发生时,该中介机构授权该企业出售一定金额的股票,它通常采用直接销售方式。作为回报,该企业支付中介机构期权费。既然股票出售期权的条件(发行股票数额和结算价格)是确定的,这种损后筹资也是在损失发生之前安排和作出承诺的。当执行期权时,该企业向该中介机构发行新的股票,并支付包销费,取得约定的收入。为了避免新普通股发行引起的股权收益减少损失,经常采取发行优先股的形式。如果采用可转换的优先股形式发行,企业可以在转换日期之前回购,以免股权收益减少损失。

损失股票出售期权的条款和条件包括执行事件、股票形式、执行时发行股票的最低金额、合同期限、发行股票最长时间的规定、结算价格和特别保证事项。这些保证事项有执行时的最低资本净值或法定资本、控制权变化、最低财务比率等。为了减少道德危险因素,损失股票出售期权通常规定两个触发条件。第一个触发条件是企业股票价格,它必须低于结算价格。第二个触发条件是特定的损失事件发生。事实上,这两个触发条件是相互关联的,如果企业遭受巨大损失,其股票价格势必会跌破结算价格。因此,损失股票出售期权是以指数或参数为触发条件的。

除了以预定价格获得损后筹资这个明显好处外,损失股票出售期权还至少有两个其他优点:(1)债务筹资通常有一项重大逆变化条款,在市场或分出公司出现混乱的情况下可禁止或限制筹资。除了保持最低资本净值外,损失股票出售期权没有这类限制,这意味着企业在需要时获得资金具有确定性。(2)损失股票出售期权的成本比标准的再保险合同更节省。期权的购买者仍然必须具有相当的财务实力才能获得筹资,而标准的再保险合同并非如此,即使分出公司破产,再保险人仍必须履行其分保义务。如果期权购买者的最低资本净值低于一个预定界限,就不能执行该期权。图15-7显示了损失股票出售期权在触发条件发生前后的流程。如同前述债务筹资工具,该中介机构在该期权执行时最终负责取得新发行的股票并支付款项。在实际操作中,该中介机构可转售给机构投资者。

兹举一个例子加以说明。一家保险公司的股票目前以每股32美元交易。

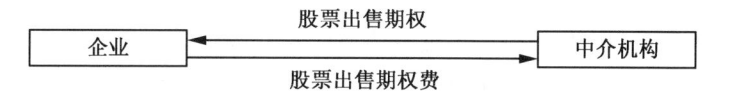

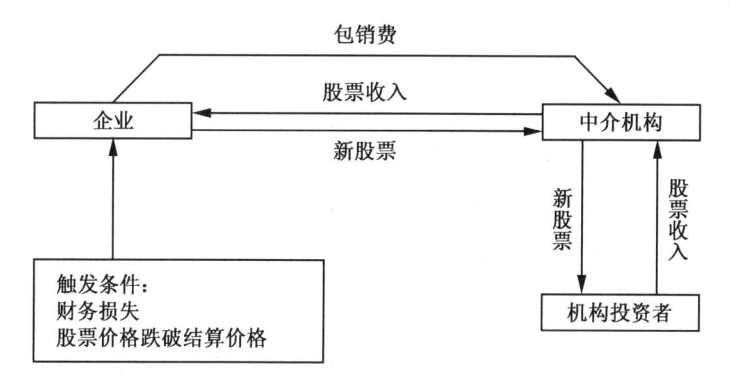

触发条件发生之前

```
            股票出售期权
企业 ←──────────────── 中介机构
     ────────────────→
           股票出售期权费
```

触发条件发生之后

图 15—7　损失股票出售期权结构

该保险公司担心其巨灾业务的风险集中,想在下一个承保年度全部损失超过 5 亿美元的情况下得到保障。其目前的资本净值是 15 亿美元。该保险公司向一家再保险公司购买了一个 5 亿美元的损失股票出售期权,结算价格是每股 30 美元(共 1 660 万股),期限是 12 个月,补偿触发条件是损失超过 5 亿美元。为了执行该期权,该保险公司必须至少保持法定资本净值 8.5 亿美元。假定下面两种情况:

1. 在下一年度,该保险公司的巨灾风险业务情况良好。虽然遭受了 7 500 万美元的损失,但其赔款准备金完全可以应付,毋须发行新的股票,而且其股票价格正以每股 36 美元交易。因此,该损失股票出售期权逾期作废。

2. 一场恶劣的飓风使该保险公司遭受 6 亿美元的损失,这一消息促使其股票价格跌至每股 20 美元。然后,该保险公司向再保险公司执行其损失股票出售期权,以结算价格每股 30 美元发行 1 660 万股的股票,取得 5 亿美元总收入。资本的增加有助于稳定其财务状况,其股票价格最终回升。

第五节　保险衍生品

衍生品是非传统风险转移市场上所使用的第三种主要金融工具。既然衍生品允许使用者转移特定风险,那么它自然适合非传统风险转移市场使用。衍生品市场出现已有许多年,一些交易所交易的衍生品已有数百年历史,但进入主流金融市场还是在20世纪70年代通货膨胀时期。场外交易的衍生品市场是近期产生的,在20世纪80年代才开始发展起来。由于场外交易的衍生品的灵活性,它在金融工程中承担了主要角色。鉴于衍生品的范围很广泛,本节中讨论的是管理与保险有关风险的衍生品种类。

一、衍生品概述

衍生品转让一种可供选择的权益,因此它可以为从事套期保值或投机的机构使用。这一点使它有别于保险合同,保险合同是以可保利益为基础的,不能用它来产生投资利润。因此,场外交易的巨灾期权不是保险合同,期权购买者要得到经济利益不必证明其遭受损失,而提供同样保障的超额损失保险购买者要得到赔偿却要证明其具有可保利益并遭受损失。虽然衍生品可用于投资,但许多企业用它来规避风险,使之成为一种重要的损失筹资工具。既然衍生品不是补偿合同,那么企业一般要承担一些基本风险。一些金融风险如汇率风险、利率风险能通过衍生品精确匹配,但对与保险相关风险的衍生品却不能做到。由于衍生品使企业承担较多风险,所以道德风险因素明显减少,使它成为一种廉价的风险管理工具。

衍生品作为非传统风险转移工具具有以下优点:

1. 一些衍生品合同具有相当大的流动性,因此是一种成本合理的风险处理方案。

2. 通过上市交易安排可消除信用风险。

3. 通过场外交易安排可定制产品,并具有灵活性。

4. 毋须提供可保利益和损失证据。

5. 延迟支付的可能性最小,无损失进展期和理算过程。

6. 合同支付一般不设限额。

衍生品也存在以下一些缺点:

1. 上市交易的衍生品所承保的风险是相当有限的,尤其对非金融资产类别。

2. 企业承担较大的基本风险,因此风险规避功能欠缺。

3. 场外交易的衍生品的信用风险较大,类似于保险和再保险市场的产品。

4. 对某些特殊风险,价差大,而且流动性不足。

5. 双务合同(掉期或互换和期货)使企业面临减少接受支付的可能。

衍生品的种类有上市交易的期货、期权、期货期权和场外交易的期货、掉期或互换、期权。表 15-4 列出了上市交易与场外交易衍生品之间的主要区别。

表 15-4　　　　　　上市交易与场外交易衍生品之间的主要区别

项　目	上市交易	场外交易
条款	标准化	定制
交易平台	中央交易所（现场或电子）	场外交易（电话或电子）
价格透明度	好	差或一般
流动性	强	有限或一般
信用风险	忽略不计	除非有担保，否则较为明显
保证金	要求有	除非协商，否则无
结算	售完	一般持有到期满时
监管	全面	从部分到全面

二、上市交易的保险衍生品

上市交易的衍生品均使用标准合同条款，使所有参加者以相同工具交易，从而具有较大的流动性，紧缩出价与报价的价差。与最具流动性的参考短期和长期利率、汇率、股票指数、黄金等商品的重要金融指数的上市交易衍生品相比较，与保险有关风险的上市交易衍生品的数量仍很少，且交易不活跃。但这类衍生品在前一些年已出现，大部分是有关财产和意外巨灾风险以及非巨灾的气温风险。

（一）上市交易的巨灾保险衍生品

上市交易的巨灾保险衍生品是参考多种巨灾指数在交易所里交易的期货和期权。引入巨灾风险合同的最早尝试可追溯到 1992 年，当时芝加哥交易所开发了根据保险事务所（ISO）编制的指数的期货。在 1993 年中期，该交易所又做了一次尝试。但这两次努力都没有取得成功。在 1995 年，芝加哥交易所根据更为透明并公认的财产索赔事务所（PCS）的指数推出了现金结算的期权合同。然而，该工具因不能吸引足够多的参与者，最后于 2000 年停止交易。

上市交易的巨灾期权是基于巨灾指数的标准化合约，该指数反映一大批保险公司或整个财产和意外保险业的巨灾损失经验数据。如果巨灾引起期权所使用的指数升高到在期权中所指定的触发条件之上，期权的买方将按合约在结算日获得卖方的现金支付。保险公司购买这种期权后，就可以在遭受巨灾损失时从卖方处获得现金来应付巨灾损失所引起的大量索赔。投资者出售期权的动机是，如果特定的巨灾损失没有发生，那么就可坐享期权费。

第一份上市交易的巨灾期权是1995年9月在芝加哥交易所交易的根据财产索赔事务所(PCS)编制的巨灾损失指数进行交易的巨灾期权合约，它包括四个季度合约和一个年度合约，分别对各个季度和全年的巨灾损失提供保障。作为美国保险事务所下属的财产索赔事务所，自1949年以来一直估计巨灾财产损失。

PCS指数反映某指定时期出现的保险业巨灾损失估计值。PCS指数值为当前巨灾损失估计值除以1亿美元并保留一位小数后的值。例如，估计总的巨灾损失为3 479 100 000美元，那么指数值为34.8。期权费以"点"为单位报价，每一点等于200美元现金值。PCS向芝加哥交易所提供9种损失指数，1个是美国的全国指数，5个是地区指数，包括美国东部、东北部、东南部、中西部和西部，还有3个州（加利福尼亚、佛罗里达和得克萨斯）指数。根据PCS的定义，巨灾事件是指引起超过2 500万美元的保险财产损失以及影响到相当多保单持有人的事件。

该巨灾期权有大小合约之区分：承保200亿美元至500亿美元风险的大额巨灾期权和承保200亿美元风险以下的小额巨灾期权。该合约规定了两个或四个季度的损失进展期。损失进展期是指损失期结束到较为准确的PCS指数编制出来这一段时期。合约在损失进展期期满时用现金结算。结算只能在期末进行，表明该期权的执行方式是欧式的。

兹举一个简单例子加以说明。投资者以执行价格100美元出售一份一年巨灾期权合约给保险公司，期权费为20美元。如果这一年没有发生巨灾损失，在年度末损失指数值为零，则保险公司将不执行期权，投资者赚取20美元。如果到年度末损失指数达到300美元，则保险公司以100美元执行价格执行这一期权，投资者将损失180美元。

为了控制风险，通常不进行单一的期权买卖，而是买卖差价期权。大多数交易为看涨差价期权，它是指在以一个执行价格买进一份期权的同时以一个更高的执行价格卖出另一份期权。投资者出售差价期权的最大损失被限制在这两个执行价格之间的差价，当然还要扣除出售差价期权的收益。

假设投资者出售一份看涨差价期权给保险公司，其执行价格分别是100美元和200美元，期权费是10美元，这意味着保险公司以10美元购买了100美元与200美元之间的保险。该笔交易过程是：投资者以20美元期权费出售给保险公司一份执行价格为100美元的期权，同时保险公司以10美元期权费出售给投资者一份执行价格为200美元的期权。如果损失指数值为零，则这两份期权都不执行，投资者赚取10美元。如果损失指数值为300美元，则投资者执行期权，花 200 美元购买期权,保险公司也执行期权,花 100 美元购买期权。这两份期权同时执行的结果是投资者损失 100 美元,扣除期权费的差价,投资者损失 90 美元。这也是这份差价期权可能给投资者造成的最大损失。如果损失指数值为 150 美元,则保险公司执行期权而投资者不执行,投资者将支付给保险公司 50 美元,最终损失是 40 美元。

(二)上市交易的气温衍生品

虽然上市交易的巨灾衍生品没有取得突破,但上市交易的气温衍生品继续成长,不断出现新的合同,上市交易的气温衍生品是参考特定城市气温指数的上市期货和期权。

芝加哥商品交易所在 1999 年推出了美国 10 个城市气温指数的现金结算的期货和期货期权。该种合同由该交易所电子平台交易。气温指数是根据标准的供热度日(heating degree day)和制冷度日(cooling degree day)的度量标准。供热度日反映供暖用量,气候越冷,供暖量愈多,供热度日愈高。反之,制冷度日反映制冷用量,气候越暖,制冷量愈多,制冷度日愈高。供热度日是基数(一般是 65°F 或 18°C)减平均每日气温,而制冷度日是平均每日气温减基数。基数 65°F 是舒适的温度,低于此温度需要取暖,高于此温度则要制冷。平均每日气温是日最高气温和日最低气温的平均数。

$$每日供热度日 = 基数 - \frac{最高气温 + 最低气温}{2}$$

$$每日制冷度日 = \frac{最高气温 + 最低气温}{2} - 基数$$

因此,假设最高气温 30°F、最低气温 25°F,则每日供热度日为 37.5。为了计算合同价值,把合同期内每日供热度日或制冷度日累计,再乘上 100 美元。例如,假设每日供热度日分别是 30、40、40、45,得出合同价值为 15 500 美元。

兹举一个例子加以说明。

一家在冬季向居民提供煤气的地方分销公司希望出现寒冬,因为煤气的需求会增加,煤气价格会上升,出现暖冬则意味着需求减少、价格下降、收入减少。因此,该公司需要对其收入减少风险提供保障,这可以通过出售供热度日期货或者购买供热度日期货出售期权来实现。在这两种情况下,作为参考所选择的城市必须与该煤气分销公司营业地区的气候非常接近,否则会引起很大的风险。虽然出售期货合同并不要求支付初始的期货费,但它使该公司面临一个双向支付的处境,如果气温下降,供热度日升高,该公司在期货合同中会遭受损失,但它在其核心业务中会获得收益,两者相互抵消。购买期货出售期权要支付初始的期权费,但该公司不会面临双向支付的处境。因此,如果供热度日升高到超过结算价,该出售期权逾期作废,损失的仅是已支付的期权费,但这种期权费是一种初始费用。

该煤气分销公司在计量自己的风险后决定把上下波动的100供热度日转换为上下波动的100万美元收入。假定该公司按5 000供热度日指数(期权执行点)出售期货合同。如果在该季度天气很冷,供热度日上升至5 300,意味着该公司在其期货头寸中损失300万美元,但由于供暖需求增加而使其收入增加300万美元。如果是暖冬,供热度日只有4 700,使其核心业务收入损失300万美元,但可从期货头寸中赚回300万美元。图15-8总结了该期货交易情况。

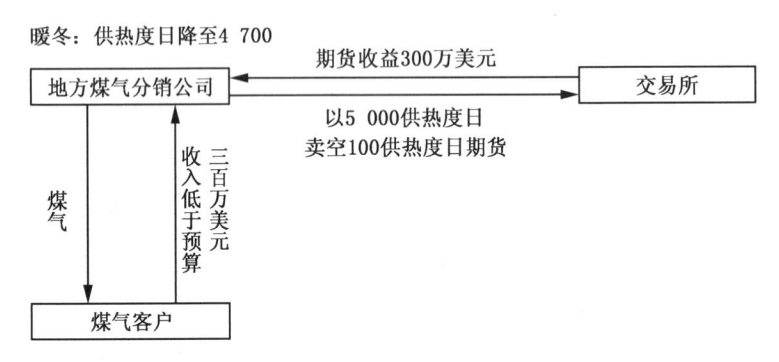

图 15-8(a)　使用供热度日合同规避气温风险

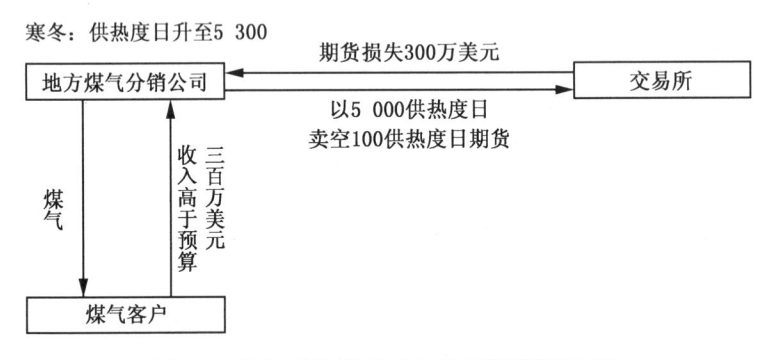

图 15-8(b)　使用供热度日合同规避气温风险

2007年,安信农业保险公司推出了全国首个天气指数保险,即西瓜天气指数保险,提供强降雨与连阴雨的保险保障。以后天气指数保险在我国农业领域应用较为广泛。2012年8月,瑞士再保险公司与鼎和财产保险公司合作,为广东梅雁水电股份有限公司提供国内首例降水发电指数保险方案,这也是国内首次将天气指数保险应用到能源企业。该合同约定,如果投保区域降水不足导致实际发电量低于预期发电量,保险人最高赔偿额可达8 000万元人民币。

三、场外交易的保险衍生品

场外交易市场的特点是灵活性，因此最具有创新的保险衍生品不断通过场外交易市场开发和交易。事实上，对交易的量身定做使得场外交易市场对管理保险风险更具有活力。那些需要通过衍生品进行巨灾风险管理的企业必须使用场外交易市场，因为正规交易所中已把原上市的巨灾衍生品除名。

(一)巨灾再保险掉期

一些保险人和再保险人使用巨灾再保险掉期(catastrophe reinsurance swaps)来管理其巨灾风险业务。巨灾再保险掉期是用一笔承诺费换取根据巨灾损失发生的应急支付金额，借此可以获得许多与再保险和保险连接证券相同的好处，而减少了交易结构复杂性和成本。在巨灾再保险掉期中，保险人向再保险人支付伦敦银行同业拆放利率(LIBOR)加上一个多年期价差以换取一定的应付风险的能力。假如与指定指数、补偿、参数挂钩的条件发生，造成损失，再保险人向保险人提供补偿，并取得代位求偿权。如果没有发生此类事件，该笔交易便终止。例如，三井海上保险公司和瑞士再保险公司安排了一个巨灾再保险掉期合同，三井海上保险公司支付瑞士再保险公司 LIBOR+375(价差)，瑞士再保险公司承担了 3 000万美元东京地震的意外风险，使用参数触发条件。图 15-9 概括了巨灾再保险掉期的流程。

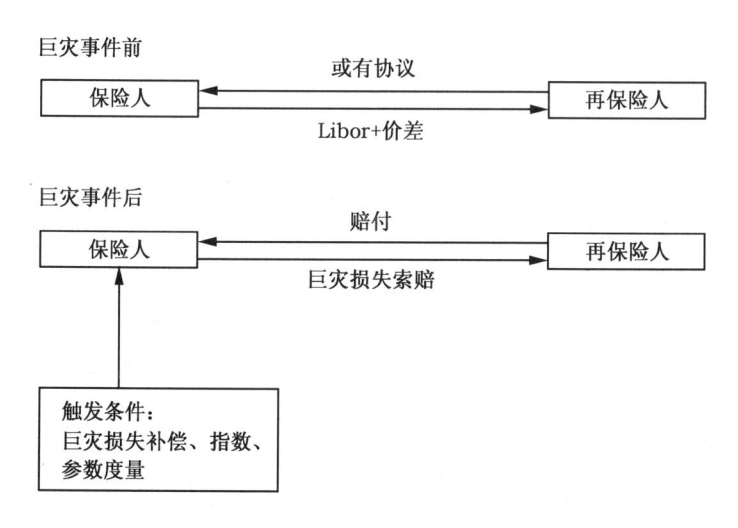

图 15-9 巨灾再保险掉期

(二)纯粹巨灾互换

互换是交易双方同意交换资产或现金流的合约。在有些情况下，再保险人偏好通过纯粹巨灾互换(pure catastrophe swaps)来改变其业务组合。纯粹巨灾互换允许交换互不关联的巨灾风险,它可以通过再保险协议提供,因此它显得更像再保险风险互换,而不是一种真正的衍生品。既然互换的风险是不相关的,参与的保险人则可以取得更广泛的业务分散。例如,日本一个有超额日本地震风险的再保险人可以把一部分业务与其他互不关联的风险互换,如北大西洋飓风。既然不同种类的巨灾风险的分析方法和风险参数是相似的,保险人不必改变其评估低损失频率、高损失程度风险的方法,这是一个明显的优点。互换的交易单位根据地区和风险种类的不同来分类,并采用等价的标准化风险单位,由交易所确定不同风险的比例关系。在有些情况下,一次互换可以涉及互换多种但不互相关联的风险,如加利福尼亚地震与摩纳哥地震、日本台风和欧洲风暴互换。例如,瑞士再保险公司与东京海上保险公司签订了一份一年期、金额为4.5亿美元的巨灾再保险互换协议,瑞士再保险公司把它一部分加利福尼亚地震风险互换东京海上保险公司的一部分佛罗里达飓风、法国风暴风险。同时,东京海上保险公司把它一部分日本地震业务互换瑞士再保险公司的日本台风和旋风风险。这一系列交换的结果是使这两个保险人的业务组合更平衡。

3. 侧挂车。"侧挂车"(Sidecar)是指再保险公司通过设立一个"特殊目的机构"(SPV)为运营公司向原再保险公司(发起公司)提供额外的承保能力。实际上它是比例再保险协议,投资者有共同基金、养老金、对冲基金等,它不能在二级市场交易,通常投资者可获得10%~25%的投资收益。

第六节 整体化风险管理

一、整体化风险管理的概念

整体化风险管理又称为企业风险管理(enterprise risk management),可以定义为企业识别、衡量会影响企业价值的整体风险及执行决策的过程,它是把企业不同的纯粹风险和金融或财务风险并入到单个多年期计划的风险管理过程,已经引起企业和中介机构的注意,因为它提供了风险管理的新方法。整体化风险管理是将企业所有的风险,包括纯粹风险和金融或财务风险综合起来加以管理。它的出现反映了金融衍生品的迅速增长和保险实务的变化。银行在发行的债券中融入保险保障。保险公司将一系列可保风险与曾经被认为是不可保的财务风险捆绑在一起提供保单。多种调查表明,北美和欧洲的一些大公司已使用整体化的方法来管理风险,如1993年美国通用电气公司首先任命了首席风险执行官(CRO),负责公司全面风险管理事务,尽管目前已经执行整体化风险管理计划的还是少数。

20世纪末和21世纪初的趋势是：扩大风险管理范围，它不仅包括纯粹风险，而且还包括带有投机性质的金融风险，以及曾经被认为是不可保的政治事件、恐怖主义、知识产权侵犯等风险，这也是与统一管理企业资产、负债和意外事件的趋势相一致的。企业已发现各种资产、负债和意外事件不仅相互依存，而且相互交叉，而且还认识到在有些情况下统一管理企业各方面的风险会给企业提供承担新风险的机会，并可取得可观的收益。整体化风险管理有别于前面所论述的多风险产品。多风险产品是为了缓和风险和降低成本而把相似的风险集合。整体化风险管理不单纯是减少或消除风险，而是更广泛地管理风险，它更主动地管理自留额，设计多种损失筹资工具，使企业战略中包含投机风险，通过承担不同风险带来特定的风险组合效应。

传统的风险管理是考虑每种风险并分别加以管理，其最终方案是一系列各种保险单、金融衍生品和其他损失筹资工具。这是一种不讲究效率的风险管理方法，导致成本过高、超额保险、过度套期交易、资本管理不善，偏离企业价值最大化目标。而整体化风险管理消除了保险责任范围的缺口，风险组合的净风险减少并趋于稳定，降低成本、改善资本和行政管理的效率，其最终目标是企业价值最大化，企业的经济价值则被定义为预期将来现金流量的现值。图15-10提供了整体化风险管理的一个例子。

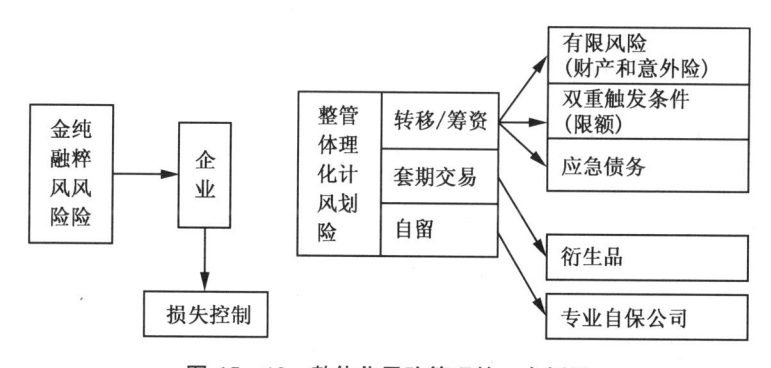

图 15-10 整体化风险管理的一个例子

把不相关的风险结合起来管理可带来许多效益。对一个企业来说，整体化风险管理可以获得以下效益：

1. 对金融风险和纯粹风险加深了解。把风险合并，在整体上加以判别，可以对企业面临的金融风险和纯粹风险加深了解。识别所有的风险来源，分析它们对资产负债表、损益表、现金流量等的影响，最终得出的财务状况分析将更清晰,易于被企业内部人员理解。

2. 增强平衡风险组合的能力。整体化风险管理可以提供更多机会去平衡整个风险组合。由于许多风险是以特定方式相互关联的,通盘考虑风险势必带来更多的合理地平衡风险组合的机会。

3. 增加承保不可保风险的可能性,减少超额保险和过度套期交易。如前所述,通盘考虑多种风险可以使曾经被认为是不可保的风险成为可保风险。使用联合概率可以降低多种风险同时发生的损失概率,对于整体化风险管理的更广范围的风险合并,情况同样如此。在联合基础上的风险管理也会减少保险责任范围的缺口,减少超额保险和过度套期交易。

4. 增加收益稳定性,降低风险成本。某些保险,特别是多年期保险,可以增加收益稳定性。整体化风险管理需要较少的资本开支,承保不可保风险,消除保险责任范围的缺口,这些也都增加了收益稳定性。资本管理注重最优化使用资产负债表、财务杠杆作用和流动性的方式,以降低资本成本。风险管理也关心使用适当的资本资源来保障企业,使得这两个部门的关系更加紧密。

整体化风险管理也可能产生以下一些不足之处:

1. 实际成本减少具有一些不确定性。虽然在理论上说两种不相关风险的保障成本必定低于分别对每种风险提供保障的成本,但市场供求因素也可能使实际成本减少成为泡影。

2. 存在结构和组织上的障碍。由于风险管理的职能是分散在企业的各个部门,所以企业在试图把风险管理的所有职能集中在一起时经常会碰到组织上的障碍。

3. 在整体基础上衡量风险存在较大困难。在整体上衡量不同的风险是个复杂任务,需要大量的数学和统计假设。定量分析过程中需要使用敏感性分析、现金流量变异性、风险调整后资本收益、风险价值、风险收益等工具。对商誉、知识产权、名誉等无形资产也必须做出定量分析。因此,定量分析和随后的总计过程极具挑战性。

4. 信用风险集中的可能性增大。能够提供整体化风险管理方案的中介机构为数很有限,主要是一些金融联合企业。虽然它们多数资信级别高,但也会使委托企业面临集中的信用风险。

二、制定整体化风险管理计划

现代企业不再考虑是否对其面临的风险提供保障,而是要确定以什么特定方式对哪些风险提供保障。整体化风险管理计划并不是适用于所有企业的理想方案,而是在制定风险管理战略时要考虑该计划的相关成本和效益后才作出决定的。

(一)战略考虑

一家企业在制定一个整体化风险管理计划前必须制定一个风险战略,确定风险与企业目标(包括财务杠杆作用、经济资本、破产概率等财务目标)、收入、市场份额等的关系,以及愿意把多少财务资源投入风险管理。大多数企业追求一个企业价值最大化总目标。企业风险战略能确定实现这一目标过程中的障碍,有助于建立目标与贯彻执行之间的联系。一旦风险战略制定,就可着手制定假设的整体化风险管理计划。企业要根据企业和行业状况以及竞争因素制定整体化风险管理的战略,即整体化风险管理计划会怎样影响企业的市场地位,将会产生什么竞争优势和劣势,给企业经营带来什么约束或灵活性,会出现什么问题,由谁负责,等等。通过制定一个战略,企业可以把其实际风险承受水平具体化。整体化风险管理计划不仅是管理风险的方案,而且也是有关最终改善企业盈利能力的决策。这再次表明整体化风险管理有别于重点放在风险转移或中和的传统风险管理方法。

假定一家企业制定与其战略相一致的整体化风险管理计划,并发现其效益大于潜在成本,它必须安排其结构和运作方式。企业必定会在整体基础上探究一个多年期的损失控制、损失筹资和风险减少方案,并以最有效的联合的自留额、保险、限额等手段来管理风险。建立一支单独的队伍负责所有的金融风险和纯粹风险事务是一个明智的决策。对企业的各个部门也要一体化。有些企业指定某些部门实现企业价值最大化的特定目标。这些部门所采取的行动在分割的情况下看来是与企业目标相一致的,但从更广泛的角度来看,却与企业目标不相一致。例如,一个有货币风险的部门对该风险进行套期交易,但另一个部门却有相反的风险,这样做会使企业的套期交易过度,从而不能实现企业价值最大化。企业各部门之间的协调是至关紧要的,各项活动的一体化应是一个目标,这要求整体化风险管理队伍与企业部门经理、高级管理人员的职责和权利分明。

整体化风险管理计划经常采取渐进步骤。一家以前没有积极从事风险管理经验的企业不会贸然决定制定一个整体化风险管理计划。较为普遍的做法是,企业吸取以前金融风险和纯粹风险的风险管理经验来设计一个范围更广的计划。例如,开始阶段可以在分离的基础上管理风险,并不断处理新产生的风险。一旦这一阶段结束,企业就发现自己有机会从整体上来审查和管理风险。于是进入第二阶段,考虑其资产负债表上资产方产生的所有风险,发现这些资产风险之间的相关性,采取某些资产分散化的风险管理技术。在最后阶段,企业可以审查其全部资产、负债和意外事件,对风险的相互依存性进行彻底的分析,以便制定最有效的整体化风险管理计划。

关于整体化风险管理计划的贯彻执行可以采取不同方式,这取决于企业的结构和特点,以及所管理风险的性质。对一家规模大且跨国经营的企业来说,采用统一识别风险和协调的方式,而且由当地贯彻执行,是一种恰当方式。当一家企业的经营集中在一个国家或市场,那么采取统一识别风险、协调和集中贯彻执行的方式是可取的。为了确保计划的一致性,采用统一识别风险和协调方式是必要的。有些大公司委任首席风险执行官,作为首席执行官和董事、部门经理、独立风险经理之间的联络人,帮助以统一方式执行风险战略,指出哪些风险处理必须集中,哪些可以分散到各个部门。

(二)计划程序

整体化风险管理计划一般是由企业与来自保险或银行业的专家一起制定的。下面提供一份该种计划的程序,它适用于不同的企业、行业和风险。

1. 识别风险。该计划以识别会影响企业的所有风险来源为开端。企业应该组成一支专业人员队伍来精确识别所有的风险来源,包括金融和经营风险、纯粹和投资风险、可保和不可保风险。在识别风险阶段要把识别的风险按优先顺序排列,要区分轻重缓急,不能同等对待。对于一些对收益和资产负债表结构有重大影响的风险来源必须优先识别。

2. 分别识别风险。对每种风险必须分别识别,以便进行风险分析。在许多情况下这是相当容易办到的,在另一些情况下因风险交叉而有一定困难。

3. 分别识别风险的定量分析。为了确定每种分别识别的风险对企业总体风险及现金流量和资产负债表的影响,必须进行定量分析。定量分析可采取多种方法,包括财务分析、模拟、精算技术、风险价值(VAR)分析、回归分析等。对于外生的金融风险的定量标准已相当完善,但对纯粹风险来说未必如此。既然有一些纯粹风险是内生的,对其衡量在很大程度上取决于企业内部数据。因此,企业要使用自己的历史损失数据库来对纯粹风险进行定量分析。关于整体风险衡量的一种方法是 VAR 分析,这种方法最初被银行用来衡量金融风险,后来也被其他企业用来衡量所有种类风险。VAR 分析分别建立单种风险的概率分布,并以各种组合估计在不同概率水平下的损失风险,可以得出特定时期以给定概率水平的最大预期损失的数值,以衡量风险对企业的全部影响。其一个明显的优点是考虑了不同种类风险之间的相关性,这种相关性可以增减风险对企业总的影响。

4. 风险关联图。通过关联分析可使企业确定每种风险来源是怎样相互影响的,其最终结果是编制显示特定风险来源如何影响企业总体经营状况的关联图,然后可以用来分析风险的相互依存性。

5. 减少风险成本。有了图示的风险相互依存的信息后,企业可考虑使用分散化技术来减少其总的风险成本。这一般都使用不相关或负相关的风险来产生风险最小的组合。至关紧要的是,公司要考虑低损失频率、高损失程度事件造成损失的影响,其风险转移的成本可能远高于假设的收益。因此,采用模拟分析可以表明在不同情况下的成本和收益是如何变化的。

6. 制订一份整体化计划。企业的最终目的是制订一份低风险成本的整体化风险管理计划,否则就不能增加企业价值。假设一家企业通过与专业顾问合作完成了一份计划。计划的主要内容如下:设立一家专业自保公司自留某些核心业务风险,设计一份承保财产和意外风险、利息率风险、信用风险和环境责任风险的综合保单,使用衍生品合同完全规避货币风险,安排一种应急资本工具来获得损后筹资。由此可见,整体化风险管理计划是如此灵活,以致在编制计划时很少存在障碍。

7. 计划的贯彻执行。一旦计划制定,就必须在企业内部加以贯彻执行。这可能涉及风险管理部门和其他部门的职能、职责和权利的调整,也可能要求加强数据库建设。倘若对计划不认真加以贯彻执行,最好的计划也会在实践中失败。

8. 计划的监督检查。当计划贯彻执行时,整体化风险管理的过程并未终止。风险管理过程是动态的,它受内外部事件的影响,这要求对整体化风险管理计划的检查也必须是动态的。为了测定计划的绩效,应配备适当的工具和标准,进行例行的审计和检查。倘若发现计划存在缺点、新增风险、市场变量转变、企业经营战略发生变化等,也必须对计划做相应的调整。图15-11总结了整体化风险管理计划的程序。

三、整体化风险管理的发展前景

自从20世纪90年代后期以来,整体化风险管理已初步形成,并处于稳步发展阶段。一旦公司高级管理人员和董事们认识到需要进行积极的风险管理,并且规定风险战略和容限度,就会全方位考虑风险。一些面临复杂风险的大公司已开始以整体化方式管理其风险,但做法很不统一。各种调查表明:在北美洲、欧洲、亚洲的许多公司,高级管理人员接受整体化风险管理的观念,但大多数仍停留在理论或概念上,而不是处在实践阶段。不难理解他们的迟疑不决的态度,整体化风险管理过程开始前的准备阶段的工作是复杂的,需要投入,配备资源,进行细微分析,甚至要求公司结构发生变动。这种情况仍将在短期内继续下去,但保险经纪人和其他风险管理顾问的介入会推动整体化风险管理的发展。由于会给企业带来成本节约和经营效益的提高,从中期来看,对各种非传统风险转移产品的需求会急剧增加,整体化风险管理有着强劲发展的趋势。不过,在可以预见的将来,这种发展仍然局限于大公司。

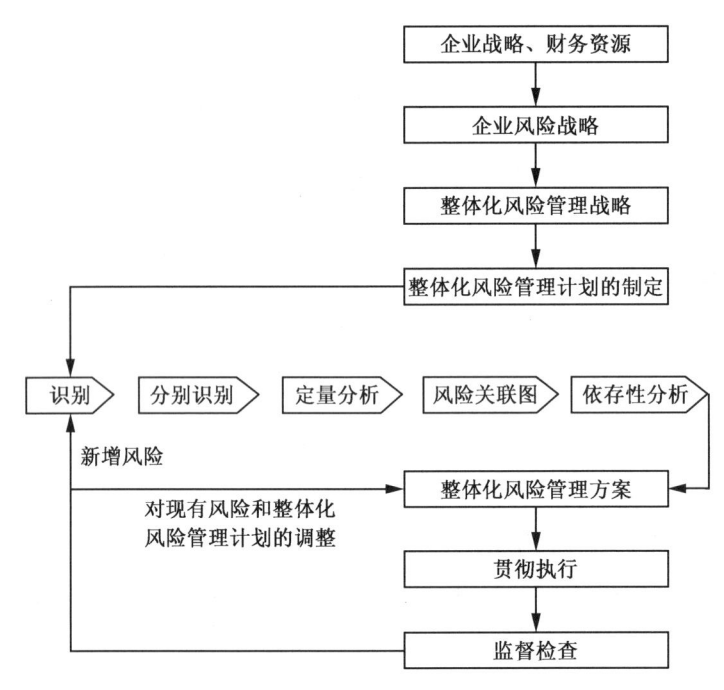

图 15-11 整体化风险管理计划制定的程序

非传统风险转移产品的出现不会取代传统的商业保险,它只是对传统的商业保险无法提供有效解决方案时的一种补充。目前保险市场的传统产品相对来说还具有吸引力,并以较低的价格水平提供保单,再保险市场对地震、飓风等自然灾害的承保能力仍然是充足的。只有当传统保险产品的价格升高且某些保险产品变得不容易获得时,非传统风险转移产品才会显现其真正价值。因此,除了专业自保公司之外的其他非传统风险转移产品在整个财产和意外保险市场上只占据一小块地盘。非传统风险转移产品是整体化风险管理的重要工具,是根据整体化风险管理的需要而开发出来的。因此,整体化风险管理代表着风险管理发展的新方向,但它尚未形成相对完整的理论和方法体系,一时难以取代传统风险管理的理论和方法。纯粹风险依然是风险管理的主要对象,保险仍将是风险管理的重要手段。

复习思考题

1. 试解释下列名词:非传统风险转移,损失灵敏型合同,有限风险计划,分层保险,有限再保险(财务再保险),多种损失原因产品,多触发条件产品,保险连接证券,承诺资本约定,应急盈余票据,应急贷款,损失股票出售期权,保险衍生品,巨灾保险衍生品,气温衍生品,巨灾再保险掉期,纯粹巨灾互换,侧挂车,整体化风险管理,首席风险执行官,VAR分析,风险关联图。

2. 简述非传统风险转移产生的原因和发展过程。

3. 简析非传统风险转移产品的特征。

4. 非传统风险转移市场有哪些主要参与者?

5. 为什么说部分保险是一种风险自留方式?

6. 为什么经营费率保单、高免赔额保单、追溯费率保单和投资信用计划属于损失灵敏型合同?

7. 试举例说明有限风险计划与全部保险是两种截然不同的风险管理方案。

8. 损失未满期责任转移、逆进展保险和追溯总计损失保险这三种追溯有限风险保单在承保风险和时间选择风险转移上存在哪些差别?

9. 试从发行工具、触发条件和份额三方面论述保险连接证券运作的共同特点。

10. 试用期权术语来表述应急资本工具的一般运作过程。

11. 试比较上市交易与场外交易衍生品。

12. 怎样使用供热度日期货合同来规避气温风险?

13. 试分析非传统风险转移市场上保险连接证券、应急资本和保险衍生品这三种金融工具的主要功能以及与传统保险产品的主要区别。

14. 分析整体化风险管理给企业带来的效益以及存在的不足之处。

15. 制定整体化风险管理计划时在战略上要作哪些考虑?

16. 概述制定整体化风险管理计划的基本步骤。

17. 分析整体化风险管理的发展前景。

第十六章 案 例

案例一 建筑工程风险评估

保险公司在接受投保时,首先要对被保险的建筑工程进行风险评估。下面介绍风险评估的程序和内容。

一、建筑物类别、性质、等级

房屋建筑与市政工程、水利工程都有不同的特点,有着行业的规范及标准,建筑物的等级划分也有所不同。投保时都可用"建工一切险",但其内涵有很大的区别,例如,高层建筑与大坝、船闸工程的风险点及投保金额应该有所区别。

二、建筑物的坐落位置,必须要有土地局的批文,应在规划红线范围内

这是国家规定、各单位均要遵守的规则。如果设计、施工都违反了,就会引起不必要的返工。例如,某一大厦的建筑空间用足了红线范围,待开工,现场放线,基坑围护建筑出了规划红线。建管部门检查后勒令停工,地下室要做修改,地面建筑设计修改更大,由此造成了返工、延误工期,浪费了大量资金。又如,某一建筑物,结构本身在红线范围内,而管道在红线以外,最后,只能把各外场管线搬进了地下室,原地下室的功能做了很大改变,后遗症很严重。

三、周围环境对建筑物的影响

道路、煤气管道、通信光缆、电缆、下水管等,复杂的环境是建筑物风险点的所在。在以往施工过程中,由于基础变形,造成水管破裂、煤气泄漏现象也时有发生。在工程兴建前,必须充分了解周围环境,并要拟订保护地下管线的各种措施。

四、地质资料

进行地基设计和施工时,应根据工程地质条件综合考虑结构类型、材料情况、施工条件、工程费用等因素,使其技术可靠、经济合理。勘探、试验、设计、施工、观测,在地基工程实践中是相互关联的,必须密切配合。进行地基设计前,应取得必要的工程地质资料,根据工程要求和场地具体情况确定需查明的工程地质问题,特别应注意对建筑物稳定有影响的软夹层、倾斜岩面、岩溶、地下水状况、滑坡体、被软土层掩埋的古河道、古冲沟等。

进行上述工作的前提是要做好勘察工作。勘察又分测量及地质勘察。测量勘察主要控制坐标系统及高程。在一个测区内,高程系统必须统一。在设计、施工中常出现高程的差错,会造成一定的损失。例如,在福建的闽东,有一条支流采用当地的理论水准面,但与陆域水准点的标高差了1米左右;当陆域建筑已开工,基础已浇砼,水上码头在打桩时才发现标高不对。经过复查,陆域与水下测量采用了两套水准点系统,未经换算,造成了测量图上的差错。

在工程上更重要的是摸清地下的土层情况。根据国家规范,工程地质勘察分为选址阶段、初步设计阶段及施工图设计阶段。每一阶段的深度、标准都有区别。

选址阶段中着重调查研究以下情况:

1. 地貌单元成因类型及分布概况。对于水利工程还要了解港湾或河段类型、岸坡形态、冲淤变化、水位升降特征及淹没范围等。
2. 地层成因类型、岩性、产状特征、分布概况等。
3. 对均匀稳定性有影响的地质构造特点。
4. 不良地质现象发育概况。
5. 地下水概况。
6. 地震情况。

在初步设计阶段,地质勘察除上述内容外,还要针对建筑物的初步设计方案,查明与工程有关的地质构造,分析场地各区段工程地质条件,查明不良地质现象的分布范围、发育程度、形成原因、地下水类型、水位变化幅度、补给条件,判断不良地质现象对工程建设的影响,推荐适宜建设的地段及基础持力层。

在施工图设计阶段,地质勘察的目的是为地基基础设计、施工及为不良地质现象防治措施提供工程地质资料。勘察的任务是强调查明各个建筑物、构筑物影响范围内的岩、土层分布及其物理力学性质,详细查明影响地基稳定的不良地质条件。

在不同的阶段,对现场钻孔布置有不同要求。选址阶段,钻孔100~200米一个;初步设计阶段,孔距可为50～100米;施工图阶段,根据建筑物的方位、孔位,可布置30～50米一个,如果遇到特殊的土层,还可加密。

以上介绍的基本程序和内容,主要是帮助我们对投保的建筑物找出风险点,这是评估工作的基础。找出风险点的目的是在接受投保后跟踪施工,提醒施工现场克服及防止风险的发生。

案例二　安装工程风险评估

安装工程范围很广。工业设备安装,如发电厂的锅炉机组、炼钢厂的高炉及轧钢重型设备、码头高吊安装、船闸闸门安装等。建筑类的安装工程一般指:室内空调、变压器、建筑物玻璃幕墙、厂房的立柱、钢结构屋架等。

一、钢结构安装中的风险

(一)原材料的本身隐患

钢构件要用大量钢材,钢材本身质量的好坏是至关重要的。在原料的使用前,制作单位一定会对钢材、油漆、焊条进行抽查复检,并核对出厂质保书;但不可能对每一根用料都进行检测,在实际操作过程中也是不可能的。同样,对于原材料供货单位,只提供质保单等化验资料。这样就不可能完全排除原材料本身存在的隐患。

(二)钢结构的制造质量

质量是工程的生命。钢结构质量的好坏能直接反映风险的大小。具体施工制作单位一定要按照施工程序、施工图纸、工艺要求进行生产;但由于工程量大、工期安装紧,制作单位很可能会接纳外来制作单位或扩散外协。在这种情况下,对质量管理会带来很多不利因素。

1. 由于各企业的管理水平不同,以及工人技术人员的质量意识、设备条件的差异,会造成质量优劣不齐。

2. 由于生产点多面广,造成质量监管人员顾此失彼,出现少检、漏检现象。

3. 由于工期限制,加上经济利益的因素,只求快,施工者追求经济利益,在制造过程中发生工艺不当、违反工艺操作、工序颠倒等现象,都会给整个工程带来不可预见的风险。例如,电焊工没有上岗证;阴雨、潮湿、低温天气环境下要采取措施,在符合焊接工艺要求后才能操作,但为求快,当监督人员不在场时违章操作;焊工是否携带保温桶,保温桶内的焊条是否经过烘焙,保温桶是否接上电源,桶盖是否盖罩好;等等。

(三)现场组装

1. 现场零部件及大型部件的搁置。如果大型部件各着力点受力不均,会造成大型部件自身变形。

2. 大型部件制造后,一般在现场堆放一段时间,让其内应力释放,但在工程后期会出现大型部件直接拼装、吊装,这些都是风险隐患。

3. 现场组装时的风险。在拼装台上设置结构模架,对其中心线、水平线、垂直线、宽度位置线不严格检查,不做温差数据测试。由于模架设置不合理造成吊装金属架翻身,不利于控制变形。对接焊缝不进行全位置无损探伤检查。钢结构的附属构件在结构安装后,在受力状态下,再焊接钢结构会产生永久变形和增加内应力。

(四)吊装过程

吊装方案直接影响吊装的安全质量。吊装安全合理性直接关系到风险的大小。

1. 起吊设备、钢丝绳、卸扣等不经过严格检查,带病操作。如有差错,其损失是很大的。

2. 设置吊点。如吊点部位的牢度不够,将产生严重后果。

3. 在吊装过程中产生结构翻身现象。

4. 在吊装过程中不利的自然因素。如雷阵雨、飓风的影响,都会带来风险。

5. 沿海地区、开阔地带、台风多发季节、龙卷风突发地区,特别要注意预报,采取临时加固措施。假设屋面彩板已安装结束,玻璃幕墙未装或安装不全,在风压的作用下,屋架构件从受压变为受拉,立柱受力也会改变,如此反复变化,对结构影响很大,可能导致结构裂缝或变形,严重的可能产生断裂;再加上支承砼紧密度不好,危险性更大。

6. 安装彩板、幕墙。在安装彩板、幕墙的过程中,同时吊装设备、材料等,随时有碰撞的可能性,这也是在安装过程中的不可忽视的风险点。

二、设备安装中的风险

(一)暖通系统

1. 暖通系统的冷热交换站设备以及送风、排风系统设备在整个安装过程中,火灾是其较大的风险之一。在施工安装过程中,由于施工组织不够完善,存在交叉施工,人员素质不一,可能会因电焊、油漆引起火灾。此外,一旦发生火灾,送风、排风系统又是造成火势蔓延的主要途径,从而造成巨大的财产损失。

2. 空调系统是由冷热水经风机盘、空调箱来冷却或加热空气。如果系统放水和凝水管施工质量不好,在今后投入使用后,极易产生滴水现象,由此造成天花板漏水、损坏装饰材料等不良后果。

(二)电气系统

电气系统分强电和弱电两部分。电气系统的部件在出厂时皆经过检验,在安装上尺寸要求比机械工程低,但其调试较复杂,调试中的风险隐患大于安装中的风险隐患。

1. 电气系统风险的起因。如施工人员不按规范操作造成碰线、接错线、电线绝缘外套损伤、三相断相或火线与中线相反等。此外,电气事故还可能由于部件性能不佳、漏电、供电电压失控、强电串入弱电回路、测量仪表失灵以及雷击等引起。上述这些事故将可能使输电线路及电气设备烧毁、人员触电,严重的将导致火灾。

2. 强电调试风险点。正常变压器的接通与备用变压器切换。市电输入电源出现故障。

3. 弱电系统的风险点。弱电系统器件杂,线路及接头多,而且控制复杂,调试期间一旦强电串入接口线,将引起一批接口板损坏;此外,控制失灵也会导致部分设备损坏。

4. 雷击。接地接点不佳,在雷雨季节将危及设备及人身的安全。如果接地引入线众多,极容易引起干扰。

案例三　电厂风险和控制

一、电厂风险概述

发电厂主要的发电设备有三大系统,即:

1. 燃料与燃烧系统,主要设备有锅炉及辅助设备。
2. 汽水系统,主要设备有汽轮机及辅助设备。
3. 发电系统,主要设备有发电机及输配电设备。

我们分析发电厂的风险也从这三个系统着手。

发电厂的主要风险有水灾、火灾、雷击及设备本身的风险。发电厂中集中了大量的煤、石油及石油制品、天然气、氢气、润滑油、绝缘油、绝缘材料等,还有各种各样易燃、易爆的物质,容易引起火灾;发电厂的电气设备、输配电线路、变电所和高大的建筑物又会引起雷击。锅炉房、发电机房不该进水(或受潮)的地方绝不允许进水。就是设备本身同样也潜伏着风险,锅炉的高温高压、汽轮机的飞速旋转、发电机的超过 10kv 的电压,都是风险源。

二、电厂水灾风险和控制

水是电厂不可缺少的。为了降低电厂投资和发电成本,电厂都建造在靠近江河的地方。这样一来,用水成本低了,投资也降低了;但同时也增加了潜在的风险。河水的潮汐和暴雨将会给电厂带来威胁,其潜在水灾风险在于:

1. 发电机。发电机不能碰到水。水是导电物质,发电机的电压高达 10kv 以上,浸水以后由于电气短路,将会烧毁发电机,甚至引起爆炸。由于水的缘故还会使周围浸水的区域内带电,造成人员触电事故。由于电气短路将会引燃易燃物质造成火灾,所以发电机是绝对不能浸到水的,其中尤应注意发电机的接线、定子绕组、转子绕组和所有带电部分。

2. 变压器。变压器的面板和接线不能浸到水。

3. 配电电气开关、电排、电缆和各继保回路。

4. 风机房、水泵房绝不能浸到水。实际上,这两个部门的重要性还大于主机房的设备,因为风和水的循环都由风机和水泵的正常工作来保证。如果锅炉没有了风和水,锅炉的事故可想而知。

5. 锅炉房。锅炉房是防水的重点。锅炉内的温度很高,一般都在 500℃ 左右,由内衬隔热材料,外面包保温材料可以达到保温效果。如果保温材料浸水,由于太大的温差将使锅炉的材质发生剧烈的变化,造成炉体、管子等部分变形,由此会酿成重大事故。

6. 汽轮机。冲向汽轮机叶片的蒸汽温度很高,如果汽轮机的某处温度突然降低,将使汽轮机的运转发生剧烈振动,叶片和轴应力发生剧烈变化,使叶片和轴变形。如果定转子温差太大,同样由于定转子热容量变化不均,有可能发生使间隙变小或堵转相擦等现象,则可能把整个汽轮机打坏。

水灾对电厂的危害很大,那么怎样来防止水灾的发生呢?主要的办法是把水灾消灭在设计阶段。根据设计规范,按 100 年一遇或 200 年一遇的该地区历史最高水位来设计发电厂的所有建筑物的地坪标高、设备安装标高,包括锅炉房、水泵房、风机房、发电机房等。尤其是变电所的地坪应做成是高架式的,其水位标高应高出历史最高水位 0.5 米以上。对于水泵房,其标高不可能高出历史标高很多,尤其是排水泵房、污水泵房,其所处位置应低于所有建筑物和设备的水位,以利于全厂范围内的排水防灾。它的运行安全可靠性尤为重要,应有一系列的规章制度来保证。

怎样来评估电厂水灾风险呢?

1. 查看设计资料,了解该电厂历史最高水位。然后对上述建筑或设备的安装水准线进行校对,核实是否符合设计规范。

2. 如果是老厂,则要了解在运行的几年中,该地区曾经到达过的最高水位,并了解有关水文资料。如在暴风雨和潮汐同时到来时将会达到的水位,并在风险评估书中提请厂方注意,采取适当措施,不能有侥幸心理。

3. 索取厂方关于重要设施的管理规章制度。如排水泵房、污水泵房、风机房等场合的防水排涝管理办法。

如果说,厂方在上述三方面都是齐全的、符合规范的,那么,我们可以认为该电厂的水灾风险是很小的。

三、电厂火灾风险和控制

发电厂的防火胜于防水。发电厂火灾的风险因素多,但就目前科学和管理水平而言,电厂火灾风险控制和防范已经完全成熟。一般电厂都有一整套完善的设计规范和管理措施,火灾的风险可以降到很小的程度。

(一)发电厂工艺系统风险因素

1. 运煤系统风险因素。包括如下:
(1)大型煤场取料机设备、卸煤装置、碎煤机、反料机。
(2)露天堆放煤场、输送机、输送带。
(3)各运转设备的轴承及制动部分。
(4)室内除尘设备、煤仓、风道。

2. 锅炉煤粉系统风险因素。包括如下:
(1)原煤仓、煤粉仓、磨煤房及管道。
(2)磨煤机械设备、电气设备。
(3)磨煤机出口的气粉混合物。

3. 点火及助燃油系统风险因素。包括如下:
(1)油罐车和卸油、输油设备及管道。
(2)加热燃油温度控制系统。
(3)油罐及进出管道、油泵安全阀、燃烧器油枪接口。

4. 汽轮电机系统风险因素。包括如下:
(1)汽轮机主油箱、排油烟机、排油管道及其连接。
(2)油泵、冷却油器设备及其连接。
(3)发电机氢系统、氢管道、排氢阀、气体控制站。

5. 变压器和带油电气设备风险因素。包括如下:
(1)变压器、电抗器、贮油罐。
(2)室内配电装置、高低压开关柜、断路器。
(3)控制室、继电保护室。

(4)电缆和电缆竖井、电缆沟、电缆隧道。

(二)发电厂火灾风险的控制

发电厂火灾风险的控制应从两方面着手：

1. 从设计着手。目前世界各国，包括我国对发电厂防火防爆设计提出了相当规范而严格的技术标准。我国从1997年开始制定了《火力发电厂与变电所设计防火规范》。在设计电厂各工艺过程中，都必须严格遵守该规范。对上述五大类风险源，该规范都做了详细而明确的规定，从而在设计上消除了潜在的风险。

2. 从管理着手。齐全而严格的管理法规是避免风险和不断使风险控制的措施得以完善所必不可少的。例如以下方面：

(1)电厂的火灾风险防范管理应有专业人员维护管理。

(2)进行经常性的防火安全检查，消除隐患。

(3)确定防火重点部位，落实安全措施，定人、定岗。

(4)经常进行防火安全教育、灭火技术培训，以及组织灭火演习等。

(三)发电厂的火警探测与灭火系统

发电厂的火灾风险控制除了上述措施外，还应建立一整套非常完善的消防监察系统。它的基本思想是把全电厂所有的建筑物和主要设备都严密地监控起来。中华人民共和国国家标准GB50229-96明确规定，以下建筑物及设备都应安装探测报警装置：

1. 单元控制室、电气控制楼。

2. 微波楼及通信楼。

3. 汽机房(汽轮机发电机房)。

4. 锅炉房及煤仓间。

5. 运煤系统。

6. 其他：点火油罐、架空电缆、高压器等。

发电厂还应建立一套完整的灭火系统。这个灭火系统与发电厂的设计同步进行并到位。其主要内容有：

1. 水源的保证和水量的保证，消防设施的保证。

2. 水压的保证和管道通畅的保证。

3. 消火栓布置的合理。

4. 消防道路的合理与通畅的保证。

5. 室内喷水灭火装置。

6. 高压消防水重力水箱设置。

7. 消防车、消防水泵房、消防排水。

四、电厂雷击风险和控制

雷云的放电过程称为雷电现象,其实质是带不同性质的电荷的雷云在空中相遇,类似于电器短路,短路瞬间释放出巨大能量。如果放电时碰到地面设备,则该设备就受到雷击,雷击会对地面建筑物和设备造成很大损害。由实验可知,雷击产生的雷电流可达几万安培,甚至几十万安培,这是直接雷击。当雷云出现在架空线上时,由于静电感应影响,在架空线路上积累了大量的异性电荷,如果一旦雷云向其他方向放电,则原来线路上被约束的电荷将被释放出来,以电磁波速度向线路两侧流动,而形成感应过电压,其电压可达几十万伏,这就是感应雷击。

雷击的时间极短,但由于时间极短,故瞬时释放能量很大,温度可达2 000℃,由此造成空气急剧加热,体积骤然膨胀,同时发生雷鸣。

(一)发电厂雷击风险因素

1. 发电设备、输电设备、线路、变电所、变压器。
2. 与外界线路有关联的控制设备、计算机房、控制室、微波房、主控室。
3. 各种油罐、气罐。
4. 烟囱、水塔、建筑物。

(二)发电厂雷击风险的控制

发电厂雷击风险的控制手段是有效地装设避雷针、避雷器、避雷线。为预防感应雷击,另加装吸收装置及隔离装置。实践证明,只要正确安装了避雷装置,雷击就可以完全避免。避雷装置的基本原理就是把雷电流通过导线引到地下去,从而保护设备或厂房。

实践证明,仅仅靠外面的避雷装置不足以有效地防止感应雷击,因为控制系统耐压往往很弱,雷击余压很可能打坏控制设施和线路。其预防方法是除了避雷装置以外,在进线端加装吸收装置和加装隔离措施,这样就完全可以防范感应雷击了。

对雷击风险的控制从两个方面着手:

1. 检查设计规范。对于发电厂的防雷装置设计,与防火规范一样,国家也以法律的形式颁布了《电力装置的防雷设计》。检查发电厂防雷设计规范就可以了解其防雷设计水平,从而控制雷击风险。

2. 检查试验报告。国家规定防雷设施每年必须做试验,发电厂应有防雷设施的详细记录,并有"试验点"的明确统计。同时,每年都应有试验记录,应有权威单位(或人)的合格认可,并盖上"合格"或"不合格"章。对于"不合格"的试验点,应限时定人整改。整改后必须再做试验,直到合格为止。合格的防雷措施可以可靠有效地避免设备遭雷击的风险。这个方法也可以应用到预防雷击的风险管理中来。

五、电厂主要设备运行中的风险和控制

电厂主要设备：这里指的是锅炉、汽轮机、发电机。

(一)锅炉运行中的风险和控制

锅炉在运行中，具有很高的温度和很高的压力，其风险是较大的。

锅炉事故可以分为三大类：

1. 爆炸事故。锅炉在使用中其压力瞬时降低到与外界一样时容易发生事故。其现象为锅炉外壳、炉胆等受压部位突然开裂，接管拉脱或开裂。

2. 重大事故。锅炉在使用中受压部件发生变形、渗漏，使锅炉被迫停止运行。

3. 一般事故。损坏不严重，不必停止运行即可修复。表现为锅炉附件损坏或不重要的部件损坏或失灵。

锅炉运行中的潜在风险因素包括：

1. 锅炉介质、烟、灰、水、汽垢等都具有一定的腐蚀性，使金属承受能力下降，产生变形。

2. 因水垢造成导热不良、局部过热变形。

3. 锅炉各部件残余应力，使锅炉在使用时膨胀、收缩时的应力不同，有些部件受力超过元件的极限强度。

对第一、第二种风险因素的主要控制手段是水处理。国家已对锅炉用水做了非常严格的规定。经过水处理之后进入锅炉的水，可以避免大部分结垢及防腐现象，同时配以定期清垢防腐管理，可以把这两个风险因素加以控制。

对于第三种风险因素，主要手段是严格控制设计、制造、安装，并且辅以严格的监察制度、定期检验制度、定期检修制度，并且对操作司炉工、水处理试验员进行上岗考核。有了这些制度，控制和防范风险是完全可能的。

(二)汽轮机运行中的风险和风险控制

汽轮机是一种精密的重型原发动机，它以蒸汽为介质，将蒸汽的热能转化为轴上的机械能，用它来带动发电机发电。为保证汽轮机安全运行，汽轮机均装备有一套可靠的保安监测系统。

汽轮机运行中的风险因素包括：

1. 超速运行的风险。汽轮机突然甩负荷、汽轮机转速迅速上升，将会使材料的许用应力超过极限而损坏，造成事故。

2. 轴向位移的风险。由于安装或负荷变化等原因，汽轮机轴向推力过大，使轴承推力面损坏或乌金熔化,造成事故。

3. 轴承油润滑系统风险。由于油压过低或油量不足造成轴承损坏。

4. 凝汽器真空度破坏风险。引起机组振动、排气缸温度升高,威胁汽轮机安全。

5. 油系统火灾风险。由于油系统渗漏油引起。

6. 差胀风险。由于定转子热容量差异,膨胀量相差造成定转子相擦,损坏汽轮机。

7. 汽轮机叶片损坏或变形的风险。

汽轮机运行中的风险控制手段主要是通过各种仪表对各风险点进行监视。如轴向位移监视、差胀监视、轴承压力监视、超速监视、凝汽器真空度监视。凡是各风险点都有相对应的控制监视仪表。对油的防火问题,可以使用抗燃油;也可以在油管外加装网油管,一旦渗漏油,则注入回油管,通过专用管排到废油箱内(远离火源),从而能避免火灾的发生。

（三）发电机运行中的风险和控制

发电机由汽轮机带动,它的作用是把汽轮机的机械能转变成电能,然后由变压器、输电线送到用户。

发电机运行中的风险因素包括:

1. 过电压击穿的风险。
2. 过负载或短路的风险。
3. 绝缘水平降低的风险。
4. 轴承润滑油油压过低的风险。
5. 电机冷却风系统故障的风险。

以上任何一点风险一旦酿成事故,都将使电机不能正常工作或损坏。

过电压、过负载、绝缘水平这三种风险都是通过运行前的试验来保证的。同时,运行中有仪表监视,一旦超过允许数值即可切断电源或停机,以防止事故的发生。轴承润滑油系统和电机冷却风系统风险也是通过仪表监视。油温超过允许值或油量不足,会影响轴承正常工作,可能引起电机损坏;冷却风系统风量过小,风温过高,会使电机发热遭受损坏。但这两种风险有了仪表监视,是可以做到电机安全运行的。

随着科学技术的发展,电厂的计算机监视系统取得了丰硕的成果。我国的监视系统已经达到了国际先进水平,用计算机技术代替原仪表的监控以及人工的监视、操作,可以大大地减少事故发生的可能,风险可以降到最低的程度。目前,我国电厂大多已广泛采用了计算机监控系统,包括葛洲坝、丹江口、李家峡等电站,其容量达到 200 万 kw,单机容量达到 40 万 kw。有了计算机监控系统,发电厂的安全运行更有了保证,其风险程度大大降低了。

案例四 某船厂风险评估和控制

某造船厂是上海的大型企业之一,位于浦东新区,占地约870 000平方米,现有职工16 000多人,产品从10万吨远洋杂货船到内航船只,种类繁多。

最近,该船厂拟购买保险,本公司为此对该船厂进行了相关的风险评估。在初期阶段,该船厂打算先投保高风险区域和设备,因此本风险评估报告主要内容如下:

一、风险概况

(一)公用设施

电:有两路独立的进线与公用电网相连。这种做法符合上海市有关规定。上海市公用电网的供电是非常稳定的。

水:由城市用水管网系统两路进水,可满足本厂的用水。

(二)消防

公共消防队:离消防队很近,响应时间约15分钟。

厂内消防队:有。

喷淋系统:无。

路边消防水龙/水龙软管:有。主要由城市消防管网系统所控制。

消防水源:可取自附近水源,如河流。

消防泵:据观察,厂内的压力似乎主要由城市消防管网系统所控制。

(三)管理

保安:所有的进厂车辆都经检查和登记。

消防演习和培训:每年经常性地举行消防演习,全体员工经常接受常规消防培训。

动火制度:无。

(四)特殊风险

洪水:风险等级中。勘察中,客户告知,该厂所在位置无洪灾记录。

风暴:上海处于风暴必经之途,风暴风险较高。船厂约有6架可移动式吊塔,其中两架为150吨型,另外四架为100吨型。

冰雹:无此风险。

地震:根据慕尼黑再保险公司自然灾害分布图,上海位于每50年可能发生一次六级地震的一级区。

飞行物体坠落:可能性不大。

车辆碰撞:轻度风险。

二、乙炔发生站

(一)概况

占用性质:为全厂提供乙炔,主要是焊接用气。气体通过地下管道和气瓶来运输。

建成时间:1992年3月。

承建商:国内。

操作期:取决于厂内的施工进程。

吸烟:禁止。

避雷:装有避雷针。

建筑类型:乙炔发生站为三层楼,钢筋混凝土建筑,体积为 20m×10m×15m(高),通风良好。楼高与周围建筑相仿。

乙炔发生器:共四台,两台工作,两台备用。设计工作能力为每天80立方米,工作温度60℃。

控制室:位于乙炔发生器旁。

生产过程:电石+水→乙炔+副产品(不可燃)。

电石的储存:电石存放于发生站旁增设的仓库。仓库内约有电石500吨。

(二)消防系统

乙炔发生器的冷却系统:配有冷却系统以避免其工作时的温度过高,影响安全。

干粉灭火系统:无。

水龙系统:无。

手动报警系统:无。

(三)火险

本区域的火灾风险极高。电石遇水即产生易燃易爆气体乙炔。只要有少量的水,其产生的热量就足以点燃乙炔。若乙炔遇水燃烧,不应使用水、泡沫或挥发性液体型灭火剂,而应采用干粉灭火剂。任何从事与电石有关的操作人员,必须经过培训并严格遵守安全守则。

三、空气压缩机站

(一)概况

占用性质:最大的空气压缩机站为全厂提供50%的用气。其余的两个空气压缩机站提供剩余的50%,三个空气压缩机站有管道相连。产生的压缩空气通过管道输送。

设备年龄:约10年以上。

承建商:国内。

使用期间:取决于厂内的施工状况。

吸烟禁止:无。

避雷措施:装有避雷针。

建筑类型:空气压缩机位于砖结构、钢板屋顶10m×25m×15m(高)的单层建筑内。自然通风状况良好。周围建筑高度与其大致相仿。

空气压缩机:共五台。其中工作的三台设计功率为每台103m^3/hr,备用的两台设计功率为每台100m^3/hr。

生产过程:一般空气→电动压缩机→3kg/cm^2的空气。

配件的储备:某些配件国内无法买到。仓库内有足够的储备。

压缩空气罐:空气压缩机站外有两个压缩空气罐,容量未知。气罐为钢制,设计压力6kg/cm^2。

(二)消防系统

安全阀:空气压缩机上装有安全阀。

喷淋系统:无。

消防水龙:无。

便携式灭火器:站内配备数量足够。

手动报警系统:无。

(三)管理

站内有吸烟现象。

(四)火险

除电线和润滑系统外,站内其他部分的火灾风险不大。

四、锅炉房

(一)概况

占用性质:产生蒸汽。送气管道里有可燃塑料。

锅炉:约已使用了12年以上。

承建商:国内。

工作时间:一周7天,每天24小时。

吸烟:未禁止。

避雷:装有避雷针。

建筑类型:锅炉房为三层砖结构建筑。长15米,宽10米,高20米。自然通风状况良好。

锅炉:有三台燃煤锅炉,其中两台为10吨,一台为4吨。工作压力为 $7kg/cm^2$,温度为800℃,产生的蒸汽温度为200℃。锅炉装有紧急关闭阀门,当炉内压力高于 $10kg/cm^2$ 时即被启动。加煤均为人工操作。

生产过程:城市供水管网系统水源→化学软化→在锅炉内加热至800℃→由水管送至车间。

控制室:位于二楼,除便携式灭火器外无其他消防系统。

煤的存储:存于锅炉房内。总存储量约为14吨。无消防系统。

(二)消防系统

安全阀:所有的锅炉均装有安全阀。

喷淋系统:无。

消防水龙:无。

便携式灭火器:有。

手动报警系统:无。

(三)火险

锅炉房内发生火灾的可能性很大。主要风险可能来自过热的锅炉和存煤处,而管道外的可燃性绝热层会使火势蔓延。另外,锅炉的通常寿命为15年左右(以每天工作8小时计)。尽管该厂的锅炉仅工作了12年,但是平均每天工作时间为20小时。从这一点看,机器损坏可能会成为主要问题。

五、变电站

内有35kv变压器、高压和低压配电间。厂内无应急电源。变电站对全厂的用电起着至关重要的作用。

(一)概况

占用性质:配电和控制电压。

变压器:高压和低压配电间已运行时间不到3年。

承建商:国内。

运行时间:连续运行。

吸烟:未禁止。

避雷:装有避雷针。

建筑类型:变电站为三层钢筋混凝土建筑。楼宽10米,长15米,高15米。自然通风状况良好。楼高与附近建筑相仿。

变压器:两台油式变压器将电压由35 000V降至6 600V。变压器室内除手动制动系统外,无其他消防系统。如果运行温度高于 85℃,操作人员会关闭变压器。变压器位于变电站的底层。船厂内共有约 20 个变电站,可将电压降至 6 600V 至 240V 不等。

配电室:位于二楼。除便携式灭火器外,无其他消防系统。

(二)消防系统

喷淋系统:无。

消防水龙:无。

便携式灭火器:有。

手动报警系统:无。

(三)管理

禁烟。

(四)火灾风险

变电站的火灾风险中等。主要的风险来自油型变压器和电线。

六、风险控制建议

结合本次风险评估后,我们对该厂提出了如下建议:

(一)乙炔是造船工业必用的一种气体,如果供气中断,则会受到严重影响。鉴于全厂只有这一座乙炔发生站,其重要性可见一斑

建议:

1. 减少电石的存储量。

2. 电石起火是非常危险的。唯一的灭火剂是干粉,且一旦起火就很难控制。因此,通常的做法是将存储量降到最低限度。

3. 建议将所有的电石存储在合适的推车和容器内,而不是直接堆在地面上。

4. 建议在电石仓库和乙炔发生站内安装气体探头。

5. 电石仓库虽有 24 小时值班,但是,只要一个小事故,例如漏水,就会导致后果严重的爆炸。鉴于电石与水的化学反应速度极快,气体探测系统的安装是绝对必要的。

6. 应加强员工培训,特别是在有关风险控制的概念、电石的特性和事故突发时的应急程序方面。

7. 建议在安装便携式灭火器、火警按钮和消防水龙时,放置位置应醒目,并附有清楚的说明和指示。

8. 建议安装手动报警按钮。

9. 建议在电石仓库安装固定干粉灭火系统,以确保安全。

10. 建议清除乙炔发生站周围的建筑物。

11. 为降低动火操作的火灾风险,应考虑推行正式的动火批准制度;尤其是需切割和焊接时,安全主管应确保操作符合安全规范,同时应留有书面记录以备查看。

12. 乙炔发生站外有一水池,用来收集乙炔发生炉产生的灰烬。经处理后,这些灰烬出售给建筑公司,这种安排是很危险的。建议将水池搬离乙炔发生站。

13. 为降低漏水的风险,应考虑对水管进行有记录的检查。

14. 建议对乙炔管道进行经常而有记录的检查。

15. 为了工厂应急组织,建立应急方案是非常必要的。

(二)压缩空气是造船工业的生产要素之一,厂内共有三个空气压缩站。我们主要围绕最大的空气压缩站进行监视,如果供应中断,全厂的生产会受到严重影响

建议:

1. 站内噪音过高,估计超过90分贝,所有的工作人员应配备合适的耳塞。

2. 鉴于站内的噪音过高,不宜采用一般的火灾报警。建议安装视觉报警装置。

3. 建议安装手动报警按钮和水龙软管系统。

4. 应对员工加强风险控制和应急程序的培训。

5. 建议在安装便携式灭火器、火警按钮和消防水龙时,位置应醒目,并附有清楚的说明和指示。

6. 为降低动火操作的火灾风险,应考虑推行正式的动火批准制度,尤其是需切割和焊接时,安全主管应确保操作符合安全规范,同时应留有书面记录以备查看。

7. 为降低漏气的风险,应考虑对送气管道进行有记录的检查。

8. 为了工厂应急组织,建立应急方案是非常必要的。

9. 站内缺乏消防系统,建议在整个建筑内安装火灾探头系统。

(三)锅炉

建议:

1. 建议安装手动报警按钮和水龙软管系统。

2. 应对员工加强风险控制和应急程序的培训。

3. 管道的绝热层改用防火材料。

4. 建议向系统供应商咨询,现有系统和设备是否存在2000年问题。

(四)变电站

建议:

1. 控制室既无探头也无固定式全面泡沫覆盖系统。因此,我们建议在控制室和配电间内安装固定式 CO_2/FM200 全面泡沫覆盖系统和探测系统。

2. 整个变电站缺乏消防系统的保护,建议在整个楼内安装火灾探测系统。

3. 建议安装手动报警按钮和水龙软管系统。应对员工加强风险控制和应急程序的培训。

4. 建议在安装便携式灭火器、火警按钮和消防水龙时,位置应醒目,并附有清楚的说明和指示。

5. 为降低动火操作的火灾风险,应考虑推行正式的动火批准制度;尤其是需切割和焊接时,安全主管应确保操作符合安全规范,同时应留有书面记录以备查看。

6. 为了工厂应急组织的有效性,建立应急方案是非常必要的。

7. 站内缺乏消防系统,建议在整个建筑内安装火灾探头系统。

案例五　某项隧道工程保险方案的选择

某市一项隧道工程即将动工,业主考虑到该项工程造价 4.61 亿元,采用新的沉管法施工方案,风险较大,于是就在工程预算中列入保险费开支一项。由于我国保险市场经营主体增多,这给业主带来选择保险公司的机会。该项工程的业主向当地的三家保险公司表示了投保的意向,并提供工程可行性研究报告,要求各家保险公司提供保险方案,然后进行比较,选择由哪家保险公司承保。

这三家保险公司经过对可行性研究报告分析和实地勘察之后,分别向业主提供了保险方案或保险计划书。虽然保险的险种都是建筑工程一切险,条款是统一的,但提供的附加险、特别条款不同,保险金额和免赔额高低不一,费率的差别更是明显,再保险安排和提供的理赔及防损服务也有所区别。

甲公司提供的保险方案有两种:方案一是整条隧道投保,物质财产损失部分总保险金额为 4.06 亿元,费率为 3.5‰,连同第三者责任险和附加险,保险费共计 199 万元。方案二是分江中段、引道段、接线道路段投保,保险费共计 223 万元。该公司向业主推荐方案一,即整体投保方案。第三者责任险的累计赔偿限额为 2 000 万元。人身伤亡每人每次事故赔偿限额为 10 万元。财产损失每次事故赔偿限额为 200 万元。每次事故免赔额物质损失部分为 20 万元,第三者责任部分财产损失为 10 万元。附加险中无震动、移动或减弱支撑条款,但有隧道工程特别除外条款。

乙公司提供的保险方案中,物质损失部分总保险金额为 3.44 亿元,剔除了工程预算中的其他基本建设费,综合保险费率为 2.46‰,第三者责任险和附加险免费提供，保险费合计85万元，但附加险中设计师风险扩展条款要以0.40‰附加费率计收保费。第三者责任险累计赔偿限额为1 000万元。每次事故免赔额物质损失部分分别为15万元（自然灾害）和8万元（一般事故）。第三者责任部分财产损失是3万元。附加险中无内陆运输扩展条款，但有隧道工程特别除外条款。此外，在该保险方案中对分保作了安排，并承诺组织有关专业人员对项目进行风险评估，提出防灾防损建议，还对出险后的理赔服务做出具体规定。

丙公司提供的保险方案中，首先对该工程项目作了风险评估，分析了灾害事故风险，并提出了相应的防范措施，特别指出了施工单位有着丰富的隧道施工经验，可把施工风险考虑到最低限度。该保险方案物质损失部分总保险金额为4.35亿元，主体工程费率为4‰，其他工程费率为2.8‰，连同第三者责任险，保险费共计148万元，对加保保证期保险免费，对其他附加险并没有开价。第三者责任险的累计赔偿限额为500万元。人身伤亡每人每次事故赔偿限额为5万元。财产损失每次事故赔偿限额为70万元。每次事故免赔额物质损失部分为5 000元。此外，该保险方案中对分保安排和理赔服务均有明确说明，有10%的无赔款优待，免费提供业主和工程监理人员在施工现场的人身意外伤害保险，再承诺为该工程聘请有关专业人员做好进一步的风险评估报告，并提供相关服务。

业主聘请律师和专家对上述三份方案进行比较和分析，认为乙公司的保险方案比较合理，但并没有当即做出投保决策，而是召集各公司的方案制定者进行保险方案谈判。甲公司的代表在谈判时让步很少，而乙公司因保险方案的条件比较优惠也不能再做优惠，而丙公司的代表态度比较灵活，同意接受业主综合各公司方案的优点来修订保险方案的意见，并以乙公司的费率和条件承保。鉴于这三家保险公司都是全国性保险公司，实力雄厚，在乙公司和丙公司费率相同的情况下，业主选择了服务质量较好的丙公司承保。

参考文献

1. 宋明哲:《风险管理》,中华企业管理发展中心出版社 1984 年版。
2. [美]小阿瑟·威廉姆斯、理查德·M. 汉斯:《风险管理和保险》,中国商业出版社 1990 年版。
3. 林义:《风险管理》,西南财经大学出版社 1990 年版。
4. 陈仕亮:《风险管理》,西南财经大学出版社 1994 年版。
5. 许谨良、周江雄:《风险管理》,中国金融出版社 1998 年版。
6. 陈秉正:《公司整体化风险管理》,清华大学出版社 2003 年版。
7. 刘茂山:《保险发展学》,中国金融出版社 2005 年版。
8. [美]Mark R. Greene, Oscar N. Serbein: *Risk Management: Text and Cases*, Reston Publishing Company, Inc., 1978.
9. [美]George L. Head, Stephen Horn II: *Essentials of Risk Management*, Volume III, Insurance Institute of America, 1991, Second Edition.
10. [美]Emmett J. Vaughan: *Fundamentals of Risk and Insurance*, John Wiley & Sons, 1989, Fifth Edition.
11. [美]James Trieschmann, etc.: *Commercial Property Insurance and Risk Management*, Volume I, American Institute for CPCU, 1994, Fourth Edition.
12. [美]Donald S. Malecki, etc.: *Commercial Liability Insurance and Risk Management*, Volume I, American Institute for CPCU, 1995, Third Edition.
13. [英]Gordon C. A. Dickson, etc.: *Risk Management*, The Chartered Insurance Institute, 1991.
14. [英]Erik Banks: *Alternative Risk Transfer: Integrated Risk Management through Insurance, Reinsurance, and the Capital Markets*, John Wiley & Sons, Ltd., 2004.
15. [美]Harold D. Skipper, W. Jean Kwon: Risk Management and Insurance Perspectives in a Global Economy, Blackwell Publishing Ltd, 2007.
16. [美]George E. Rejda: Principles of Risk and Insurance, Prentice Hall, 2011.